华章图书

一本打开的书，一扇开
通向科学殿堂的阶梯，托起

www.hzbook.com

DIVE INTO ETHEREUM
深入理解以太坊

王欣 史钦锋 程杰 ◎ 著

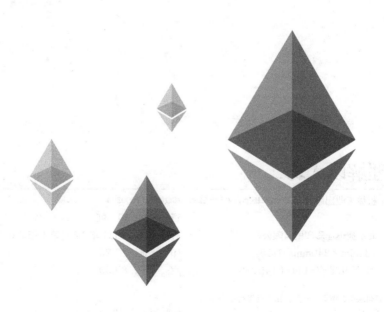

机械工业出版社
China Machine Press

图书在版编目（CIP）数据

深入理解以太坊/王欣，史钦锋，程杰著.—北京：机械工业出版社，2019.1（2021.12重印）

（区块链技术丛书）

ISBN 978-7-111-61492-0

I. 深… II. ①王… ②史… ③程… III. 电子商务 - 支付方式 - 研究 IV. F713.361.3

中国版本图书馆CIP数据核字（2018）第277694号

深入理解以太坊

出版发行：机械工业出版社（北京市西城区百万庄大街22号 邮政编码：100037）	
责任编辑：李 艺	责任校对：殷 虹
印　　刷：北京捷迅佳彩印刷有限公司	版　　次：2021年12月第1版第3次印刷
开　　本：186mm×240mm 1/16	印　　张：17.25
书　　号：ISBN 978-7-111-61492-0	定　　价：89.00元

凡购本书，如有缺页、倒页、脱页，由本社发行部调换
客服热线：（010）88379426 88361066　　　　　　投稿热线：（010）88379604
购书热线：（010）68326294　　　　　　　　　　　　读者信箱：hzjsj@hzbook.com

版权所有·侵权必究
封底无防伪标均为盗版
本书法律顾问：北京大成律师事务所　韩光/邹晓东

Preface 前　言

2017年年初，IBM宣布在德国慕尼黑设立物联网事业部，旨在通过Watson物联网技术，从内嵌在机器、汽车、无人驾驶飞机、滚珠轴承、设备部件甚至医院中的数十亿传感器中获取实时数据，围绕区块链、安全，构建全新的物联网。

身处物联网行业，我隐约感觉到区块链将会成为新的研究方向，为传统行业带来新的助力。随后，我查阅了大量的相关资料，以尽可能多地了解区块链。一个偶然的机会，我结识了南京一家区块链初创公司的技术负责人，并受邀加入他们的团队，开始全身心地投入区块链行业。

起初，我的工作围绕以太坊开源项目展开，从白皮书、黄皮书、源码、工具到共识算法、智能合约、雷电网络、零知识证明，无所不含。短短几个月的时间，我所学习的新知识比过去几年加起来还要多。没过几个月，本书的另外两位作者史钦锋和程杰也加入团队，并成立了以太坊技术研究小组。在大家的共同努力之下，我们从理论到实践，完整地总结出一套借助以太坊技术实现区块链应用落地的技术方案。

一路走来，我们深深感受到区块链理论涉及的概念之多，技术涉及的门类之广，对于一个初学者来说实属不易。另外一方面，一些不法分子以区块链技术创新之名，行招摇撞骗、掳掠钱财之实。作为相关从业人员，我们有能力，也有必要尽自己的微薄之力，将所学、所思、所感、所得用文字记录下来，以帮助广大读者客观理性地认识这个新事物。如若读者能就其中一两点产生共鸣，激发创新、创造的热情，那实在是意外的收获。

本书内容仅仅针对以太坊开源项目。回想笔者的工作经历，虽然也接触过其他项目，但总体比较来看，以太坊是比较适合初学者入门的技术栈。因为以太坊技术社区在全球范围较为完善，参考资料多；以太坊核心团队也很具备极客精神，开发速度快；以太坊主网上线运行时间长，经历了严苛的安全性检验；以太坊的目标远大，它要成为世界的计算机。

本书的主线由粗到细，由近及远。全书不仅归纳总结了以太坊项目的整体现状和核心技术,也对未来的发展和技术走向做了总体的预测和分析。全书各章节主要内容具体如下。

第1章 从比特币说起,介绍了以太坊项目的起源,并对项目的整体情况做了概述。

第2章 从理论入手,介绍了以太坊知识体系的诸多概念,比如密码学、共识和图灵完备特性。

第3章 从架构入手,介绍了以太坊设计的整体思路、模块划分以及核心功能实现。

第4章 讨论共识,共识是区块链最核心的问题,共识的设计也是区块链的难点所在。从PoW到PoA,再到PoS,我们比较了各种共识算法的优缺点,也分析了不同算法的适用场景。

第5～7章 围绕智能合约展开讨论。智能合约是以太坊的最大创新点,其将区块链变成了可以服务于任何行业、任何场景的可编程平台。从开发步骤、技术原理到底层实现,这三章覆盖了智能合约软件支持的方方面面。对于偏向区块链技术应用的开发者,我们建议将学习重点放在第5章;对于偏向底层区块链协议的开发者,相信第6章和第7章会带给你不少收获。

第8章 指导读者熟练掌握以太坊周边的工具,在不开发代码的情况下,完成与以太坊网络的交互。

第9章 介绍了以太坊技术的企业级应用以及企业以太坊联盟的标准化进展。

第10章 对跨链方案进行了探讨。由于目前跨链技术还没有达到成熟的阶段,本章仅对大体的技术方向做了介绍。跨链也被视为后以太坊时代的区块链技术热点,将引领区块链3.0时代的到来。

第11章 分析了以太坊现阶段面临的发展瓶颈,并对可能的解决方案进行了展望。

本书内容包罗万象,具体包括项目概述、架构设计、实现细节和开发方法,适合对区块链理论和实现感兴趣的读者阅读,也适合作为技术手册,供读者遇到具体问题时查阅参考。由于区块链技术发展迅速,笔者水平有限,书中难免存在错误或不当之处,希望得到广大读者批评指正。后续,笔者将通过线上专栏或技术社区的方式,与读者保持沟通,并针对感兴趣的话题进行讨论。

感谢带领笔者进入区块链行业的技术大咖Denny,感谢曾经一起工作的同事,也感谢为本书出版费尽心血的华章的各位老师。本书的编写占用了笔者陪伴家人的很多时间,但笔者得到了家人充分的鼓励与支持,在此深深地感谢他们。

王欣

Contents 目 录

前言

第1章 以太坊概述 ·············· 1
- 1.1 区块链起源 ················ 1
- 1.2 以太坊发展之路 ············ 3
- 1.3 以太坊核心技术 ············ 6
  - 1.3.1 智能合约 ············ 6
  - 1.3.2 PoS ················ 7
- 1.4 以太坊系统架构 ············ 8
- 1.5 以太坊社区 ················ 9
- 1.6 以太坊路线图 ············· 10
- 1.7 本章小结 ················· 11

第2章 设计理念 ··············· 12
- 2.1 密码学 ··················· 13
  - 2.1.1 Hash ··············· 13
  - 2.1.2 椭圆曲线的加解密算法 ····· 18
  - 2.1.3 签名 ················ 20
  - 2.1.4 Merkle 树和验证 ······· 23
  - 2.1.5 MPT 状态树 ·········· 24
- 2.2 共识问题 ················· 28
  - 2.2.1 分布式一致性问题 ····· 28
  - 2.2.2 Paxos 和 Raft ········ 30
  - 2.2.3 拜占庭容错及 PBFT ···· 32
  - 2.2.4 以太坊 IBFT 共识 ····· 33
  - 2.2.5 PoW ················ 35
  - 2.2.6 Casper ·············· 36
  - 2.2.7 以太坊性能 ·········· 38
- 2.3 图灵完备 ················· 40
  - 2.3.1 比特币脚本 ·········· 41
  - 2.3.2 以太坊虚拟机（EVM）···· 43
- 2.4 本章小结 ················· 44

第3章 技术架构 ··············· 45
- 3.1 概述 ····················· 45
- 3.2 Geth 的架构与启动 ········ 47
  - 3.2.1 Geth 架构 ··········· 47
  - 3.2.2 Geth 启动流程 ······· 49
- 3.3 web3 与 RPC 接口 ········ 50
  - 3.3.1 以太坊中的 JSON-RPC ··· 51
  - 3.3.2 以太坊 RPC 服务 ····· 52
- 3.4 账户管理 ················· 55
  - 3.4.1 keystore ············· 55
  - 3.4.2 账户后端 ············ 57

3.4.3　签名 ································· 58
3.5　节点网络管理 ····························· 58
　　3.5.1　节点管理启动 ······················ 59
　　3.5.2　节点发现协议启动 ················ 61
　　3.5.3　节点创建和连接 ··················· 64
　　3.5.4　消息处理 ··························· 66
3.6　交易管理 ·································· 67
　　3.6.1　交易池 ······························ 67
　　3.6.2　交易提交 ··························· 69
　　3.6.3　交易广播 ··························· 70
3.7　链和区块管理 ····························· 70
　　3.7.1　区块的结构 ························ 70
　　3.7.2　区块数据验证 ······················ 72
　　3.7.3　区块"上链" ······················· 72
3.8　共识管理 ·································· 75
　　3.8.1　Engine ······························ 76
　　3.8.2　Worker ····························· 77
　　3.8.3　Miner ································ 79
　　3.8.4　共识激励 ··························· 80
3.9　数据库 ····································· 81
　　3.9.1　rawdb ································ 81
　　3.9.2　stateDB ····························· 82
3.10　Ethereum 对外操作接口 ··············· 86
3.11　本章小结 ·································· 87

第4章　共识算法 ····························· 88
4.1　PoW ·· 88
　　4.1.1　算法概述 ··························· 88
　　4.1.2　设计实现 ··························· 91
　　4.1.3　优缺点分析 ························ 94
4.2　PoA ·· 95
　　4.2.1　算法概述 ··························· 95
　　4.2.2　设计实现 ··························· 96
　　4.2.3　优缺点分析 ························ 101
4.3　PoS ·· 102
　　4.3.1　算法概述 ··························· 102
　　4.3.2　优缺点分析 ························ 110
4.4　本章小结 ·································· 110

第5章　智能合约开发 ······················· 111
5.1　智能合约的诞生 ·························· 111
5.2　以太坊上的智能合约 ···················· 112
　　5.2.1　以太坊智能合约概述 ············· 112
　　5.2.2　关于智能合约的理解误区 ······· 112
　　5.2.3　合约账户 ··························· 114
　　5.2.4　智能合约举例 ····················· 114
　　5.2.5　智能合约在以太坊上的
　　　　　运行流程 ··························· 117
5.3　智能合约编程语言 ······················· 117
5.4　智能合约应用开发 ······················· 118
　　5.4.1　连接和访问以太坊 ··············· 118
　　5.4.2　以太坊集成开发环境
　　　　　Remix ································ 118
　　5.4.3　truffle ································ 123
　　5.4.4　智能合约编译器 solc ············ 127
5.5　solidity 语法详解 ························· 128
　　5.5.1　智能合约源文件 ·················· 128
　　5.5.2　solidity 数据类型 ················· 130
　　5.5.3　智能合约的内建全局变量
　　　　　和函数 ······························ 139
　　5.5.4　智能合约中的单位 ··············· 142
　　5.5.5　solidity 表达式和控制结构 ···· 143

	5.5.6	函数	147
	5.5.7	常量状态变量	151
	5.5.8	智能合约的事件	151
	5.5.9	智能合约的继承性	152
	5.5.10	智能合约的创建	153
	5.5.11	智能合约的销毁	153
5.6	solidity 编程规范	154
	5.6.1	代码布局	154
	5.6.2	编码约定	155
	5.6.3	命名约定	158
5.7	本章小结	158

第6章 智能合约运行机制 159

6.1	调用智能合约函数	159
	6.1.1 外部调用	160
	6.1.2 内部调用	161
6.2	以太坊 ABI 协议	162
	6.2.1 ABI 定义	163
	6.2.2 函数选择器	164
	6.2.3 参数编码	164
	6.2.4 ABI 编码举例	165
6.3	交易的费用和计算	167
	6.3.1 什么是 Gas 机制	167
	6.3.2 为什么需要 Gas 机制	167
	6.3.3 交易费用计算法方法	168
	6.3.4 交易费用的组成	169
6.4	智能合约的事件	169
	6.4.1 事件的存储和解析	170
	6.4.2 Logs 的底层接口	173
	6.4.3 事件的查询	173
	6.4.4 事件查询过程	174

6.5	库和链接原理	174
	6.5.1 库的定义	174
	6.5.2 库的使用	175
	6.5.3 库的连接	175
	6.5.4 库中的事件	176
6.6	智能合约元数据	176
6.7	智能合约安全性分析	178
	6.7.1 智能合约中的陷阱	179
	6.7.2 建议	181
	6.7.3 案例分析：资金回退流程	182
6.8	智能合约与外界的通信	183
	6.8.1 oracle 介绍	184
	6.8.2 oracle 需要解决的问题	184
	6.8.3 数据商店	185
6.9	智能合约的动态升级	185
	6.9.1 solidity 是一个受限的语言	185
	6.9.2 动态升级的实现	185
6.10	智能合约的数据存储	187
	6.10.1 存储	187
	6.10.2 内存	187
	6.10.3 栈	188
6.11	本章小结	188

第7章 智能合约字节码与汇编 189

7.1	智能合约汇编指令集	189
7.2	智能合约字节码解析	193
7.3	状态变量的存储	196
	7.3.1 普通状态变量的存储	196
	7.3.2 动态数据的 storage 存储	198
	7.3.3 总结	201
7.4	solidity 内嵌汇编	201

	7.4.1 内嵌汇编指令 ………………… 201	
	7.4.2 单独使用汇编指令 …………… 203	
7.5	本章小结 …………………………… 204	

第8章 开发者工具 …………………… 205

8.1 MetaMask …………………………… 205
    8.1.1 MetaMask 安装 ………………… 205
    8.1.2 MetaMask 作为 Web 钱包 …… 206
    8.1.3 MetaMask 作为 DApp
          客户端 ………………………… 207
8.2 以太坊测试网络 …………………… 209
    8.2.1 Morden ………………………… 209
    8.2.2 Ropsten ………………………… 209
    8.2.3 Kovan …………………………… 210
    8.2.4 Rinkeby ………………………… 211
    8.2.5 本地以太坊私链 ……………… 211
    8.2.6 连接测试网络 ………………… 212
8.3 Remix ………………………………… 213
    8.3.1 本地安装 Remix ……………… 213
    8.3.2 在线 Remix …………………… 214
8.4 truffle ………………………………… 216
    8.4.1 安装 truffle …………………… 217
    8.4.2 构建应用项目 ………………… 218
    8.4.3 demo 合约实践 ………………… 219
    8.4.4 智能合约测试和验证 ………… 221
8.5 myetherwallet ……………………… 222
    8.5.1 创建钱包 ……………………… 223
    8.5.2 在线发送 ETH 和代币 ……… 223
    8.5.3 离线发送 ETH 和代币 ……… 224
    8.5.4 币间互换 ……………………… 225
    8.5.5 智能合约操作 ………………… 226

    8.5.6 以太坊域名服务 ……………… 227
8.6 Etherscan …………………………… 228
    8.6.1 以太坊浏览器 ………………… 228
    8.6.2 智能合约操作 ………………… 229
    8.6.3 以太坊统计图表 ……………… 231
    8.6.4 Etherscan API ………………… 232
8.7 本章小结 …………………………… 233

第9章 企业以太坊 …………………… 235

9.1 联盟成立 …………………………… 235
9.2 技术框架 …………………………… 238
    9.2.1 分层设计 ……………………… 240
    9.2.2 组件模块化 …………………… 242
    9.2.3 可插拔共识 …………………… 242
    9.2.4 权限和隐私保护 ……………… 243
    9.2.5 数据安全 ……………………… 244
9.3 治理框架 …………………………… 245
9.4 本章小结 …………………………… 247

第10章 跨链 …………………………… 248

10.1 跨链技术方案 …………………… 249
    10.1.1 见证人模式 ………………… 249
    10.1.2 侧链技术 …………………… 249
    10.1.3 链中继技术 ………………… 250
    10.1.4 Hash 锁定 …………………… 251
10.2 跨链项目 ………………………… 252
    10.2.1 Interledger ………………… 252
    10.2.2 Cosmos ……………………… 253
    10.2.3 Aion 链 ……………………… 254
10.3 本章小结 ………………………… 255

第11章 展望 256

11.1 以太坊性能提升 256
11.1.1 以太坊的"瓶颈" 256
11.1.2 分片 257
11.1.3 Plasma 259

11.2 零知识证明 261
11.2.1 什么是零知识证明? 261
11.2.2 应用场景 262
11.2.3 以太坊支持零知识证明 262

11.3 Casper 263

11.4 本章小结 264

第 1 章 Chapter 1

以太坊概述

本章将主要概述以太坊技术的历史背景、发展过程和技术特性。1.1 节从比特币的起源引入区块链的概念及其商业价值；1.2 节描述了以太坊项目的历史发展过程；1.3 节重点分析了以太坊的核心技术——智能合约和 PoS 共识算法；1.4 节对以太坊的架构进行了总体概述；1.5 节介绍了以太坊社区的协作方式；1.6 节回顾了以太坊的路线图并介绍了现阶段的发展目标；最后是本章小结。

1.1 区块链起源

2008 年，通货膨胀造成的经济危机在全球范围爆发。当人们还在为货币的未来感到担忧时，一位名叫"中本聪"（Satoshi Nakamoto）的人悄无声息发表的一篇名为《比特币：一种点对点的电子现金系统》的论文引起了金融界的广泛关注。文中提出了一种点对点的数字货币，该货币可以独立存在于任何国家、任何机构之外，不受第三方机构管束，且因其数字算法的特殊性，很难被不法分子伪造，这就是后来为人们所熟知的"比特币"。

中本聪的论文中首次出现了区块链（Blockchain）的概念，并给出通过时间戳和工作量证明（Proof of Work）共识机制解决双花（Double Spending）和拜占庭将军问题的设计思路，即保证同一笔比特币不会同时出现于两个地址，与此同时，所有节点都可以让其他节点接收到自己的真实意图，以保持行动一致。2009 年，理论变成了现实，比特币网络成功创建，"创世区块"也由此正式诞生。

为了避免出现双花问题，一笔交易的接收人必须要能够证明在当前交易发生之前，交易发起人并没有将同一笔交易发给另外一个人，这就要求接收人知道交易发起人的所有交易记录。因此，在区块链上所有交易必须公开，并且这些交易数据必须被网络证明是真实有效的。

区块链中每个包含时间戳的交易数据块被计算出 Hash 值，同时将该 Hash 值存入下一包含时间戳的交易数据块中，如此反复，生成链式数据结构（如图 1-1 所示）。这样，一旦下一个区块确认生成，之前所有的区块信息（包括交易的内容和交易顺序）就都不可修改了，否则将导致 hash 验证失败。区块生成，也就是我们通常所说的记账，在比特币网络中是通过工作量证明来保证的。当网络中多个节点同时生成最新区块时，长度最长的链会作为选择结果，因为最长的链代表投入算力最多，最能代表大多数节点的意志。所以多个最新区块的信息将被保留一段时间，直到判断出哪一条链更长。

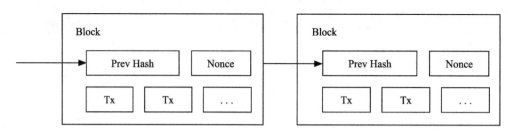

图 1-1 区块链的哈希链式结构

一个节点必须拥有网络中 51% 以上的算力才有能力篡改一个区块并重新生成后面所有的区块，它还需要保证后面区块产生的速度比其他节点更快。在庞大的比特币网络中，能拥有如此惊人的算力几乎是不可能的。

比特币系统设计得非常精妙：没有中心化的管理方，数据很难被篡改，抗攻击能力强。回看历史，在比特币诞生之前，人们在这一领域不断探索，其中许多学术贡献也为比特币的成型铺平了道路。

- 比特币实现的基于零信任基础且真正去中心化的分布式系统，其实是为了解决 30 多年前由 Leslie Lamport 等人提出的拜占庭将军问题，即将军中各地军队彼此取得共识，决定是否出兵的过程延伸至运算领域，设法建立具有容错特性的分布式系统，即使部分节点失效仍可确保基于零信任基础的节点达成共识，实现信息传递的一致性。
- 工作量证明机制则是采用由 Adam Back 在 1997 年所发明的 Hashcash 算法，此算法依赖成本函数的不可逆特性，实现容易被验证但很难被破解的特性，该算法最早应用于过滤垃圾邮件。
- 隐私安全技术可回溯到 1982 年 David Chaum 提出的注重隐私的密码学网路支付系统，之后 David Chaum 在 1990 年基于这个理论打造出不可追踪的 eCash 中心化网络。
- 交易加密采用的椭圆曲线数字签名算法（Elliptic Curve Digital Signature Algorithm，ECDSA），可追溯回 1985 年 Neal Koblitz 和 Victor Miller 提出的椭圆曲线密码学（Elliptic curve cryptography，ECC）及加密算法。相较于 RSA，采用 ECC 算法的好

处在于可以使用较短的密钥达到相同的安全强度。到了 1992 年，Scott Vanstone 等人提出了 ECDSA。

- 最后，再来看共识机制。1990 年，Leslie Lamport 提出了具有高容错特性的数据一致性算法 Paxos。1991 年，Stuart Haber 与 W. Scott Stornetta 提出了用时间戳保证数字文件安全的协议。1998 年，Wei Dai 发表匿名的分散式电子现金系统 B-money，引入了工作量证明机制，强调点对点交易和不可篡改特性。然而 B-money 中并未采用 Adam Back 提出的 Hashcash 算法。同年，Nick Szabo 发表了去中心化的数字货币系统 Bit Gold，参与者可贡献算力。到了 2005 年，Hal Finney 提出了可重复使用的工作量证明机制（Reusable Proofs of Work，RPoW），结合 B-money 与 Adam Back 提出的 Hashcash 算法来创造数字货币。

综上所述，区块链是用分布式数据库识别、传播和记载信息的智能化对等网络，其包含以下几个主要特性。

- 分布式去中心化：区块链中每个节点和矿工都必须遵循同一记账交易规则，而这个规则是基于密码算法而不是信用的，同时每笔交易都需要网络内其他用户的批准，所以不需要一套第三方中介机构或信任机构背书。
- 无须信任系统：区块链网络通过算法的自我约束，使欺骗系统的任何恶意行为都会遭到其他节点的排斥和抑制。参与人不需要信任任何人，随着参与节点的增加，系统的安全性也会得到增加，同时数据内容可以做到完全公开。
- 不可篡改和加密安全性：区块链采取单向哈希算法，同时每个新产生的区块都将严格按照时间线形顺序推进，时间的不可逆性将导致任何试图入侵篡改区块链内数据信息的行为都很容易被追溯，因此会被其他节点排斥，从而限制相关的不法行为。

区块链最重要的是解决了中介信用问题。在过去，两个互不认识的人要达成协作是很难的，必须要依靠第三方。比如支付行为，过去任何一次转账行为，都必须要有银行或者支付宝这样的机构存在。但是通过区块链技术，通过比特币，人类第一次实现了在没有任何中介机构参与的情况下，完成双方可以互信的转账行为。这是区块链的重大突破。

并非所有的区块链项目都会采用类似于比特币这样的"工作量证明"方式，其更多地出现在早期的区块链项目中。如果采取其他证明机制，如"权益证明"（Proof of Stake，PoS）"股份授权证明机制"（Delegate Proof of Stake，DPoS），则不需要采取这样的挖矿方式。

区块链是比特币的底层技术，但其应用的真实价值远远超过电子货币系统。我们认为比特币是区块链 1.0 系统，当通过智能合约（Smart Contract）实现货币以外的区块链应用时，即进入了区块链 2.0 系统。

1.2 以太坊发展之路

比特币是第一个可靠的去中心化解决方案。随后，人们的注意力开始迅速转向如何将比特币底层的区块链技术应用于货币以外的领域。以太坊就是这样一个开放的区块链平台。它与比特币一样，是由遍布全球的开发者合作构建的开源项目，其不依赖于任何中心化的公司或组织。但与比特币不同的是，以太坊更加灵活，可以为开发者带来更方便、更安全的区块链应用开发体验。

2013年年底，以太坊的创始人Vitalik Buterin提出了让区块链本身具备可编程能力来实现任意复杂商业逻辑运算的想法，并随后发布了以太坊白皮书。白皮书中描述了包括协议栈和智能合约架构等内容的具体技术方案。2014年1月，在美国迈阿密召开的北美比特币大会上，Vitalik正式向外界宣布以太坊项目的成立。同年，Vitalik Buterin联合Gavin Wood和Jeffery Wilcke开始开发通用的、无须信任的下一代智能合约平台。2014年4月，Gavin发表了以太坊黄皮书，明确定义了以太坊虚拟机（EVM）的实现规范。随后，该技术规范由7种编程语言（C++、Go、Python、Java、JavaScript、Haskell和Rust）实现，获得了完善的开源社区支持。

在软件开发之外，发布一个新的数字货币及其底层区块链需要协调大量的资源，包括建立由开发者、矿工、投资人和其他干系人组成的生态圈。2014年6月，以太坊发布了以太币的预售计划，预售的资金由位于瑞士楚格的以太坊基金会经营管理。从2014年7月开始，以太坊进行了为期42天的公开代币预售，总共售出60,102,216个以太币，接收到比特币31,591个，折合市场价值18,439,086美元。该笔资金一部分用于支付项目前期法务咨询和开发代码的费用，其他部分则用于维持项目后续的开发。根据CoinTelegraph的报道，以太坊作为最成功的众筹项目之一，将会被载入史册。

在以太坊成功预售之后，开发工作由一个名为ETH DEV的非盈利组织进行管理，Vitalik Buterin、Gavin Wood和Jeffery Wilcke出任总监职务。ETH DEV团队的工作非常出色，频繁向开发社区提交技术原型（Proof-of-Concept）以用于功能评估，同时在讨论版发表了大量的技术文章介绍以太坊的核心思想。这些举措吸引了大量用户，同时也推动了项目自身的快速发展，为整个区块链领域带来了巨大的影响。时至今日，以太坊的社区影响力也丝毫没有减弱的趋势。

2014年11月，ETHDEV组织了DEVCON-0开发者大会。全世界以太坊社区的开发者聚集在德国柏林，对各种技术问题进行了广泛讨论。其中一些主要的对话和演示为后续的以太坊技术路线奠定了坚实的基础。

2015年4月，DEVgrants项目宣布成立。该项目为以太坊平台以及基于平台的应用项目开发提供了资金支持。几百名为以太坊做出贡献的开发者获得了相应的奖励。直到今天，这个组织还在发挥作用。

经历了2014年和2015年两年的开发，第9代技术原型测试网络Olympic开始公测。为鼓励社区参与，以太坊核心团队对于拥有丰富测试记录或成功侵入系统的开发者安排了重金奖励。与此同时，团队也邀请了多家第三方安全公司对协议的核心组件（以太坊虚拟机、网络和PoW共识）进行了代码审计。正因如此，以太坊的协议栈正在不断完善，各方面的功能也变得更加安全、可靠。

2015年7月30日，以太坊Frontier网络发布。开发者们开始在Frontier网络上开发去中心化应用，矿工开始加入网络进行挖矿。矿工一方面通过挖矿得到代币奖励，另一方面也提升了整网的算力，降低了被黑客攻击的风险。Frontier是以太坊发展过程中的第一个里程碑，虽然它在开发者心目中的定位是beta版本，但在稳定性和性能方面的表现其远远超出了任何人的期望，从而吸引了更多的开发者加入构建以太坊生态的行列。

2015年11月，DEVCON-1开发者大会在英国伦敦举行，在为期5天的会议内举办了100多项专题演示、圆桌会议和总结发言，共吸引了400多名参与者，其中包含开发者、学者、企业家和公司高管。具有代表性的是，包含UBS、IBM和微软在内的大公司也莅临现场并对项目展示了浓厚的兴趣。微软还正式宣布将在其Azure云平台上提供以太坊BaaS服务。通过这次盛会，以太坊真正让区块链技术成为整个行业的主流，同时也牢牢树立了其在区块链技术社区的中心地位。

2016年3月14日（π日），以太坊平台的第二个主要版本Homestead对外发布，其同时也是以太坊发布的第一个正式版本。它包括几处协议变更和网络设计变更，使网络进一步升级成为可能。Homestead在区块高度达到1,150,000时，系统会自动完成升级。Homestead引入了EIP-2、EIP-7和EIP-8在内的几项后向不兼容改进，所以其是以太坊的一次硬分叉。所有以太坊节点均需提前完成版本升级，从而与主链的数据保持同步。

2016年6月16日，DEVCON-2开发者大会在中国上海举行，会议的主题聚焦在智能合约和网络安全上。然而，出乎所有人意料之外的是，在会议的第二天发生了区块链历史上最严重的攻击事件。The DAO项目编写的智能合约由于存在重大缺陷而遭受黑客攻击，导致360万以太币资产被盗。最终通过社区投票决定在区块高度达到1,920,000时实施硬分叉，分叉后The DAO合约里的所有资金均被退回到众筹参与人的账户。众筹人只要调用withdraw方法，即可用DAO币换回以太币。The DAO是人类尝试完全自治组织的一次艰难试验，因为在技术上存在缺陷，理念上和现行的政治、经济、道德、法律等体系不能完全匹配，最终以失败告终。The DAO也为我们提供了很多可借鉴的经验，例如智能合约漏洞的处理，代码自治和人类监管之间的平衡等。

The DAO事件之后，以太坊的技术体系更加趋于完善。2017年年初，摩根大通、芝加哥交易所集团、纽约梅隆银行、汤森路透、微软、英特尔、埃森哲等20多家全球顶尖金融机构和科技公司成立企业以太坊联盟。2017年9月18日，以太坊开发团队开始测试"大都会"（Metropolis）版本的第一阶段：拜占庭分叉。2017年10月16日，主网在4,370,000区块高度成功完成拜占庭分叉。此次硬分叉将为智能合约的开发者提供灵活的参数；同时，为后期大都会升级引入zkSnarks零知识证明等技术做了准备；延迟引爆难度炸弹，将冰河期推迟1年；也使挖矿难度显著降低，从而明显提高了以太坊平台的交易速度，使对应的矿工们挖矿的收益从每区块5个以太币降低到3个。而大都会版本的第二阶段——君士坦丁堡硬分叉也已经在2019年3月顺利完成。

2017 年 11 月 1 日，DEVCON-3 开发者大会在墨西哥海边小城坎昆召开，历时 4 天。参会人数爆增到 1800 人，是 DEVCON-2 的两倍。大会上 Vitalik Buterin 对 PoS 共识和分片的开发现状做了介绍。其余参会者的主题演讲也十分精彩，共达 128 场之多，覆盖 PoS 共识、形式化证明、智能合约、zkSNARKs 零知识证明、Whisper 和 Swarm 组件、数字钱包、DApp 等重要技术方向。

以太坊规划的最终版本为 Serenity。在此阶段，以太坊将彻底从 PoW 转换到 PoS（权益证明）。这似乎是一个长期过程，但并不是那么遥远。PoW 是对计算能力的严重浪费。从 PoW 的约束中解脱出来，网络将更加快速，对新用户来说更加易用，更能抵制挖矿的中心化等。这将与智能合约对区块链的意义一样巨大。转换到 PoS 以后，之前的挖矿需求将被终止，新发行的以太币数量也会大大降低，甚至不再增发新币。

1.3 以太坊核心技术

1.3.1 智能合约

以太坊是可编程的区块链。它并不是为用户提供一系列预先设定好的操作（例如，比特币交易），而是允许用户按照自己的意愿创建复杂的操作。这样一来，以太坊就可以作为通用去中心化区块链平台。20 世纪 90 年代，Nick Szabo 首次提出了智能合约的理念。由于缺少可信的执行环境，智能合约并没有被应用到实际产业之中。自比特币诞生后，人们认识到比特币的底层技术区块链天生可以为智能合约提供可信的执行环境。以太坊首先看到了区块链和智能合约的契合，并致力于成为智能合约的最佳运行平台。

从技术方面来看，以太坊利用图灵完备的虚拟机（EVM）实现对任意复杂代码逻辑（即智能合约）的解析。开发者能够使用类似 JavaScript（Solidity）或 Python（Serpent）的语法创建出可以在以太坊虚拟机上运行的应用。结合点对点网络，每个以太坊节点都运行着虚拟机并执行相同的指令。因此，人们有时也形象地称以太坊为"世界电脑"。这个贯穿整个以太坊网络的大规模并行运算并没有使运算更高效，而是使在以太坊上的运算比在传统"电脑"上更慢更昂贵。然而，这种架构可以带给以太坊极强的容错性，保证区块链上的数据一致、不可篡改。

从应用方面来看，智能合约是一种用计算机语言取代法律语言去记录条款的合约。如果区块链是一个数据库，那么智能合约就是能够使区块链技术应用到现实当中的应用层。传统意义上的合同一般与执行合同内容的计算机代码没有直接联系。纸质合同在大多数情况下是被存档的，而软件会执行用计算机代码形式编写的合同条款。智能合约的潜在好处包括：降低合约签订、执行和监管方面的成本；相比其他合约，智能合约可以极大地降低人力成本。

图 1-2 就是一个智能合约模型：一段代码被部署在分布式共享账本上，它可以维持自己

的状态，控制自己的资产和对接收到的外界信息或者资产进行回应。

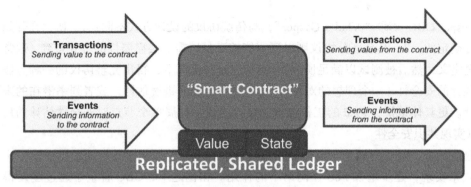

图 1-2　智能合约模型示意

1.3.2　PoS

以太坊另一个重要的核心技术就是共识算法的改进。比特币在区块生成过程中使用了工作量证明（Proof of Work）共识机制，一个符合要求的区块 Hash 由 N 个前导零构成，零的个数取决于网络的难度值。要得到合理的区块 Hash 需要经过大量的枚举计算，计算时间取决于机器的 Hash 运算速度。在股权证明（Proof of Stake）共识中，验证人轮流提议新块并对下一个块投票，每个验证人的投票权重取决于其持币量的大小（即股权）。验证人为区块链网络提供出块服务，网络也会对验证人返回奖励，而且这种奖励也实现了对攻击者的经济制约。

PoS 的明确优点包括安全性、降低集权风险和提高能源效率。PoS 可以灵活地、明确地设计对拜占庭行为（即不遵循协议）进行的惩罚。这使得协议设计者能够对网络中各种行为的不对称风险和收益回报情况进行更多的控制。提高安全性的另一个方面是增加网络攻击的成本，因此具有明确惩罚（可能在比 PoW 更严重的级别上）的能力可以增加网络的安全性（即经济安全）。在 PoS 的情况下，一美元就是一美元。这样的好处是，你不能通过汇集在一起，使得一美元的价值变得更多。你也不能开发或购买专用集成电路（ASIC），从而在技术上占有优势。所以，PoS 不同于 PoW 挖矿收入的累计分配方式，采用了比例分配（成熟的去中心化的身份管理服务使得按比例分配收益成为可能）。

以太坊要实现的 PoS 机制被命名为 Capser（名字源于 20 世纪 90 年代的一部电影《鬼马小精灵》），它实际上是由以太坊团队正在积极研究的两个主要项目组成，即 Casper FFG 和 Casper CBC。虽然是独立的两套实现，但它们有着一样的目标：将以太坊的工作量证明转到 PoS。

友好的终结工具 Casper FFG 又名"Vitalik's Casper"，是一种混合 PoW / PoS 的共识机制，它是以太坊首个通向 PoS 的候选方法。更具体地说，FFG 在工作量证明（如以太坊的 Ethash PoW 链）的基础上，实施了权益证明。简单地说，区块链将用熟悉的 Ethash PoW

算法增加区块，但是每 50 块有一个 PoS "检查点"，通过网络验证人来评估区块的最终有效性。

Casper CBC 又称 "Vlad's Casper"，与传统协议的设计方式不同：1）协议在开始阶段是部分确定的；2）其余部分协议则以证明能够满足所需／必需属性的方式得到（通常协议被完全定义，然后被测试以满足所述属性）。在这种情况下，得出完整协议的一种方法是实现所预计的安全性（一个理想的对手），或者提出合理的错误估计，或者列举潜在的未来错误估计。更具体地说，Vlad 的工作侧重于设计协议，扩展单个节点对安全性估计的局限视角，以实现共识安全性。

退后一步，FFG 更侧重于通过多步骤过渡为以太网络引入 PoS。通过以一步一步迭代的方式来实现，逐步增加 PoS 在网络中的作用。相比之下，CBC 着重于通过建设得出安全证明的正式方法。尽管令人困惑，但解决这个问题的不同方法创造了两个不同的工程。Casper 的最终形式可能来自于对 FFG 和 CBC 的互相学习。

1.4 以太坊系统架构

以太坊项目定义了一套完整的软件协议栈。它是去中心化的，也就是说以太坊网络是由多个相同功能的节点组成的，并没有服务器和客户端之分。以太坊协议栈的总体架构图如图 1-3 所示。

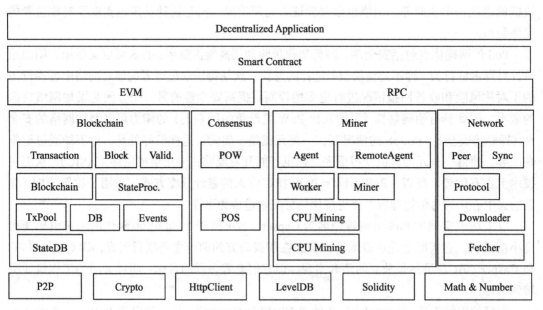

图 1-3 以太坊系统架构

其中，最上层是 DApp 应用模块，用于实现区块链之上的业务逻辑；其次是智能合约层，通过合约的编写和调用，实现图灵完备的编程操作；再接下来就是 EVM 和 RPC，EVM 负责解析和执行合约操作，RPC 则提供外部访问能力；然后是核心层，分为区块链协议、共识算法、挖矿管理、分布式网络核心组件；最底层就是一些基础库，比如 P2P 通信协议、加密算法库、LevelDB 数据库、HTTP、solidy 语言支持以及 Math 运算支持。

从逻辑分层的角度来看，图 1-4 将以太坊分为应用层、合约层、激励层、共识层、网络层和数据层。其中，应用层对应 DApp 应用模块；合约层对应 EVM 和 RPC 能力接入；激励层则涉及矿工账户管理，代币转移模块；共识层包含共识算法和引擎；网络层指的是 P2P 接入和消息交互；最下面的是数据层，负责处理链相关数据结构，持久化功能。

图 1-4　以太坊逻辑分层

1.5　以太坊社区

以太坊的项目背后并不是一个实体化的技术公司，而是由分布在世界各地的专家组成的技术社区，通过网络通信工具进行沟通、讨论和视频会议等。

1. Reddit 讨论版

以太坊的 Reddit 是一个包罗万象的网络论坛，关于以太坊的大部分讨论都发生在这里，很多核心开发者也会踊跃参与其中。你可以在这里找到新闻、媒体、通告、技术讨论等各个主题的相关内容。这也是一个可以自由提问获得帮助的理想场所，问题回复的时间非常快。需要注意的是，在论坛中发帖之前，请仔细阅读相关规则，链接为 https://www.reddit.com/r/ethereum/comments/3auc97/ethereum_subreddit_rules/。

Reddit 论坛的主题具体如下。
- 以太币交易、价格和市场：https://www.reddit.com/r/ethtrader/。
- 以太币挖矿：https://www.reddit.com/r/EtherMining/。
- 以太坊应用交易：https://www.reddit.com/r/ethmarket/。
- 投资者新闻和前景展望：https://www.reddit.com/r/ethinvestor/。

2. Slack 问答

以太坊在 Stack 上建立了另外一个问答社区，这里也是讨论技术问题最好的地方。同时帮助回答问题还能为以太坊爱好者募集积分，真是一举两得的好事情。链接为 https://ethereum.stackexchange.com/。

3. Gitter 聊天室

以太坊社区每天的实时通信使用了 Gitter 工具，这是一个虚拟化的协同工作环境，开发者都会挂在上面，更有效率地获得帮助甚至手把手的指导。Gitter 用户直接使用 GitHub 账户就可以登录，不同的 Gitter 频道会对应不同的代码库或者兴趣主题，建议用户在加入之前选择正确的讨论版。比较有名的频道列举如下：

- 以太坊 Go 客户端：https://gitter.im/ethereum/go-ethereum。
- 以太坊 C++ 客户端：https://gitter.im/ethereum/cpp-ethereum。
- 以太坊 JavaScript API：https://gitter.im/ethereum/web3.js。
- 智能合约 Solidity 语言：https://gitter.im/ethereum/solidity。
- 以太坊钱包 mist：https://gitter.im/ethereum/mist。
- 以太坊轻客户端：https://gitter.im/ethereum/light-client。
- 以太坊学术研究：https://gitter.im/ethereum/research。
- 以太坊治理：https://gitter.im/ethereum/governance。
- Whisper 通信模块：https://gitter.im/ethereum/whisper。
- Swarm 存储模块：https://gitter.im/ethereum/swarm。
- 以太坊改进建议（EIP）：https://gitter.im/ethereum/EIPs。
- 以太坊 JavaScript 库：https://gitter.im/ethereum/ethereumjs。
- P2P 网络和协议框架：https://gitter.im/ethereum/devp2p。

4. EIP

EIP 机制设置的目的是为了更有效地协调非正式协议改进方面的工作。参与者首先提出改进建议并提交至 EIP 数据库中。通过基本的筛选之后，改进建议将以编号的方式记录并在草案论坛中进行发表。一个 EIP 正式生效需要得到社区成员的支持以及以太坊共识参与人的支持。EIP 的讨论一般会在上面提到的 Gitter 聊天室中进行。

5. 线下会议

线下会议也是以太坊社区成员采用的一种高效的沟通方式，会议的组织和筹备都通过 meetup 网站进行管理，链接为 https://www.meetup.com/topics/ethereum/。

1.6 以太坊路线图

以太坊的分阶段路线图大致可以表示如下。

- 预发布第 0 阶段：Olympic 测试网络 –2015 年 5 月发布。
- 发布第 1 阶段：Frontier–2015 年 6 月 30 日发布。
- 发布第 2 阶段：Homestead–2016 年 3 月 14 日发布。
- 发布第 3 阶段：Metropolis– 第一阶段 2017 年 10 月 16 日发布，第二阶段发布时间待定。
- 发布第 4 阶段：Serenity– 发布时间待定。

可以看到目前以太坊已经进入技术演进最关键的阶段。Metropolis 第二阶段的目标是把共识协议切换为 PoS。另外，通过分片或其他技术完成以太坊的网络扩容也势在必行。在隐私保护方面，以太坊正在积极尝试 zk-SNARKs 算法在交易和合约中的应用。

1.7 本章小结

本章用比较概括的方式，向读者介绍了以太坊区块链框架的方方面面，包括以太坊的项目成长历程、核心技术、整体架构、社区运营以及未来的发展目标。对于区块链的初学者，阅读完本章将建立起对共识算法、智能合约等核心概念的理解。通过深入后面章节的学习，读者将看到这些概念的具体原理和实现过程。

Chapter 2 第 2 章
设 计 理 念

　　以太坊被誉为第二代区块链，它是在以比特币为首的第一代区块链技术之上发展起来的，不可避免地具有很多与比特币相似的特点。比特币，是一位或者一群署名"中本聪"的天才，在前人研究密码学货币的基础上，于 2008 年年末提出的非常系统和完备的点对点数字加密货币。比特币的发明有着强烈的时代背景：2007 年 8 月席卷美国，并很快影响到全球，导致全球金融市场剧烈震荡。加密货币的创导者们认为，次贷危机的根源是美国一些贪得无厌的金融寡头们，滥用规则制造的金融悲剧。这些机构和个人被标榜为美国金融界的核心力量，但同时也是一个欺骗监管、引诱大众的中心化集团。"中本聪"们有着一种朴素的英雄主义理想，即通过技术去开发一种不受中心化控制、安全可靠，同时又满足人人参与和共享，平民化、草根性的金融体系，于是基于加密货币的比特币诞生了。

　　以太坊继承了比特币的衣钵，天生为去中心化的公链而生。以太坊从设计之初就考虑了严格的加密学安全，无须传统式信任背书，具有去中心化的共识和容错，限制交易双花，以及使用挖矿模型维护网络运行等特点。

　　除此之外，以太坊又是独特的。以太坊的作者 Vitalik Buterin，发表了多篇关于以太坊设计和介绍的文章，归纳起来，以太坊的独特性考虑体现在以下几点。

- 架构、政治和逻辑的去中心化是完美的，以太坊在架构和政治上努力实现了去中心化，但在逻辑上并不完美，它维护了一个中心化的共同认可的状态。
- 底层协议简单，接口易于理解，复杂部分放入中间层的三明治模型。
- 去中心化 DApp 的智能合约在以太坊上成功应用。
- 为了人人能够自由使用以太坊，抵御攻击和滥用的 Gas 机制不可或缺。
- 以太坊体现了基本平台的功能，每个功能尽量做得像泛化的粒子，使得底层概念清晰，功能高效。
- 账户模型代替 UTXO。
- 一系列不同于比特币的加密学、区块和数据结构的运用。
- 独立的合约执行环境 EVM。

这里将重点讲述以太坊在区块链技术里的相同性和不同点，同时尽可能揭示其蕴含的设计思想。

2.1 密码学

密码学知识广泛应用于安全的信息通信、数据存储、交易验证等方面，其也是区块链最基础的技术之一。这些知识既包括对信息的转换、加解密，以及校验过程，也包括以太坊地址和交易 Hash，交易信息 RLP 编码、基于椭圆曲线公私钥签名、区块 Merkle 树交易等。

2.1.1 Hash

Hash，在数学上也被称为"散列"，是指将任意长度的二进制值（明文）转换为较短的固定长度的二进制值（Hash 值）。Hash 算法的特点具体如下。
- 输出长度小于输入长度。
- 对于任何输入都能进行快速和高效的计算。
- 强抗冲突性：任何输入改变都会影响大量的输出位。输入数据只要稍有变化（比如一个 1 变成了 0），就会得到一个千差万别的结果，且结果无法事先预知。
- 单向值：输入不由输出来决定。

当然，不同的输入有时候也可能产生相同的输出，出现相同输出值的概率称为 Hash 的碰撞率。本质上，Hash 是一种将不同信息通过一种恰当的方法产生消息摘要，以便于在后续使用时得到较好的识别。Hash 数学模型如图 2-1 所示。

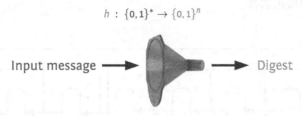

图 2-1　Hash 数学模型

Hash 函数的实现，经过多年的发展已经包含了非常多的种类和实现，有的强调实现简单快速，有的注重 Hash 结果的较小的碰撞率，还有的则关注算法以实现较高的安全性，总之要根据不同的应用场景，选择不同且适当的 Hash 算法。目前一些知名的 Hash 函数包括 MD5、SHA 系列，以及 PBKDF2 等。

SHA（Secure Hash Algorithm，SHA）家族的系列 Hash 算法，由美国国家安全局（NSA）设计，并由美国国家标准与技术研究院（NIST）发布，是在全球范围内被广泛使用的安全 Hash 算法，常常应用在数字签名和校验的场景中，其中 SHA-1 使用尤其广泛。但是，2005 年 2 月，山东大学王小云等发表了完整版的对 SHA-1 的攻击，只需少于 2 的 69 次方的计算复杂度，就能找到一组碰撞，根据摩尔定律，随着计算机计算能力的提高，SHA-1 很快就被认为是一种不安全的 Hash 算法。这之后，NIST 又相继发布了 SHA-224、SHA-256、SHA-384 和 SHA-512，后四者都称为 SHA-2；SHA-256 和 SHA-512 是很新的 Hash 函数，实际上二者的结构是相同的，只在循环执行的次数上有所差异。SHA-224 和 SHA-384 则是前面两种 Hash 函数的截短版，利用不同的初始值做计算。

随着硬件设备计算算力的不断攀升，研究破解攻击 SHA 系列算法的方法和可能性也越来越高，于是在 2005 年和 2006 年，美国国家标准与技术研究所（NIST）连续举办了两届研讨会，研究讨论下一代密码 Hash 方案。新的 Hash 算法命名为 SHA-3，作为新的 Hash 标准，并在 2007 年宣布在全球范围内征集下一代密码 Hash 算法。2010 年 12 月 9 日，NIST 通过讨论评选出五个算法（BLAKE、Grøstl、JH、Keccak、Skein）进入第三轮的最终评选。2012 年 10 月 2 日 SHA-3 的 Keccak 算法最终获胜。Keccak 算法由意法半导体的 Guido Bertoni、Joan Daemen（AES 算法合作者）和 Gilles Van Assche，以及恩智浦半导体的 Michaël Peeters 联合开发，它在设计上与 SHA-2 存在极大差别，之前针对 SHA-2 的攻击方法无法有效地攻击 Keccak。

Keccak 算法采用了一种称为海绵的结构，如图 2-2 所示。M 为任意长度的输入消息，Z 为 Hash 之后的摘要输出，$f[b]$ 称为置换函数，其他参数 r 为比特率，c 为容量，且 $b=r+c$，参数 c 要求是 Hash 摘要输出长度 n 的 2 倍，即 $c=2n$。海绵结构有两个阶段，一个称为吸收阶段（absorbing），另外一个称为压缩阶段（squeezing）。压缩阶段，输入消息 M 后串联一个数字串 10...01，其中 0 的个数是将消息 M 填充为长度为 r 的最小正整数倍；接着将填充后的输入消息分组，每组有 r 个比特，填充的最小长度为 2，最大为 $r+1$。同时 b 个初始状态全部初始化为 0。海绵结构处理完输入的压缩过程之后，转换到挤压状态，挤压后输出的块数可根据用户需要做出选择。

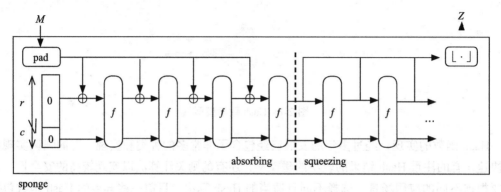

图 2-2　Keccak 算法海绵结构图

由于 Keccak 采用了不同于之前 SHA1/2 的 MD（Merkel Damgard）结构，所以针对 MD 结构的攻击对 Keccak 不再有效。因此，到目前为止，还没有出现能够对实际运用中的 Keccak 算法形成威胁的攻击方法。

以太坊沿用了比特币在 Hash 运算上相同的 Keccak 算法来生成 32 个字节 256 位的摘要信息。下面以 Go 客户端代码实现进行分析，使用的是 f[1600] 函数，f[b] 中的每一轮置换都包含 5 个步骤，总共循环 24 轮。

```go
func keccakF1600(a *[25]uint64) {
    // Implementation translated from Keccak-inplace.c
    // in the keccak reference code.
    var t, bc0, bc1, bc2, bc3, bc4, d0, d1, d2, d3, d4 uint64

    for i := 0; i < 24; i += 4 {
        // Combines the 5 steps in each round into 2 steps.
        // Unrolls 4 rounds per loop and spreads some steps across rounds.

        // Round 1
        bc0 = a[0] ^ a[5] ^ a[10] ^ a[15] ^ a[20]
        bc1 = a[1] ^ a[6] ^ a[11] ^ a[16] ^ a[21]
        bc2 = a[2] ^ a[7] ^ a[12] ^ a[17] ^ a[22]
        bc3 = a[3] ^ a[8] ^ a[13] ^ a[18] ^ a[23]
        bc4 = a[4] ^ a[9] ^ a[14] ^ a[19] ^ a[24]
        d0 = bc4 ^ (bc1<<1 | bc1>>63)
        d1 = bc0 ^ (bc2<<1 | bc2>>63)
        d2 = bc1 ^ (bc3<<1 | bc3>>63)
        d3 = bc2 ^ (bc4<<1 | bc4>>63)
        d4 = bc3 ^ (bc0<<1 | bc0>>63)

        bc0 = a[0] ^ d0
        t = a[6] ^ d1
        bc1 = t<<44 | t>>(64-44)
        t = a[12] ^ d2
        bc2 = t<<43 | t>>(64-43)
        t = a[18] ^ d3
        bc3 = t<<21 | t>>(64-21)
        t = a[24] ^ d4
        bc4 = t<<14 | t>>(64-14)
        a[0] = bc0 ^ (bc2 &^ bc1) ^ rc[i]
        a[6] = bc1 ^ (bc3 &^ bc2)
        a[12] = bc2 ^ (bc4 &^ bc3)
        a[18] = bc3 ^ (bc0 &^ bc4)
        a[24] = bc4 ^ (bc1 &^ bc0)

        t = a[10] ^ d0
        bc2 = t<<3 | t>>(64-3)
        t = a[16] ^ d1
        bc3 = t<<45 | t>>(64-45)
        t = a[22] ^ d2
```

```
bc4 = t<<61 | t>>(64-61)
t = a[3] ^ d3
bc0 = t<<28 | t>>(64-28)
t = a[9] ^ d4
bc1 = t<<20 | t>>(64-20)
a[10] = bc0 ^ (bc2 &^ bc1)
a[16] = bc1 ^ (bc3 &^ bc2)
a[22] = bc2 ^ (bc4 &^ bc3)
a[3] = bc3 ^ (bc0 &^ bc4)
a[9] = bc4 ^ (bc1 &^ bc0)

t = a[20] ^ d0
bc4 = t<<18 | t>>(64-18)
t = a[1] ^ d1
bc0 = t<<1 | t>>(64-1)
t = a[7] ^ d2
bc1 = t<<6 | t>>(64-6)
t = a[13] ^ d3
bc2 = t<<25 | t>>(64-25)
t = a[19] ^ d4
bc3 = t<<8 | t>>(64-8)
a[20] = bc0 ^ (bc2 &^ bc1)
a[1] = bc1 ^ (bc3 &^ bc2)
a[7] = bc2 ^ (bc4 &^ bc3)
a[13] = bc3 ^ (bc0 &^ bc4)
a[19] = bc4 ^ (bc1 &^ bc0)

t = a[5] ^ d0
bc1 = t<<36 | t>>(64-36)
t = a[11] ^ d1
bc2 = t<<10 | t>>(64-10)
t = a[17] ^ d2
bc3 = t<<15 | t>>(64-15)
t = a[23] ^ d3
bc4 = t<<56 | t>>(64-56)
t = a[4] ^ d4
bc0 = t<<27 | t>>(64-27)
a[5] = bc0 ^ (bc2 &^ bc1)
a[11] = bc1 ^ (bc3 &^ bc2)
a[17] = bc2 ^ (bc4 &^ bc3)
a[23] = bc3 ^ (bc0 &^ bc4)
a[4] = bc4 ^ (bc1 &^ bc0)

t = a[15] ^ d0
bc3 = t<<41 | t>>(64-41)
t = a[21] ^ d1
bc4 = t<<2 | t>>(64-2)
t = a[2] ^ d2
bc0 = t<<62 | t>>(64-62)
t = a[8] ^ d3
```

```
bc1 = t<<55 | t>>(64-55)
t = a[14] ^ d4
bc2 = t<<39 | t>>(64-39)
a[15] = bc0 ^ (bc2 &^ bc1)
a[21] = bc1 ^ (bc3 &^ bc2)
a[2]  = bc2 ^ (bc4 &^ bc3)
a[8]  = bc3 ^ (bc0 &^ bc4)
a[14] = bc4 ^ (bc1 &^ bc0)

// Round 2
...
```

为了实现高性能，在 ARM 处理器上，Keccak 完全使用汇编实现，使用 Go 语言进行封装。以太坊 Go 客户端，在 crypto 加密包中，对外封装了使用接口，用来生成 Hash 值。

```
// Keccak256 calculates and returns the Keccak256 Hash of the input data.
func Keccak256(data ...[]byte) []byte {
    d := sha3.NewKeccak256()
    for _, b := range data {
        d.Write(b)
    }
    return d.Sum(nil)
}

// Keccak256Hash calculates and returns the Keccak256 Hash of the input data,
// converting it to an internal Hash data structure.
func Keccak256Hash(data ...[]byte) (h common.Hash) {
    d := sha3.NewKeccak256()
    for _, b := range data {
        d.Write(b)
    }
    d.Sum(h[:0])
    return h
}
```

在应用中，只需要调用 crypto.Keccak256 或者 crypto.Keccak256Hash，例如 crypto.Keccak256Hash([]byte("hello world")) 即可获取指定输入的 Hash 输出。

以太坊中包含了大量的信息，以 Hash 摘要的形式呈现，例如账户和合约地址、交易 Hash、区块 Hash、事件 Hash。下面这段代码就是计算交易数据的 Hash，将交易（transaction）数据进行 RLP 编码后，再做 Keccak256 算法的 Hash 运算，最后得到 32 字节的交易 Hash 值：0x25e18c91465 c6ee0f79e45016c5dd55eb12424c5d91e59eed237039ba4b239be。

```
// Hash Hashes the RLP encoding of tx.
// It uniquely identifies the transaction.
func (tx *Transaction) Hash() common.Hash {
    if Hash := tx.Hash.Load(); Hash != nil {
        return Hash.(common.Hash)
```

```
    }
    v := rlpHash(tx)
    tx.Hash.Store(v)
    return v
}
func rlpHash(x interface{}) (h common.Hash) {
    hw := sha3.NewKeccak256()
    rlp.Encode(hw, x)
    hw.Sum(h[:0])
    return h
}
```

2.1.2 椭圆曲线的加解密算法

密码学在工程应用中，一般分为两种加解密方式。一种是对称加密，比如 DES、AES，这种加密算法是加解密相关方共享一份密钥，一方加密，另外一方解密，很多应用的密码或者关键信息都是通过 AES 加密算法运算存储或者传输的，这种加密算法有个比较突出的优点，即运算相对简单、性能损耗小、效率高。另外一种加密方式称为非对称加密，加解密双方共享不同的密钥，当加密方使用接收方的公钥加密时，解密方必须使用自己的私钥解密。在签名应用中，所有者使用自己的私钥签名，验证者使用签名所有者的公钥验证，比较典型的有 RSA 和椭圆曲线（ECC）加解密算法。

RSA（由 Ron Rivest、Adi Shamir、Leonard Adleman 三个发明人姓氏的首字母组成）算法利用了一个数学上公认的数论特性：将两个大质数相乘很容易，但是想要对其乘积进行因式分解却非常困难，因此可以将乘积公开作为加密密钥，只要密钥长度足够长，那么破解将是非常困难的。RSA 算法，公钥用来公开并加密，私钥用来保留解密，且不可互换，其更多地应用于加密密钥协商、加密证书签名的场景中。我们常见的 https 协议，就是在采用 RSA 作为前期交换对称密钥协商时，进行非对称安全加解密算法。

椭圆曲线（Ellipse Curve Cryptography，ECC）和签名算法（Ellipse Curve Digital Signature Algorithm，ECDSA）在数字货币和区块链的应用中被普遍采用。ECC 与基于大质数因子分解困难性的加密方法不同，其依赖的数学原理是求解椭圆曲线上离散对数问题的困难性。

一个通用的椭圆曲线的表达式，可以描述为：

$$Ax^3+Bx^2+Cxy^2+Dy^3+Ex^2+Fxy+Gy^2+Hx+Iy+J=0$$

参数不同，描述的椭圆曲线特性不同，差异很大。比特币和以太坊使用的椭圆曲线用二元三阶方程表示为：$y^2 = x^3 + ax + b$，其中 a、b 为系数，同时满足 $4a^3+27b^2 \neq 0$。椭圆曲线如图 2-3 所示。

在数学上，一个椭圆曲线群可以看作曲线上的所有点和无穷远点 O 组成的集合。对于椭圆曲线上不同的两点 P 和

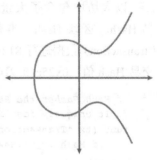

图 2-3 椭圆曲线

Q，若有 $P+Q=R$，则说明 P 和 Q 的直线与椭圆曲线相交于一点（-R），-R 在 X 轴对称的点即为 R，如图 2-4 所示。

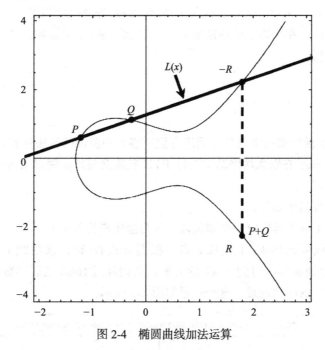

图 2-4 椭圆曲线加法运算

从图 2-4 可以看出，椭圆曲线上的加法运算，相加所得到的点，依然在椭圆曲线上。在椭圆曲线的两个点 P 和 Q 之间，存在一个等式 $kP = P + P + \cdots + P = Q$。如果已知 k 和点 P，则求解 Q 点比较简单，但是如果已知 Q 点和 P 点，要求解有多少个 k，使得 $kP = Q$，就极其不容易。椭圆曲线的密码学，正是利用求解 k 的困难性作为安全性的理论基础。在应用层面，一般是将 k 作为私钥，Q 作为公钥。

以太坊上使用的椭圆曲线和比特币一致，都采用了 Certicom 这家密码领域的专业公司推荐的曲线——secp256k1。椭圆曲线 secp256k1 在二维空间表示为 $y^2 = x^3 + ax + b$，满足六元组关系 $D=(p, a, b, G, n, h)$，其中各个元组之间的关系如下。

```
p = 0xFFFFFFFF FFFFFFFF FFFFFFFF FFFFFFFF FFFFFFFF FFFFFFFF FFFFFFFE FFFFFC2F
  = 2^256 - 2^32 - 2^9 - 2^8 - 2^7 - 2^6 - 2^4 - 1
a = 0, b = 7
G = (0x79BE667EF9DCBBAC55A06295CE870B07029BFCDB2DCE28D959F2815B1
     6F81798, 0x483ada7726a3c4655da4fbfc0e1108a8fd17b448a68554199c47d08ffb10d
4b8)
n = 0xFFFFFFFF FFFFFFFF FFFFFFFF FFFFFFFE BAAEDCE6 AF48A03B BFD25E8C D0364141
h = 01
```

secp256k1 由于其自身构造的特殊性，经过优化实现，在性能上比其他曲线提高了大概 30%，也可以有效抵御破解攻击。

在区块链技术中，普遍使用椭圆曲线，而非 RSA，是因为椭圆曲线相对于 RSA，具有如下 4 个显著优点。

- 安全性能更高，160 位 ECC 密钥与 1024 位 RSA 安全强度相当。
- 处理速度更快，在私钥的处理速度上，ECC 远比 RSA 快得多。
- 带宽要求更低。
- 存储空间更小。

2.1.3 签名

ECDSA 是基于椭圆曲线生成公私钥进行数字签名和验证的算法过程。下面以以太坊上两个账户 Alice 和 Bob 在以太坊网络中进行 ETH 转账交易来说明以太坊的交易 ECDSA 进行签名和校验的过程。

交易的签名过程具体如下。

1）Alice 的 DApp 工具生成一个随机数，作为她账户的私钥 k。

2）在椭圆曲线 secp256k1 上生成 P 点，根据等式 $Q=kP$，该曲线上所得点 Q 的坐标 (x, y) 经过数学处理就可以得到 Alice 的公钥，公钥经过 Hash 之后再截断便得到了 Alice 在以太坊网络中唯一的账户地址。这个过程如图 2-5 所示。

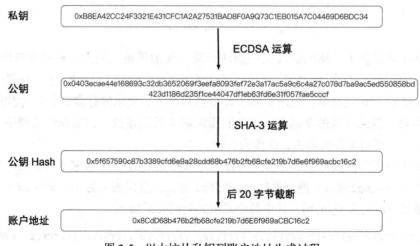

图 2-5　以太坊从私钥到账户地址生成过程

3）当 Alice 第一次向 Bob 转账 1 个 ETH 时，生成如下交易信息：

```
rawTx = {
nonce: 0,
gasPrice: 50000000000,
gasLimit: 120000,
to: '0xC82AA3a402a737284070eA482FfC2471102997cb',
value: 1000000000000000000,
```

```
data: '0x00ffee'
};
```

4）Alice 的 DApp 对转账交易 tx 进行 RLP 编码，再进行 SHA-3 的 Hash，最后对 Hash 进行签名，得到签名结果为 65 字节的（r, s, v）。其中 r 和 s 分别为 32 字节，是签名的主体部分；$v=27+(r \% 2)$，可看作签名结果的一种简单校验，在以太坊中作为恢复签名的 recoveryID。以太坊交易签名的生成过程如图 2-6 所示。

签名实质上是使用私钥 k 对交易摘要进行加密的过程。

交易验证过程具体如下。

1）交易验证节点接收到 Alice 发起转账原始交易和她的签名。

2）校验 Alice 签名，包括检查 recoveryID，然后结合签名和交易 Hash 恢复出 Alice 的公钥 Q。

3）对公钥 Q 进行 Hash，截取后 20 字节，得到 Alice 的账户地址。

4）对比原始交易中的 from 地址与演算恢复的 Alice 地址是否相同，如果相同则证明本次 Alice 的转账交易是合法的，否则拒绝该交易。

签名验证实质上是使用公钥 Q 对交易进行解密的过程。

以太坊 Go 客户端代码，通过 cgo 实际集成了比特币的 secp256k1 库，Go 代码封装了签名并根据签名恢复公钥。以太坊交易签名生成过程如图 2-6 所示。

图 2-6　以太坊交易签名生成过程

以太坊签名和验证回复的代码片段分别如下。

签名：

```go
func Sign(msg []byte, seckey []byte) ([]byte, error) {
    if len(msg) != 32 {
        return nil, ErrInvalidMsgLen
    }
    if len(seckey) != 32 {
        return nil, ErrInvalidKey
    }
    seckeydata := (*C.uchar)(unsafe.Pointer(&seckey[0]))
    if C.secp256k1_ec_seckey_verify(context, seckeydata) != 1 {
        return nil, ErrInvalidKey
    }

    var (
        msgdata   = (*C.uchar)(unsafe.Pointer(&msg[0]))
        noncefunc = C.secp256k1_nonce_function_rfc6979
        sigstruct C.secp256k1_ecdsa_recoverable_signature
    )
    if C.secp256k1_ecdsa_sign_recoverable(context, &sigstruct, msgdata, seckeydata, noncefunc, nil) == 0 {
        return nil, ErrSignFailed
    }
    var (
        sig     = make([]byte, 65)
        sigdata = (*C.uchar)(unsafe.Pointer(&sig[0]))
        recid   C.int
    )
    C.secp256k1_ecdsa_recoverable_signature_serialize_compact(context, sigdata, &recid, &sigstruct)
    sig[64] = byte(recid) // add back recid to get 65 bytes sig
    return sig, nil
}
```

恢复公钥：

```go
func RecoverPubkey(msg []byte, sig []byte) ([]byte, error) {
    if len(msg) != 32 {
        return nil, ErrInvalidMsgLen
    }
    if err := checkSignature(sig); err != nil {
        return nil, err
    }

    var (
        pubkey  = make([]byte, 65)
        sigdata = (*C.uchar)(unsafe.Pointer(&sig[0]))
        msgdata = (*C.uchar)(unsafe.Pointer(&msg[0]))
```

```go
    )
    if C.secp256k1_ecdsa_recover_pubkey(context, (*C.uchar)(unsafe.Pointer
(&pubkey [0])), sigdata, msgdata) == 0 {
        return nil, ErrRecoverFailed
    }
    return pubkey, nil
}

func checkSignature(sig []byte) error {
    if len(sig) != 65 {
        return ErrInvalidSignatureLen
    }
    if sig[64] >= 4 {
        return ErrInvalidRecoveryID
    }
    return nil
}
```

公钥到账户地址的转换：

以太坊中的账户地址和比特币不同，转换相对比较简单。具体来说就是 Hash 结果取后 20 字节，这里的 Hash 算法是 SHA3-256，可以用如下代码来表示：

```go
crypto.Keccak256(pubKey)[12:]
func PubkeyToAddress(p ecdsa.PublicKey) common.Address {
    pubBytes := FromECDSAPub(&p)
    return common.BytesToAddress(Keccak256(pubBytes[1:])[12:])
}
```

2.1.4　Merkle 树和验证

Merkle 树又称为哈希树，是一种二叉树，由一个根节点、若干中间节点和一组叶节点组成。最底层的叶节点包含存储数据，在它之上的一层节点为它们对应的 Hash 值，中间节点是它下面两个子节点内容的 Hash 值，根节点是最后顶层的 Hash 值，这个一般称为 Merkle 根，如图 2-7 所示。

Merkle 树的层层 Hash 计算，任何底层叶节点或者说某个节点的数据变动都会传递到其父亲节点，并直达树根。当叶子节点发生数据改变时，如果要比较两个集合的数据是否相同，则只需要比较两次数据的树根即可，若底层叶节点数据相同，则树根相同；反之，树根便不相同。因此 Merkle 树的典型应用场景具体如下。

- 快速比较大量数据：当两个 Merkle 树根相同时，则意味着所代表的数据必然相同。
- 快速定位变更：例如图 2-7 中，如果 L1 中的数据被修改，则会影响到 Hash0-0、Hash0 和 Root。因此，沿着 Root → Hash0 → Hash0-0，可以快速定位到发生改变的 L1。

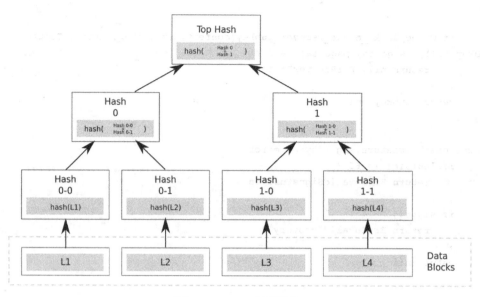

图 2-7 Merkle 树形结构

2.1.5 MPT 状态树

Trie 树是一种有序的树型结构，也被称作前缀树或字典树，一般用于保存关联数组，其中的键通常是字符串，键不保存在节点中，而是由节点在树中的位置决定，根节点对应空字符串，键对应的值标注在节点之下。

Patricia 树是一种节省空间的压缩前缀树。相对于 Trie 树存在的缺点，每个前置节点仅能表示一个字母，不管 key 和其他 key 有没有共享内容，key 越长，树的深度也越长。如图 2-8 所示，Patricia 树的主要改进在于如果存在一个父节点只有一个子节点，那么这个父节点将与其子节点合并，这样可以减小 Trie 中树的深度，加快搜索节点速度，同时也减少了空间的消耗。

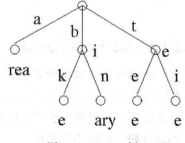

图 2-8 Patricia 树

MPT（Merkle Patricia Trie）显而易见就是 Merkle 和 Patricia 结合后的产物，在以太坊中，MPT 包含 4 种不同的节点：空节点、叶子节点、扩展节点和分支节点。

- ❑ 空节点：无实际内容节点，但占用一个元数据存储。
- ❑ 叶子节点（leaf）：是一个键值对（key，value），其中 key 是原始内容的一种特殊十六进制编码，value 是内容的 RLP 编码。
- ❑ 扩展节点（extension）：也是一个键值对（key，value），但是 value 是其他节点的 Hash 值，即指向其他节点的链接。

❑ 分支节点（branch）：由于 key 被编码成一种特殊的十六进制的表示，还有最后的 value，所以分支节点是一个长度为 17 的列表，前 16 个元素对应着 key 中的 16 个可能的十六进制字符，如果有一个（key,value）键值对在这个分支节点终止，那么最后一个元素代表一个值，即分支节点既可以是搜索路径的终止也可以是搜索路径的中间节点。分支节点的父节点基本上就是扩展节点。

这里再简单介绍一下 MPT 中用到的十六进制前缀（hex-prefix，HP）key 编码。十六进制字母表中有 16 个字符（0...9，A...F），如果某个节点有 16 个子节点，那么每个子节点对应一个字符占用 4 位，半个字节，被称为 nibble。一个 nibble 被加到 key 之前（如图 2-9 中的 prefix），用来对终止符的状态和奇偶性进行编码。其中，最低位表示奇偶性，0 表示偶数，1 表示奇数；倒数第二低位表示终止符状态。如果 key 是偶数位，则需要加上另外一个 nibble。下面结合以太坊官方技术文档上介绍的世界观状态树（图 2-9）来具体解释一下以太坊的 MPT。

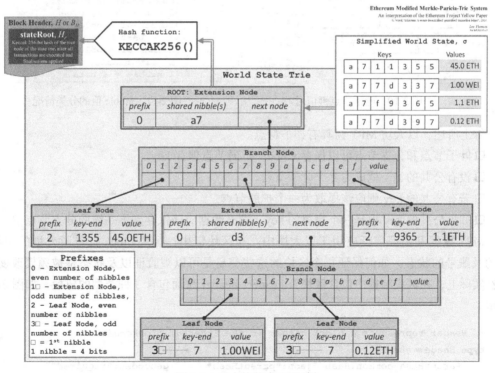

图 2-9　以太坊状态 MPT 树

图 2-9 所示的示例总共有 2 个扩展节点，2 个分支节点，4 个叶子节点。

首先，根节点 ROOT 实际上是一个扩展节点，该节点进行 SHA-3Hash 计算后的值就是所谓的三大 Merkle 根之一的 stateRoot。这个扩展节点的 key 为其他实际节点的共有前缀（a7，key）两位字符，需要在前面补充前缀半字节 nibble；value 指向第一个分支节点，这个分支节点 key 包含（1，7，f）字符。其中 1 指向叶子节点，这个叶子节点 key 为 1355，偶数位补充前缀，因为是终止节点，nibble 是 0010=2，value 是 balance 45.0 ETH。第一个分支节点 key 中的 7 指向第二个扩展节点，它的 key 是后续两个叶子节点的共有前缀 d3，偶数位补字符 0，value 指向第二个分支节点。这个分支节点 key 包含 3 和 9，其中 3 指向叶子节点 1.00 WEI，9 指向 0.12ETH 的叶子节点，这两个叶子节点 key 都只有 1 位，而且是终止节点，所以补充的 nibble 前缀 0011=3。第一个分支节点 key 还包含 f，它指向 1.1 ETH 的叶子节点，这个叶子节点的 key 为 9365，偶数位而且是终止节点，所以在前面补充前缀 nibble0010=2。叶子节点键值对如图 2-10 所示。

同时，节点的 key 前面补充的 nibble 规律如下，如图 2-11 所示。

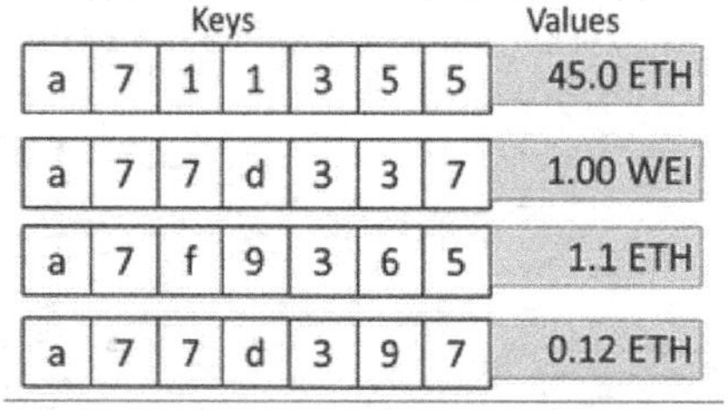

图 2-10　叶子节点键值对

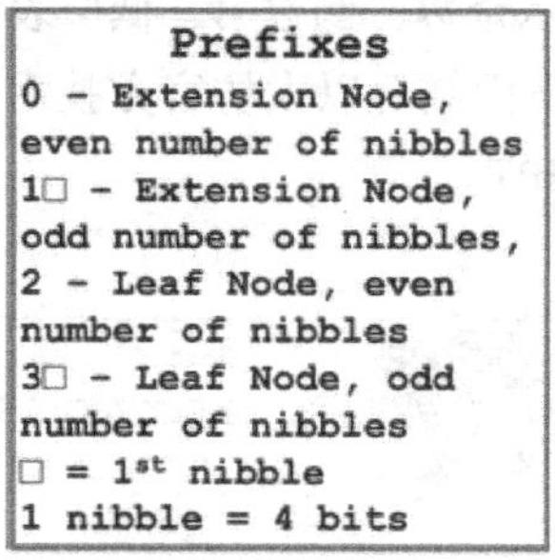

图 2-11　nibble 值的分类情况

综上所述，以太坊 MPT 树具有如下特点。

- 叶子节点和分支节点可以保存 value，扩展节点保存 key。
- 没有公共的 key 就成为 2 个叶子节点。
- 若有公共的 key 则应该提取为一个扩展节点。
- 如果公共的 key 也是一个完整的 key，那么数据应该保存到下一级的分支节点中。

MPT 数据和验证广泛应用于以太坊中。在区块链中，区块 block 打包了大量的交易、合约及账号的状态，如何保证每个区块的这些交易是可以被验证以及状态是被频繁改变的呢？实际上，在区块结构中包含区块头 header，header 里面包含 3 种类型的树根，如图 2-12 所示。

```
// Header represents a block header in the Ethereum blockchain.
type Header struct {
    ParentHash  common.Hash     `json:"parentHash"        gencodec:"required"`
    UncleHash   common.Hash     `json:"sha3Uncles"        gencodec:"required"`
    Coinbase    common.Address  `json:"miner"             gencodec:"required"`
    Root        common.Hash     `json:"stateRoot"         gencodec:"required"`
    TxHash      common.Hash     `json:"transactionsRoot"  gencodec:"required"`
    ReceiptHash common.Hash     `json:"receiptsRoot"      gencodec:"required"`
```

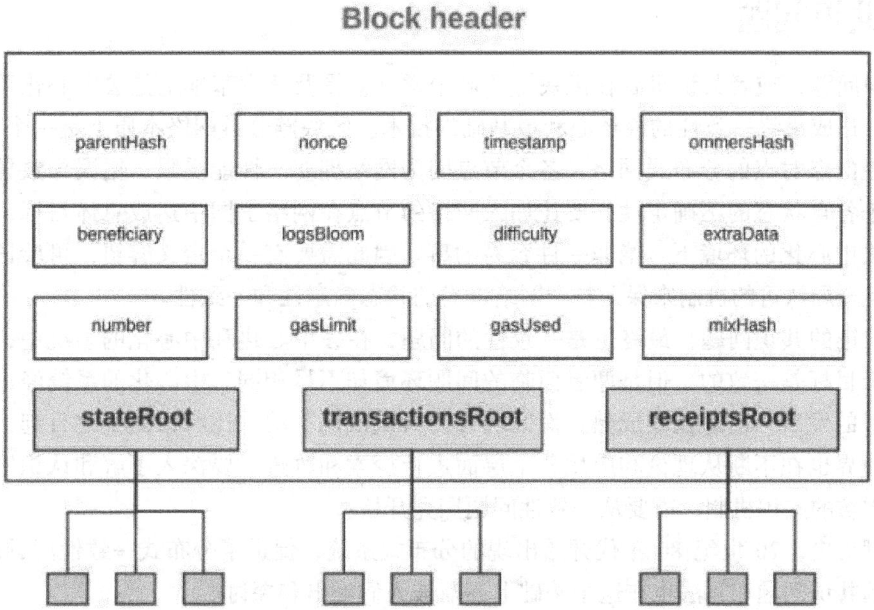

图 2-12 以太坊区块头结构

1. 状态树：stateRoot

状态树是全局的树。

- path = sha3（ethereumAddress）：以太坊账户地址。
- value = rlp（[nonce, balance, storageRoot, codeHash]）：交易次数、账户余额、存储树、合约代码 Hash。

其中 storageRoot 是另一个 trie 树，用于存储合约的所有数据，每个账户都有一个独立的 storageRoot 树。

2. 交易树：transactionsRoot

每个 block 都有一个交易树。

- path = rlp（transactionIndex）：该交易在 block 中的索引，顺序由矿工决定。
- value = 交易记录。

该树生成后永远不会被修改。

3. 收据树：receiptsRoot

每个 block 都有一个收据树。

- path = rlp（receiptIndex）：该交易在 block 中生成 receipt 的索引，顺序由矿工决定。
- value = receipt 记录。

该树生成后永远不会被修改。

2.2 共识问题

共识问题，或者共识机制在区块链领域中常常被提及，它基本上是去中心化系统中自建信任、达成最终一致性的最核心和最基础的技术。区块链公链网络本质上是一个更大型、更不受控的点对点的分布式网络，各个节点因为网络拥塞、性能受限、错误导致异常等原因，带来各自状态的不确定性。要让加入网络的节点在网络王国中达成总体目标，特别是在完全去中心化的环境下，绝非一件容易的事。因此需要有一个定义容错，可验证、防攻击，并且全局认可的机制来保证整个网络世界的状态确定性和一致性。

区块链的共识问题，最终也是一致性的问题，在去中心化和中心化的系统中，这个问题的终极目标是一致的，但是两者面临的问题环境却不尽相同。中心化的系统经过多年理论和实践的发展，已经比较成熟，而区块链的共识机制算法从比特币诞生之日起，就面临挑战，业界也在不断从理论和应用各个层面进行探索和改进。要深入了解和认识区块链特别是以太坊的共识机制，需要从一致性问题探究开始。

回溯历史，20 世纪 80 年代开始出现的分布式系统，促进了分布式一致性问题的研究，区块链的共识问题和算法也在这个基础上逐渐被人们提出和探讨。

2.2.1 分布式一致性问题

分布式系统是一个硬件或软件组件分布在不同的网络计算机上，彼此之间仅仅通过消息传递进行通信和协调的系统。分布式系统具有如下特点。

- 分布性：多节点计算机在地理位置上呈物理距离部署。
- 对等性：主/从区分被弱化，副本（Replica）是分布式系统最常见的重要概念，其是分布式系统对数据和服务提供的一种冗余方式。
- 并发性：不同节点的逻辑可以同时触发并执行，特别是对集群模式的业务，并发性非常明显。
- 无严格时序：消息并不是顺序处理的，也很难定义两个事件时间上的先后顺序。
- 故障：节点可能因硬件故障而失效，也可能是软件资源的竞争出现异常；总之，故障在分布式系统中是一个必须考虑的因素。

下面详细介绍下分布式环境面临的各种问题。

1. 通信异常

分布式系统运行在网络之上，网络依赖的硬件和软件众多，通信的链路跨越众多的路由器和交换机，不可靠和不可达的情况是必然存在的。原本在单机进程或者线程中的 IPC 通信，在分布式节点中演变成 RPC，通信除了时延从纳秒数量级变成了毫秒，甚至秒级别之外，甚至在故障情况下，消息不可达、通信中断也会普遍存在。

2. 网络分区：脑裂

在分布式系统中，节点分布在不同的网络区域中，在某些子网内通信可能正常，但是这部分子网的节点和其他子网间却不能通信，处于一种隔离的状态。对整个分布式系统来说网络环境和节点就好像被切分成了若干个孤立的区域，这就好比是一个正常的人体被"脑裂"，无法做出全面和正常的决策和动作。这种情况对分布式系统的最终一致性达成来说是一个非常严峻的挑战，必须要有方法对网络分区的严重状态做出判断和决策。

3. 三态

由于网络的复杂性，分布式系统中的每一次请求与响应，都存在"三态"的概念，即：成功、失败、超时。分布式系统中的调用和响应，可以看作单机版的扩展，单机进程的调用结果要么失败，要么成功；跨网络的调用可能会多出一种结果，暂时超时无响应。这种结果状态对调用方来说，需要做出适时的处理。

4. 节点故障

节点故障伴随着网络通信异常，会是分布式环境的常态，容忍节点故障是分布式设计中的常见模式。

前面提到分布式系统的对等性，多主机进行分布式部署的方式提供服务，为了维持节点间共享的状态，肯定会存在数据的复制。而引入复制机制后，不同的数据节点之间由于网络延时或者中断等原因很容易产生数据不一致的情况。复制机制的目的是为了保证数据的最终一致性，但是数据复制问题就是如何保证多个副本之间的数据一致性。在数据库领域，一致性经常被归结到数据库的事务 ACID 问题上，即 A（原子性，只有成功和失败状态）、C（一致性）、I（隔离性，各个事物都有自己的数据空间）、D（持久性，提交事务后的状态必须是永久的）。在一个中心化的节点上满足 ACID 特性可能比较简单，但是将它放到分布式环境里面，要满足每个特性却是要大费周章的。除了数据库，还有分布式业务常常涉及的事务一致性（CAP）问题，CAP 是计算机界对分布式特点提出一个基本理论。CAP 理论首先对分布式系统中的三个特性进行了如下归纳。

- ❑ 一致性（C）：分布式系统中所有节点的数据在同一时刻是否相同（这就意味着用户访问任何一个节点时都能够获得最新的相同的数据拷贝）。
- ❑ 可用性（A）：在分布式系统中，节点中的一部分发生故障后，系统整体是否还能响应客户端的读写请求（这里的响应是指对数据更新是有效的，不会导致不一致的问题）。
- ❑ 分区容错性（P）：在分布式系统中，网络通信存在一定的延时，如果系统因为网络问题不能在有效时间内达成数据一致性，那么很可能会导致分布式系统分区，每个区域内数据均一致可用，但是分区之间无法保证一致性，因此产生分区后，当前操作必须在 C 和 A 之间做出选择。

CAP 理论是指在分布式系统中，最多只能实现上面三个目标中的两点，要完全达到一致性，可用性和容错性是不可能办到的，其关系图如图 2-13 所示。因此分布式系统的设计往往会根据业务模型的目标需要而选择性地满足其中的条件，要么高可用、强容错，弱一致性或者最终一致性；要么强一致性、低容错性。

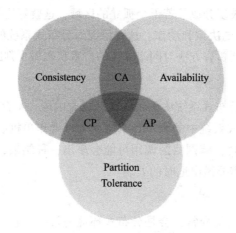

图 2-13　CAP 原理

2.2.2　Paxos 和 Raft

针对分布式系统，网络中的节点一般能够很清楚地获取本机业务逻辑的事务处理上的结果状态，要么成功，要么失败了，但是获取其他节点的事务操作结果，却不是那么廉价的。因此，对于跨网络多节点的分布式事务，为了实现 ACID 特性，就需要引入一个称为"协调者"（Coordinator）的角色来统一调度所有分布式节点的执行逻辑，这些被调度的分布式节点称为"参与者"（Participant）。参与者依据自己的状况，根据协调者的提案做出自己的决定；协调者负责调度参与者的行为，并最终决定这些参与者是否要真正提交事务。基于这个思路，软件界衍生出二阶段提交 2PC 和改进版本的三阶段提交 3PC 两种协议。

谷歌的 Leslie Lamport 于 1990 年提出了一种基于消息传递且具有高度容错特性、一致性的算法 Paxos。Paxos 本质上是二阶段提交的一种算法，发布算法的论文比较复杂且晦涩难懂，为了简单介绍 Paxos，下面围绕二阶段提交来分析算法过程。

Paxos 算法定义了三种角色，具体如下。

- Proposer：提案的提出者。
- Acceptor：同意并接受提案者。
- Learners：被动接受 Acceptor 通知提案选定。

Paxos 算法大概可分为两个主要阶段，具体如下。

阶段一：

1) 首先 Proposer 提出一个编号为（W, V）的提案，然后向超过半数的 Acceptor 发送这个编号为 W 的 Prepare 请求。这里的提案编号 W 实际上是一种事务 id 或者版本，V 为该提案的内容。

2) 接下来，如果一个 Acceptor 收到一个编号为（W, V）的 Prepare 请求，而且编号 W

比 Acceptor 曾经回应过的所有 Prepare 请求的编号都要大，那么 Acceptor 就会将它已经接收过的编号最大提案作为回应反馈给 Proposer，另外 Acceptor 不会再接收任何编号小于 W 的提案。

阶段一可简单理解为提案发起人先发出提议，初步统计有多少人会对其提议感兴趣。

阶段二：

1）当 Proposer 收到超过半数以上 Acceptor 对其发出的编号为 W 的 Prepare 请求的回应，它就会接着发送一个针对提案的 Accept（W, V）请求给那些已经对 Prepare 做出回应的 Acceptor。如果 Proposer 收到所有的响应没有任何内容，Accept 请求中 V 的内容由 Proposer 设定。

2）当 Acceptor 收到一个编号为 W 的提案的 Accept 请求时，如果该 Acceptor 没有回应过编号大于 W 的 Prepare 请求，就向 Proposer 回应 Accept 结果。

3）如果 Proposer 收到超过半数以上 Acceptor 回应的 Accept 请求，即可确定与提案 W 对应的 V 内容，在 Acceptor 中得到了确认。

阶段二可以看作 Proposer 对满足初步意向的人再次发出提案确认，若超过半数支持者就可以认为提案被接受。

Paxos 算法的特点是强调 CAP 三原则中一致性胜过了可用性。由于 Paxos 难于理解，算法复杂，也不容易实现，因此 Stanford 的 Diego Ongaro 和 John Ousterhout 提出了 Raft 算法，Raft 本质上与 Paxos 类似，在 Raft 协议中，一个服务进程可以扮演如下的三个角色之一。

- Leader：主要负责人，负责处理所有来往的交互、跟踪日志并复制存储，在一次 Raft 共识周期中，只能有一个 Leader。
- Follower：跟随者，对本节点的状态信息进行变更，并向 Leader 做出回应。
- Candidate：候选人，作为 Leader 的候选对象。

Raft 也是二阶段提交的一致性算法，首先是 Leader 选举过程，其次在选举出来的 Leader 的基础上完成正常操作，例如日志复制和记账等。过程大致如下。

1）首先每个服务器都可以成为一个候选者 Candidate，它发出请求，希望其他服务器 Follower 选举自己为 Leader。所以一开始，大家都是 Follower，个别服务成为 Candidate。

2）其他 Follower 同意其成为 Leader，并给出自己的确认 OK。

3）服务器 Candidate 成为了 Leader，这之后，它就可以向选民 Follower 发出命令，进行日志复制等操作，Raft 服务器根据心跳进行日志复制的通知。

4）如果当前 Leader 发生了异常，剩下的 Follower 中其中一个可以成为候选者，发出新一轮 Leader 的选举请求，重复步骤 1）。

5）当旧 Leader 从故障中恢复之后，只能成为 Follower。在恢复阶段，它自己做出新的更新，在获取到新的 Leader 之后，需要进行回滚，日志状态必须与新 Leader 保持一致。

2.2.3 拜占庭容错及 PBFT

拜占庭容错源于拜占庭将军问题。拜占庭将军问题（Byzantine Generals Problem）是由 Paxos 的作者 Leslie Lamport 在 20 世纪 80 年代提出的旨在描述分布式对等网络通信容错问题的一个虚构模型。东罗马帝国的首都叫拜占庭，该国的将军们带领各自的军队，驻守辽阔疆土，抵御敌人。由于古代驻地相隔遥远，各军队之间只能靠信差传递情报。战争发生的时候，拜占庭军队内所有将军之间必须达成一致的共识，决定有赢的机会才去攻打敌人的阵营。但是，在这些将军之中可能存在叛徒和敌军的间谍，他们左右将军们的决定从而扰乱整体军队的秩序。这时候，在已知有将军谋反的状况下，其余忠诚的将军在不受叛徒的影响下如何达成一致的作战决策变得尤为重要，拜占庭问题由此而来。

Lamport 研究证明了在背叛者为 m 或者更少，将军总数大于 $3m$ 时，忠诚的将军们可以达成战争决策上的一致。

要使拜占庭将军问题得到共识，必须满足如下两个条件。

1）总存在两个忠诚的将军必须收到相同的来自其他某个忠诚将军的命令，假设这个命令为 $C(n)$。

2）假定第 n 个将军是忠诚的，那么他发送的命令和其他忠诚将军收到的 $C(n)$ 一定相同。

换一个表述，这个模型可以简化为如下内容。

- 所有忠诚的将军都遵守相同的决策。
- 如果发出决策命令的将军是忠诚的，那么其他所有忠诚的将军都将遵从该决策。

在分布式系统中，在理论条件下，网络中的计算机节点遵循某种预置的协议，通过交换信息达成共识，并按照相同的协作策略行动。在这种场景下，系统很容易达成一致，但某些时候，系统中的计算机节点可能会因为硬件故障或者网络原因而出现异常或者错误，甚至是在网络正常时，因某些显式作恶，导致网络中不同的成员会对全体协作的策略做出不同的结论，破坏了系统期望的一致性。拜占庭将军问题被认为是容错性问题中最难的问题类型之一，解决拜占庭问题就是要从理论和实践上找到一种方法，在某种不可信的环境中达成一致。

拜占庭问题的容错算法，实际要解决的是网络通信可靠，但节点可能发生故障或者异常情况下的一致性共识问题。

最早由 Castro 和 Liskov 在 1999 年提出的 PBET（Practical Byzantine Fault Tolerant）是第一个得到广泛应用的 BFT 算法。

PBFT 算法包括三个阶段来达成共识：Pre-Prepare、Prepare 和 Commit，流程如图 2-14 所示。

图 2-14 中客户端 C 为发送请求节点，0 到 3 为其他服务节点，3 为故障节点，具体步骤如下。

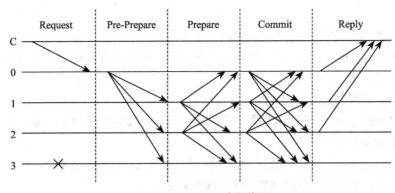

图 2-14 PBFT 三阶段共识

1）Request：请求端节点 C 发送请求到其他任意一节点，假定发送到节点 0。

2）Pre-Prepare：节点 0 收到 C 的请求后进行广播，广播至节点 1、2 和 3。

3）Prepare：节点 1、2、3 均被要求收到广播处理完后，再次广播。节点 1 传播至节点 0、2、3 节点，2 传播至节点 0、1、3 节点，节点 3 因为故障无法广播。

4）Commit：节点 0、1、2、3 在 Prepare 阶段，如果收到 2F+1 以上数量相同的请求，则进入 Commit 阶段，开始广播 Commit 请求。

5）Reply：节点 0、1、2、3 在 Commit 阶段，如果收到 2F+1 以上数量的相同请求，就对 C 进行反馈。

在 PBFT 中，如果满足 $N \geqslant 3F + 1$，其中 N 为总节点数，F 为有故障的节点总数，那么最终的一致性是可以达成的。

2.2.4 以太坊 IBFT 共识

2.2.2 节描述的 Paxos 和 Raft 一般应用于中心化的分布式系统，或者受限应用的私有区块链，2.2.3 节描述的 PBFT 实用拜占庭共识可以应用于联盟链。这节将要介绍适用于以太坊私链或者联盟链的共识协议 IBFT。

PBFT 如果要用于区块链，需要做出很多调整才能顺利工作。首先，区块链里面所有验证者都可以被视为客户端，并没有特定的"客户端"发出请求并等待结果。另外，为了保持区块链交易打包持续进行，每轮都会连续选择一个提议者来创建区块提案以达成共识，每次共识的过程最终都将生成一个被大家验证的新区块，而不是操作类似 LSM 的日志记录或者文件。伊斯坦布尔 BFT（Istanbul Byzantine Fault Tolerant，IBFT），参考自 PBFT，作为以太坊 EIP（Ethereum Improvement Proposal）的 issue 650 被提出。

IBFT 定义了如下几个概念。

❑ Validator：区块验证参与者。

❑ Proposer：在本轮共识中，被选择作为出块的验证者。

❑ Round：共识周期。一轮回合以提议者创建区块提案开始，并以区块提交或轮次切换结束。
- Proposal：正在进行共识处理的新块生成提案。
- Sequence：提案的序列号。序列号应该大于以前的所有序列号。当前每个建议的块高度是其相关的序列号。
- Backlog：存储共识信息日志。
- Round state：特定序列和轮次的共识消息，包括预先准备消息、准备消息和提交消息，表示本轮共识状态。
- Consensus proof：可证明该区块的区块提交签名已通过共识流程。
- Snapshot：来自上一个时期的验证者投票状态。

IBFT 继承了原始 PBFT，通过 PRE-PREPARE、PREPARE 和 COMMIT 三个阶段达成共识。系统可以容忍 N 个验证器节点的网络中有 F 个故障节点，其中 $N=3F+1$。在每轮共识之前，验证器将默认以循环方式选择其中的一个作为提议者，然后提议者将提出一个新的分组提议并将其与 PRE-PREPARE 消息一起广播。在收到来自提议者的 PRE-PREPARE 消息之后，验证器进入 PRE-PREPARED 状态，然后广播 PREPARE 消息。这一步是为了确保所有的验证器都在同一个序列和同一轮上工作。在收到 PREPARE 消息的 $2F+1$ 时，验证器进入 PREPARED 状态，然后广播 COMMIT 消息。这一步是通知其同行，它接受建议的区块，并将该区块插入链中。最后，验证器等待 COMMIT 消息的 $2F+1$ 进入 COMMITTED 状态，然后将该块插入链中。

在 IBFT 协议中的块是最终确定性的，这意味着没有分叉，任何有效的块必须位于主链中的某个地方。为了防止错误节点从主链生成完全不同的链，每个验证器在将头插入链中之前，要将 $2F+1$ 接收到的 COMMIT 签名附加到头中的 extraData 字段。这样，块就可以进行自我验证，轻客户端也可以支持了。但是，动态 extraData 会导致块散列计算问题。由于来自不同验证器的相同块可以具有不同的 COMMIT 签名集合，所以相同的块也可以具有不同的块散列。为了解决这个问题，可以通过排除 COMMIT 签名部分来计算块散列。因此，我们仍然可以保持块/块散列的一致性，并将共识证明放在块头中。

IBFT 是一种状态机复制算法。每个验证器都维护着一个状态机副本以达到块一致。
- NewRound：提案者发送新的区块提案。验证器等待 PRE-PREPARE 消息。
- PRE-PREPARED：验证器已收到 PRE-PREPARE 消息并广播 PREPARE 消息，然后等待 PREFARE 或 COMMIT 消息的 $2F+1$。
- PREPARE：验证器已收到 $2F+1$ 的 PREPARE 消息并广播 COMMIT 消息，然后等待 COMMIT 消息的 $2F+1$。
- COMMITTED：验证程序已收到 2F+1 的 COMMIT 消息，并能够将建议的块插入区块链。
- FINALCOMMITTED：一个新块已成功插入区块链中，验证器已准备好进行下一轮。
- ROUNDCHANGE：验证器正在等待相同建议的圆号码上的 ROUNDCHANGE 消息

的 $2F+1$。

IBFT 共识状态机如图 2-15 所示。

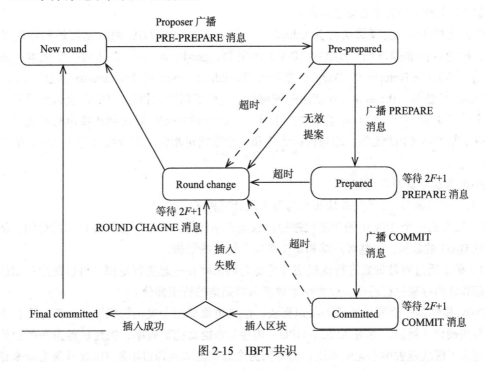

图 2-15　IBFT 共识

IBFT 共识算法在金融事务共识容错方面具有非常高的效率和性能，因此被作为以太坊企业联盟链 quorum 的重要共识算法。有人测试在一个区块包含 2000 个交易的初步测试中，IBFT 共识区块链达到了 400～1200 的 TPS。

2.2.5　PoW

PoW（Proof of Work）称为工作量证明，它是比特币和当前以太坊的核心共识算法。Pow 可以简化为一个数学和经济模型：所有矿工公平竞争一个区块的挖矿权，每个矿工遵循一个规则，对候选的区块进行 Hash 运算，当运算 Hash 值小于当前难度系数时，就认为该矿工提供的候选区块满足条件，可以广播到全网验证并确认。区块链以最长的确认的区块主链作为链的基础，分叉会被抛弃，因此谁最先真实计算出来这个块的 Hash，谁就会成为这个块的矿工，矿工享受这个出块周期的收益，获得特定数量的价值奖励。区块中有个参数 nonce，矿工每次计算候选区块的 Hash 值时，并不能获得期望的值，因此要不断调整 nonce 进行周期性 Hash 计算，以期获得满足条件的那个 Hash 值。尝试 Hash 的计算可以表述为下面的表达式：

$$f = \text{Hash}(nonce + 区块其他数据) < difficulty$$

PoW 实际上是一种计算能力的竞争的公开比赛，强者胜出。其作为比特币和当前以太坊的共识算法，充分体现了节点分布扁平、计算竞争公开、结果验证透明、不可篡改的特点，奠定了全网完全去中心化技术的基础。

以太坊的 PoW 实现算法称为 Ethash，它依赖于大小约 1GB 的数据集的初始时期的生成，称为有向非循环图（DAG）。DAG 使用 Dagger-Hashimoto 算法的一个版本，该算法结合了 Vitalik Buterin 的 Dagger 算法和 Thaddeus Dryja 的 Hashimoto 算法。Dagger-Hashimoto 算法是 Ethereum 1.0 使用的挖掘算法。随着时间的推移，DAG 会线性增长，并在每个时代更新一次（30,000 块，125 小时）。以太坊的 PoW 算法和比特币有点差异，挖矿的效率基本与 CPU 无关，却与内存大小和内存带宽正相关，更能抵御专用 ASIC 的计算垄断。

PoW 算法步骤及说明如下。

1）通过扫描 DAG 的先前块头来为每个块计算种子。

2）缓存是一个 16MB 的伪随机缓存，根据种子计算，用于轻量级客户端的存储。从缓存生成 DAG 的数据，完整客户端和矿工可以存储这些数据。

3）矿工通过对数据集进行随机切片并将它们散列在一起进行挖掘。可以使用存储的高速缓存和低内存来执行验证，以重新生成所需数据集的特定部分。

PoW 显然是一个简单易行的共识算法，但是也面临两个突出的问题：一部分资金通过设计专用硬件（例如，专用 ASIC、GPU、内存）来提高挖矿效率，构建矿池来垄断挖矿权益，偏离了区块链去中心化的本质；另外因为全球矿池节点通过不断 Hash 计算尝试来竞争挖矿权，浪费了大量能源。这些因素阻碍了区块链的发展，对以太坊来说，其也面临相同的问题，因此以太坊提出了基于 PoS 的 Casper 共识算法。

2.2.6 Casper

PoW 共识需要浪费大量的能源，制约了区块链的可持续发展。于是，有人提出了一种称为权益证明的 PoS（Proof of Stake）算法，它将 PoW 中的计算算力改为系统权益，拥有权益越大则成为成功验证区块的概率越大。

PoS 可以避免大量的挖矿能源浪费，但是也有一个天生的不足，即资产权益越多的人，获得验证出块的几率就会越大，作恶产生分叉的可能性也就越大。以太坊需要一种惩罚作恶的经济模型来修正 PoS 的不足，于是以太坊最终进化到 Casper 共识协议。

Casper 协议工作在 PoS 之上，重点在于平衡 PoS 恶意行为代价下的经济模型，确保以太坊共识可持续运转。Capser 工作机制的过程主要如下。

1）潜在的矿工需要预先在链上抵押一定比例的权益资产作为保证金。

2）接着这些矿工发现一个可以被加到链上的新区块的时候，下赌注来验证它并打包。

3）当这个区块被加到链上并通过其他人验证时，下注矿工将得到一个与赌注成比例的奖励。

4）如果存在一个打包矿工恶意做假、试图破坏以太坊共识原则，就会立即遭到惩罚，该矿工已经发放的奖励会被没收，并罚没其保证金。

Casper 设计的初衷就是奖励正向贡献，严惩负向作恶。为了达到这个目的，Casper 设计了严格的规则来保证网络的安全，也包括惩罚没有尽责的矿工，使得他们保持"出块"的日常工作节奏，如果放松懈怠就会导致自己的保证金损失。Casper 这种强调惩罚的机制，对那些怀有作恶动机的矿工产生了强烈的风险约束，从而能够保证以太坊的共识达成。

以太坊按照版本循序渐进的过渡思路，提出了两个版本的 Casper，即 Casper FFG 和 Casper CBC。

Casper FFG 是由以太坊创始人 Vitalik Buterin 主导的一个混合 PoW/PoS 共识机制。它将是第一个可以被应用的以太坊 Casper 版本，也是为了在新旧两种共识之间建立一个缓冲的转换过程，使得共识算法在改变前后有比较好的过渡。Casper FFG 的设计方式是在 Ethash PoW 工作量证明协议上叠加权益证明，新区块仍然通过工作量证明方式由矿工打包产生，接着每 50 个区块将触发一个权益证明机制检查点来进行验证，通过这个验证过程来验证区块的最终的合法性。简单来说，Casper FFG 更侧重于通过如下几个步骤的组合来将以太坊从 PoW 过渡到 PoS。

Casper CBC 是由共识专家 Vlad Zamfir 主导的另外一种以太坊 Casper 共识协议，其与传统协议的设计方式有点不同，他提出了一种在"构建中修正"的观点，要点具体如下。

❑ 设计一种顶层通用而又灵活的协议框架，通过定义，证明再继承这种迭代形式完善成为最终的共识系统。

❑ 协议最终工作在纯 PoS 模式下，没有 PoW。

❑ 共识协议由两个关键的因素组成，通信的消息和参与的角色验证人。消息由三元组（数据，验证者，证明）决定，消息的时序性可影响到验证结果的真伪。

❑ 验证者公示的数据必须是在以前已经达成共识的数据或者函数方法中推导得出，验证者提供的数据和证明方式必须一致，不能自相矛盾。

❑ 违背共识原则包括两个主要方面：一个是接收和处理非法消息，导致错误结果；另外一个是出现了模棱两可的错误，无法确定性获取结果的真伪。

Casper CBC 机制其实是一种比较系统和科学的共识方法论，形成共识的方法将不仅仅局限在以太坊，任何遵循和实现了这套理论的共识算法都将有比较好的安全和效率。

这两个版本的 Casper 本身都是作为独立的项目发展，CBC 更多的还是理论阶段，以太坊最终可能会先采用 FFG 作为第一个可以落地的 PoS 版本。

Casper 的设计，总结起来看，参考了如下的指导设计准则。

1）设计行为的经济学。明确的经济机制设计可以实现其他社会契约中隐含的经济激励。

2）最大化攻击成本。攻击者对协议功能进行攻击的损坏程度应受到一些行为因素的约束，损失的代价应该与成本匹配。换句话说，最大限度地减少用于攻击协议的"攻击利益倍数"。

3）公共成本效益，而不仅仅是私人层面。对于公链来说，协议经济学应该考虑社会成本和收益，对于像比特币那样的 PoW 共识机制，就需要看到大量挖矿导致的能源浪费问题。

4）防止规模经济。中心化违背了公共区块链的基本原则，防范规模经济可以防止这些中心化的因素，以便构建更安全的区块链。

5）网络安全要重视惩戒。"经济价值的损失"确保了 PoS 共识机制的安全可靠。

6）寡头垄断。永远有期望获取中心化利益的力量存在，区块链的设计需要考虑这个因素的存在，并考虑最大化抑制它的发展。

7）责任安全。设计应尽可能地将错误归因于某些作恶者。

8）平衡的治理范围。设计不允许作恶者阻止区块链持续提出并对检查点/块进行投票。

9）最小同步性假设。为了保持区块链的增长和用户的活跃度，Casper 具有最小的同步性假设，验证者会定期重新登录在线工作。

10）去中心化东西应该能够再生。只有当共识协议可以实现在永久删除其中一个节点之后，其他的所有节点完全恢复时，这个共识协议才会被认为是去中心化的。

11）禁止审查。主要权衡的是验证者通过故意离线来实现对区块链网络的损害攻击。选择正确的审查与奖励和处罚一定数目的资本将是实现这一目标的关键手段。

2.2.7 以太坊性能

以太坊已经发展成为一个在全球广受欢迎的公链区块链网络，在 2017 年疯狂的 ICO 项目众筹的加密猫售卖过程中，广大区块链使用者深受其严重的网络拥塞和交易确认延迟问题的困扰。可见，以太坊的网络性能已经成为一个严重而急需改进的问题。

以太坊当前采用 PoW 共识，需要将交易区块在全网广播确认，实际测试中最大不会超过 20TPS，也即最多 1s 内只能有 20 笔交易进行从提交到确认的流程。另外由于以太坊的交易状态都是串行处理，节点对交易的大并发处理能力远远不够，导致很多交易都阻塞在交易池中。图 2-16 是从 Etherscan 网站中截取的区块时间统计图，当前平均的区块时间大概在 15 秒（block/15s）；图 2-17 是截取的 pending 交易统计图，每秒 pending 交易数峰值达到 20k 之多，网络繁忙的时候甚至可以达到 30k。

造成以太坊性能不高的原因主要有如下三个方面。

1）PoW 共识算法的低效率。PoW 需要不断竞争 Hash 算力，为了维持区块不过分分叉，必须设置挖矿的困难系数和区块确认时间。困难系数用于调整挖矿难易程度，使整体矿工算力保持均衡；另外由于点对点网络的范围很广，交易和区块广播需要一定时间才能遍及网络，如一个区块确认需要大概 15 秒，这也限制了性能。

2）Gas 机制限制。为了防止恶意攻击，以太坊对网络交易设计了 Gas 机制，这个机制在业务逻辑和 EVM 合约执行都做了 Gas 消费的检查和计算，其过程也遍布以太坊的几个主要方面，包括矿工的奖励、区块的 Gas、单账户的资产以及合约调用都有 Gas 的运算。区块的 Gas Limit 在约束区块的计算容量的同时，限制提高区块的 Gas 上限，降低区块时间，也会导致高陈腐率（high stale rate），并降低了面对网络攻击的应对风险。

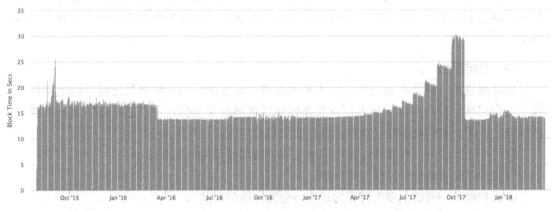

图 2-16　以太坊区块时间统计图

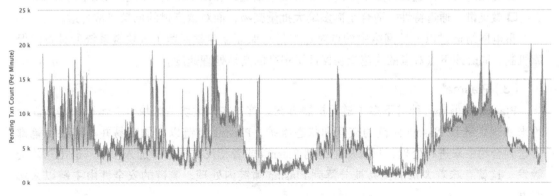

图 2-17　以太坊 pending 交易统计图

3）以太坊的串行执行。为了防止双花问题的发生，以太坊无论是单节点 ETH 转账和合约执行，还是全网的交易确认，实际上都是串行执行的。虽然节点的客户端可以利用 CPU 多核的能力，但是在全节点上，每个节点都是复制全局的状态树共享，因此无论是在单节点上的 EVM 指令执行，还是在以太坊全局交易上，每个交易都是按顺序执行确认的，无法实现全网络的并行化，这也是导致以太坊性能不高的主要原因。

针对以太坊当前的性能问题，以太坊社区和区块链行业相应提出了不同的扩展性方案。关于可扩展性方案，下面介绍 sharding 分片、状态通道和 Plasma 三种。

（1）sharding 分片

以太坊团队提出了链自身的共识改进和分片方案。以太坊的 Ethash PoW 共识将根据

Casper 的验证进展，过渡到 PoS 类型的共识机制，目前 Capser 开发到了 POC3 阶段，最新模拟测试达到 3 秒的出块时间。

此外，以太坊 sharding 分片方案，旨在提供以太坊的并行性，提高交易的灵活性和吞吐量。在主链之外，新以太坊系统会创建很多协作的分片链，每个分片链会构建自己的交易链。在以太坊主链上将部署一个做验证人管理员合约（VMC）的特殊合约、关联分片和分叉。

（2）雷电网络

雷电网络是一种状态通道的以太坊扩展方案。雷电网络是一种类似比特币闪电网络的线下支付网络，用户可以进行点对点交换转账签名消息并验证，而不是所有的交易都放到区块链上处理，它的显著特点是具有很高的交易处理能力，具体如下。

- 可扩展：网络节点越多，雷电网络能够处理的转账能力越高。
- 更快：通道转账，转账时间极短。
- 保护隐私：通道上多次转账的过程不会在主链记录状态。
- 互操作性：遵循以太坊 ERC20 标准的代币 API 互操作。
- 更低的费用：通道转账不上链，交易成本很低，和以太坊的 Gas 相比几乎可以忽略。
- 微支付：通道特性，适合小额多笔大批量交易，面对微支付的场景非常合适。

雷电网络通过以太坊网络中的点对点支付与保证金存款保留了区块链系统所具备的保障机制，同时线下点对点的快速交易保证了很高的交易处理速度。

（3）Plasma

Plasma 是另外一种链下多子链的扩展方案。首先在以太坊主区块链上运行一些智能合约来实现主链和 Plasma 侧链的交互和状态维护，Plasma 侧链以内的交易并不需要每笔都发送到合约中来进行处理，只有从主链到 Plasma 或者相反方向的"加入"和"退出"才会触发。这就意味着大量的交易被分解到 Plasma 侧链内处理，侧链的安全性由主链以太坊背书。

另外 Plasma 实际上是一个链簇或者链树，Plasma 网络内还可以组成子链，外部的 Plasma 主链为其他的信任背书，这样，就组成了以以太坊为树根的树形区块链，大量的交易聚集在对应的子网中处理，不需要由以太坊直接干预，而且安全方面也不会有太多的问题。这种扩展方式提供了以太坊协议生态的区块链吞吐量。

2.3 图灵完备

区块链技术的先驱比特币，是一种点对点的去中心化网络虚拟货币，可跟踪并记录虚拟货币资产的状态变化。"状态转换函数"可实现这种状态转换。比特币开创和发明了一种交易状态描述：未使用的消费输出 UTXO（Unspent Transaction Outputs）。"状态转换函数"

就是比特币全网所有节点可以执行和验证的一个逻辑执行过程，这个过程实现了比特币全网 UTXO 的变更并记录。

改变 UTXO 状态的"状态转换函数"是一种用基于堆栈的编程语言所编写的比较复杂的脚本。比特币的某个时刻的 UTXO 可以被某个用户触发，并提供相应的被证明参数，例如发起者的公钥和数量，同时这个 UTXO 也可以被基于堆栈的编程语言所编写的脚本所拥有。当比特币用户请求改变 UTXO，这个过程会触发脚本执行，验证交易和拥有这个 UTXO 的地址，如果验证成功，则返回 1，否则返回 0。

2.3.1 比特币脚本

比特币在交易中使用脚本来改变 UTXO，这种脚本比较简单，基于堆栈数据结构按从左向右处理，并特意设计成不支持循环指令 LOOP，是一种非图灵完整性的逻辑执行器。

当比特币网络中发生了一次由用户发起的转账交易时，在交易中会生成若干实现改变 UTXO 的指令和参数，这个指令就是比特币脚本的基本操作元素。指令组合的描述意思包含了这个交易发起者的 UTXO 作为输入，产生一个接收者可以消费的 UTXO 作为输出。这个过程包含两个关键信息，具体如下。

1）公钥，交易相关方的公钥，并由此生成的比特币的 Hash 地址，地址被包含在脚本之中。

2）签名，接收者签名，证明一笔资金将是他的未消费输出。

整个比特币的交易，实际上包含两个脚本，一个是锁定脚本，另外一个是解锁脚本。锁定脚本包含在本次交易的输入的 UTXO 之中，包含了这次交易如何验证的指令代码和参数，可以理解为对本次交易输入 UTXO 被花费的证明条件；关联的解锁脚本，解锁脚本包含了发送者的公钥和签名，并随交易广播到网络之中，网络节点可以运行该解锁脚本，验证和确认这次交易可以消费掉输入的 UTXO，并产生一个新的 UTXO，老的输入 UTXO 被比特币账本记录为已消费。下次接收者作为新交易的发起者发起另外一笔交易时，就需要在这个刚输出的 UTXO 中附上新的锁定脚本，证明接收者可以花费的证明。

锁定脚本：DUP hash160 <pubkHash> EQUALVERIFY CHECKSIG

解锁脚本：<sig><PubK>

比特币这种脚本语言简单高效，但是缺失循环指令 LOOP，无法实现稍微复杂的逻辑。不支持循环语句的目的是避免交易确认时出现无限循环，对于这种多次循环，即使没有 LOOP 也可以通过大量的 if-else 来实现，导致了代码空间的极大浪费和编程工作的低效率。对于使用智能合约来实现复杂的业务逻辑来说，这种多次循环就显得捉襟见肘了。

图 2-18 展示了一个实际的比特币交易脚本的执行过程。

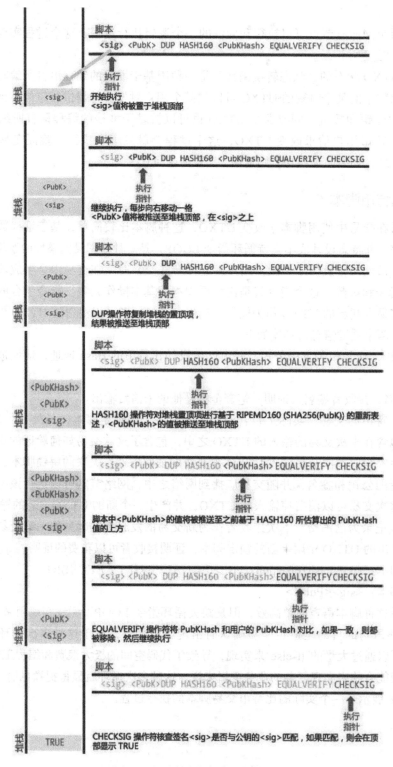

图 2-18 以太坊交易执行脚本

2.3.2 以太坊虚拟机（EVM）

以太坊最大的价值在于智能合约，以太坊虚拟机（Eetheruem Virtual Machine，EVM）是执行交易或者合约代码的引擎。在虚拟机中，合约像众多的应用程序一样可完成比较复杂的逻辑功能；EVM 支持循环操作指令，任何复杂可以设想的程序都可以得以在其上顺利运行。像其他语言的虚拟机一样，例如支持了 Java、Kotlin、Scala 等高级语言的 JVM，EVM 提供了一个合约可以安全和隔离的运行环境，每个合约都有其独立的运行时堆栈。EVM 栈最大支持 1024 个元素，每个元素 256 比特，这意味着以太坊智能合约处理器的字长是 32 字节，堆栈深度达到 1 KBytes。

Vitalik Buterin 在其以太坊设计原理论文"Design Rationale"中针对 EVM 进行了几点总结，大概归纳如下。

1. EVM 设计目标

EVM 的设计目标具体如下。

- 简单性：虚拟机操作码尽可能的少而且低级；数据类型和结构也尽可能的少。
- 总体确定性：VM 规范没有任何可能产生二义性的空间，结果是完全确定性的。而且计算步骤非常精确，完全可以为 Gas 的消耗提供度量。
- 节约空间：EVM 的汇编应尽可能紧凑。
- 满足应用特殊性设计：20 字节的账户地址，32 字节密码学通用处理，为读取区块和交易数据与状态交互提供便利。
- 简单安全：为了让 VM 不被攻击，建立一套 Gas 消耗作为运行费用的模型。
- 优化友好：虚拟机可以优化，可以采用即时编译（JIT）和其他加速技术来构建虚拟机。

2. EVM 特殊性

EVM 也包括如下特殊设计。

（1）区分临时 / 永久存储

先来看看什么是临时存储和永久存储。

- 临时存储：只在 VM 的每个合约运行时存在，例如函数中的一些内存，用完即释放。
- 永久存储：存在区块链状态树中，并持久化。

（2）栈 / 内存模式

计算机中的数据存储一般有三种：栈、堆和永久存储。对于临时存储，栈和堆都可以称为内存模式，或者是寄存器和内存的混合体。在这种存储基础上，每个指令都有三个参数，例如，ADDR1R2R3:M[R1]=M[R2]+M[R3]。选择栈范式的原因很明显，它使代码量缩小到原先的四分之一。

（3）32 字节长的处理字

在比特币系统中，指令处理的字长大小是 4 字节或 8 字节。4 字节或 8 字节对存储寻址或加密计算来说局限性太大，也很难建立相应的安全的 Gas 模型。32 字节是一个理想大小，因为它足够存储众多加密算法的实现以及更大的地址空间，还不会因为太大而导致处理效率低下。

3. EVM 设计中存在的不足

EVM 在实际以太坊执行交易中的表现并不完美，存在许多需要改进的地方。

（1）256bit 整数

EVM 采用 256 bit 整数，可以兼顾众多加密学的计算，以及以太坊中大数的表示，例如 1 Ether = 10 的 18 次方 Wei。但是这也带来了一个问题，很多计算无法与当前计算机共用 64 位字长兼容，一方面无法充分利用原生计算机系统的性能优势，另外一方面相对于传统程序开发者来说，智能合约的处理不那么兼容，需要适应。

（2）EVM 中的栈

EVM 指令操作都是基于栈，而不是寄存器，这样处理起来比较简单，且易于优化，但是缺点是其并没有寄存器操作来的效率高，而且因为内存空间无法复用中间状态，空间占用会更大。

（3）不支持浮点数

EVM 不支持浮点数运算，与现代的处理器相比较起来还比较原始。在一些涉及科学计算和复杂金融曲线的运算中，不支持浮点数会带来非常大的麻烦，只能通过整形数放大来规避无法表示精度的问题。

2.4　本章小结

本章主要从区块链共性问题、加密学、共识问题、智能合约支撑程度几个大的方面和一些细节详细地分析了以太坊的设计考虑和特点。通过这些内容，我们可以比较清楚地了解到以太坊使用了 SHA-3 作为基础 Hash 算法，椭圆曲线加密算法进行摘要签名，另外以太坊开启了区块链 2.0 时代的智能合约，其中合约执行的虚拟机环境有其通用的设计考虑，同时也有不足之处。最后本章还分析了当前以太坊性能问题的制约因素。

第 3 章 Chapter 3

技术架构

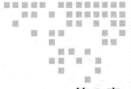

以太坊是一个在点对点网络中能够运行智能合约,实现去中心化应用的区块链平台。其涉及的技术非常广泛和专业,有加密学相关的运算、校验和数据处理,P2P 网络,区块链数据、智能合约和虚拟机,账户交易模型,共识与挖矿,去中心化的 DApp 应用等,每个方面的技术细节都足够展开一个篇章进行分析,但是以太坊的总体框架,应该仍旧归属在一个面向 Web3.0 的去中心化应用的分层区块链平台。

为什么提到 Web3.0 呢? Web3.0 并不是一个完全创新的技术,而是一种思想和理念的创新。Web3.0 在区块链中的体现将是一个在广域网络中,人人可以对等参与和协作的,不受中心化组织控制,自己管理自我数据和享受收益的网络世界。基于此,DApp 的客户端提供业务入口,智能合约提供业务流控制,共识机制提供信任规则,区块链提供数据组织,点对点网络提供底层通信承载。图 3-1 描述了整体的全栈软件架构。

以太坊架构的顶层面向去中心化应用 Web3.0 的 DApp,这也是以太坊最终面向社区、网络和区块链爱好者的价值蓝海。

3.1 概述

以太坊的技术架构可以从两个层面来进行分析。首先从全局角度来看,以太坊架构分为 DApp 应用和基础设施,如图 3-1 所示。

以太坊基础设施是矿工节点和同步节点组成的以太坊网络,矿工节点和同步节点的区别是矿工节点开启挖矿功能,而同步节点只同步区块数据,其他功能和数据都没有差别。以太坊应用大致可以分为以下几大类,如图 3-2 所示。

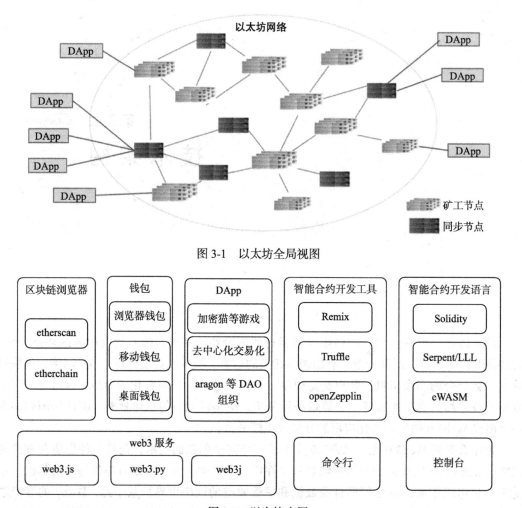

图 3-1　以太坊全局视图

图 3-2　以太坊应用

从图 3-2 中可以看出，以太坊应用最重要的特性就是接入以太坊的能力，为了能够让各种应用便捷使用以太坊提供的区块链和智能合约服务，以太坊提供了对开发者友好的各个语言版本的 web3 包作为各种应用接入以太坊的基础。该 web3 服务提供了对以太坊接口 RPC 调用的一层封装，屏蔽了 HTTP 报文封装的格式，屏蔽了以太坊接口的技术细节，大大方便了各种 DApp 快速集成以太坊服务。

在命令行应用中，以太坊集成了很多有用的小工具，例如账户创建导入、ABI 工具、RLP 工具、bootnode 管理、创世文件配置等，为开发者开发和部署以太坊提供了便利。

以太坊的几大主流应用包括浏览器、钱包、各行业相关的 DApp 以及智能合约相关的开发工具和语言。其中，区块链浏览器是展示和查询区块链信息和用户信息的平台，像 etherscan 还集成了对智能合约的接口调用；钱包是以太坊的一个重要应用，是用户流量的主要入口，浏览器钱包的代表是 metaMask，可在线管理用户私钥并签名转账；移动钱包和桌面钱包一般为各个项目推出了为自己的代币服务的 APP，不仅可管理用户私钥，支持主流代币的转账，而且还可为自己的业务引流，是发展区块链业务的重要途径；DApp 是各个公司在区块链应用领域的积极探索，包括游戏、去中心化组织、去中心化交易所，等等；智能合约是以太坊最大的应用创新，相关的应用将在第 5 ～ 7 章中详细介绍。

以太坊的基础设施是由以太坊节点组成的 P2P 网络。其中以太坊节点的架构和传统中心化系统一样，遵循分层的功能设计。按照不同的功能目标，以太坊大概可以分解成如图 3-3 所示的结构。

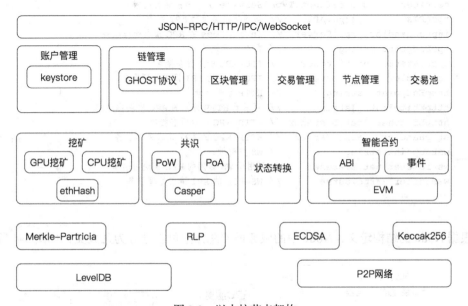

图 3-3　以太坊节点架构

3.2　Geth 的架构与启动

Geth 是以太坊社区基于 Go 语言开发的以太坊节点程序，也称为以太坊客户端。与 Parity 公司开发的同名客户端 parity 一起，是目前社区和矿工使用最多的以太坊客户端，也是目前功能最完善、运行最稳定的客户端。在介绍 Geth 技术架构之前，我们将通过 3.2.1 节和 3.2.2 节来分析一下 Geth 的总体框架以及启动流程，让读者对以太坊的架构和运行流程有一个整体的把握。

3.2.1　Geth 架构

Geth 中最重要的结构是 Node，你可以将其看作一个"容器"，所有以太坊客户端的功能都以服务的形式运行在该容器中。首先来看一下 Node 的结构，这里只列出了比较重要的与区块链功能相关的成员及注释：

```
type Node struct {
    eventmux   *event.TypeMux    // 用于 Node 内各个服务之间的事件分发器
    config     *Config           // 节点的配置
    accman     *accounts.Manager // 账号管理器
    serverConfig p2p.Config      //p2p 服务的配置
    server     *p2p.Server       // 当前运行的 P2P 网络层

    serviceFuncs []ServiceConstructor       //用于实例化各个注册的服务的构造器
    services    map[reflect.Type]Service    // 当前运行的服务
    rpcAPIs     []rpc.API                   // 当前节点提供的 API 列表
    inprocHandler *rpc.Server               // In-process 的 RPC 请求处理服务
    ipcEndpoint string                      // IPC 监听地址
    ipcListener net.Listener                // IPC-RPC 的监听套接字
    ipcHandler  *rpc.Server                 // IPC-RPC 的 API 请求处理服务
    httpEndpoint string                     // HTTP 监听地址
    httpWhitelist []string                  // 可用于 HTTP 访问的 RPC 模块白名单
    httpListener net.Listener               // HTTP-RPC 的监听套接字
    httpHandler *rpc.Server                 // HTTP-RPC 的 API 请求处理服务
    wsEndpoint  string                      // WS 监听地址
    wsListener  net.Listener                // 可用于 WS 访问的 RPC 模块白名单
    wsHandler   *rpc.Server                 // WS-RPC 的 API 请求处理服务
    ...
}
```

根据 Node 的结构定义，Node 中的服务框架总体上可以划分为几大类，如图 3-4 所示。

图 3-4　Node 服务框架

该服务框架涵盖了 3.1 节介绍的以太坊节点框架的所有功能，其中 Ethereum 服务用于提供运行区块链业务的核心服务，这里将对 Ethereum 服务按照功能进行进一步划分，Ethereum 包含的组件如图 3-5 所示。

图 3-5　Ethereum 核心业务

其中，account.Manager 和 Node 的 accountManager 为同一个账户管理器，因为在 Node 上需要一个账户管理器监听账户操作的事件，所以需要在 Etheruem 实例化之前先初始化。EthAPIBackend 和 ethapi.PublicNetAPI 是 Etheruem 服务对外提供的所有区块链和 P2P 网络相关的 API 的封装，单独提供这两个接口的实例是为了便于管理，不再需要 Ethereum 的每个组件分别提供 API 与外界进行交互。

下文将基本按照上述框架来进行分别介绍。

3.2.2　Geth 启动流程

3.2.1 节介绍的 Node 实例是节点程序运行的基础，以太坊主程序和很多子命令的运行都需要首先启动 Node 才能进一步运行所有服务。这里以以太坊全节点的启动为例，来看一下 Node 的启动过程，流程如下。

1）首先创建一个 Node 实例，名称为 stack。创建实例的同时，创建一个临时账户管理器，用于导入已存在的账户，以及配置 4 种 RPC 服务地址，RPC 服务根据启动参数分别控制打开还是关闭，以及配置开放哪些 RPC 服务。

2）注册 Ethereum 服务到 stack。注意，这里并没有进行实例化，注册的是 Ethereum 服务的构造器函数，在后面再通过执行该构造器函数来实例化 Ethereum。

3）启动 Node，即 stack.Start()。在 Node 启动中完成下面的操作。

❑ 配置 P2P 节点：生成节点私钥，配置节点名字，读取静态节点和信任节点列表。

❑ 创建一个 p2p.Server 实例。

❑ 启动 Server 中的服务，即创建一个 Ethereum 实例。Ethereum 实例的初始化流程如下。

- 创建一个存储区块和链的数据库，底层数据库为 levelDB。
- 读取并保存创世块的配置并保存 Node 的临时账户管理器到本实例。
- 创建以太坊核心组件，具体如下。
  - TxPool：等待上链的交易缓存池。
  - Engine：共识引擎。
  - BlockChain：链和区块管理。
  - Miner：管理矿工挖矿。
  - AccountManager：账户管理。
  - ProtocolManager：peer 消息收发。

4）注册 Ethereum 中的 Protocol 到 p2p.Server 实例上。这里的 Protocol 是 ProtocolManager 初始化时注册的 eth/63 和 eth/62 协议，用于对 P2P 协议层消息的收发进行处理。

5）启动 p2p.Server，启动邻居节点发现，发现邻居并握手连接，刷新邻居列表。

6）启动 Protocol，处理区块链业务消息，与邻居之间进行区块链相关数据的同步交互。

7）启动 RPC 服务。主要工作为收集各个服务的 RPC 接口并注册 RPC 请求分发器，启动 http、websocket、ipc、in-process RPC 监听后端服务。

8）监听 keystore 操作事件：创建钱包 WalletArrived，打开钱包 WalletOpened，删除钱包 WalletDropped。

9）如果启动参数中使用了挖矿功能，则根据挖矿参数配置启动挖矿功能。

从上面的流程可以看出，p2p.Server 的初始化占据了很大的比重，实际上 p2p.Server 更像是节点的"发动机"，驱动节点的运行，进而驱动整个以太坊网络的运行。从 p2p.Server 的角度来看，Geth 的框架更像如图 3-6 所示的分层结构。

Node 的启动完成后，所有服务各司其职、相互配合、有条不紊地运行，具体 Node 中各个组件的运行流程和功能将在接下来的章节中详细介绍。

| 业务层：Ethereum |
| 区块链业务运行：txpool,mine,evm…… |
| 协议层：eth63/eth62 |
| 消息解析和分发：sync txn、block…… |
| 传输层：rlpx |
| 数据流编解码：RLP en/decode |
| 会话层：TCPDialer |
| 和可见的peer建立可靠的数据收发通道 |
| 节点发现层：p2p网络 |
| 邻居管理：发现peer，握手…… |

图 3-6　P2P 角度的以太坊分层结构

3.3　web3 与 RPC 接口

前面介绍了用于以太坊应用快速集成以太坊的 web3 包。该 web3 包是对以太坊提供的 JSON-RPC 接口的一次封装，如果开发者想直接封装 HTTP 请求调用 JSON-RPC 接口也是可以的。本节将介绍 web3 和 RPC 相关的内容。

3.3.1 以太坊中的 JSON-RPC

JSON-RPC 是一种无状态且轻量级的基于 JSON 的跨语言远程调用协议。具有文本传输数据小，便于调试扩展的特点。

JSON-RPC 的请求数据以 JSON 格式编码到 HTTP Body 中，数据格式如下：

```
{
    "jsonrpc" : 2.0,
    "method" : "foo",
    "params" : ["Hello World"],
    "id" : 1
}
```

其中各参数说明如下。

❑ jsonrpc：定义 JSON-RPC 版本，一般指定为 2.0。
❑ method：所调用的方法名的字符串。
❑ params：调用方法所需要的结构化参数，若无参数则为 null。
❑ id：已建立客户端的唯一标识符。可以为数字或字符串，也可以为 null。

返回格式举例如下：

```
{
    "id":64,
    "jsonrpc": "2.0",
    "result": "0xabcd…"
}
```

其中各参数说明如下。

❑ id：对应请求中的唯一标识符。
❑ jsonrpc：同请求字段。
❑ result：返回数据，根据各个接口自定义结构。

以太坊包含多个语言实现的版本，各个版本支持 JSON-RPC 的情况不尽相同，具体如图 3-7 所示。

	cpp-ethereum	go-ethereum	py-ethereum	parity
JSON-RPC 1.0		✓		
JSON-RPC 2.0	✓	✓	✓	✓
Batch requests	✓	✓	✓	✓
HTTP	✓	✓	✓	✓
IPC	✓	✓		✓
WS		✓		✓

图 3-7 以太坊各版本对 JSON-RPC 的支持

在以太坊定义的 JSON-RPC 传输规范中,有两种数据类型需要通过十六进制字符串编码进行传输。一种是任意大小的数值,另一种是无格式的字节数组。

数值字符串格式为前缀"0x"+十六进制值。例如,"0x41"表示值 65,"0x400"表示值 1024。不允许出现"0x"和"0x0400"这种形式。

无格式的字节数组的字符串编码为前缀"0x"+每个字节的十六进制值。例如"0x41"表示字符"A","0x004200"表示字符串"\0B\0"、"0x"表示空字符串。

另外,在 JSON-RPC 请求的 params 中,最后一个参数可以携带默认值。默认参数具体包含以下几种。

- 十六进制字符串格式的区块号。
- 字符串"earliest",表示创世区块或最早的区块。
- 字符串"latest",表示最新上链的区块。
- 字符串"pending",表示当前等待上链的交易。

下面我们以查询账户余额的 RPC 调用为例,看一下 JSON-RPC 的实际调用数据和返回结果。

请求数据:

```
curl -X POST --data
      '{
            "jsonrpc":"2.0",
            "method":"eth_getBalance",  //调用方法
            "params":[
                "0xc94770007dda54cF92009BFF0dE90c06F603a09f",  //查询账户地址
                "latest"   //从最新上链的区块中查询
            ],
            "id":1002
      }'
```

结果:

```
{
    "id":1002,
    "jsonrpc": "2.0",
    "result": "0x0234c8a3397aab58" // 十进制值为 158972490234375000
}
```

3.3.2 以太坊 RPC 服务

以太坊提供多种 RPC 服务,除了提供基于 HTTP/HTTPs 的 RPC 服务端,还提供了 WebSocket 与本地进程间通信,以及进程内的 RPC 服务。由于各个语言版本的以太坊节点实现逻辑不尽相同,因此这里只给出一个 RPC 处理的逻辑流程,如图 3-8 所示。

服务端收到 RPC 请求后,解析请求数据,根据 method 方法分发到对应的处理函数。RPC 服务端封装处理结果并返回给客户端。

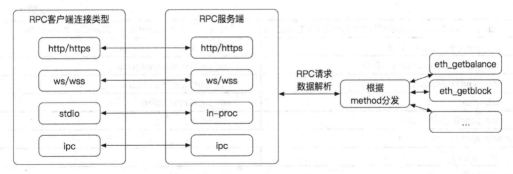

图 3-8 以太坊 RPC 处理

Geth 版本以太坊节点提供的 RPC 服务可分为公开 RPC 接口和私有 RPC 接口两大类（API 列表未包含 Swarm、PoA 相关的 API）。

❑ 公开 RPC 接口。

公开 RPC 接口是指所有 RPC 客户端都可以调用执行的 API。具体如表 3-1 所示。

表 3-1 公开 RPC 接口

PublicEthereumAPI	
eth_gasPrice	eth_chainId
eth_etherbase	eth_mining
eth_coinbase	eth_hashrate
eth_protocolVersion	
PublicTxPoolAPI	
txpool_content	txpool_status
txpool_inspect	txpool_
PublicBlockChainAPI	
eth_blockNumber	eth_getBalance
eth_getProof	eth_getBlockByNumber
eth_getBlockByHash	eth_getUncleByBlockNumberAndIndex
eth_getCode	eth_getStorageAt
eth_call	eth_estimateGas
PublicBlockChainAPI	
eth_blockNumber	eth_getBalance
eth_getProof	eth_getBlockByNumber
eth_getBlockByHash	eth_getUncleByBlockNumberAndIndex
eth_getCode	eth_getStorageAt
eth_call	eth_estimateGas
PublicTransactionPoolAPI	
eth_getBlockTransactionCountByNumber	eth_get BlockTransactionCountByHash
eth_getTransactionByBlockNumberAndIndex	eth_get TransactionByBlockHashAndIndex

(续)

eth_getRawTransactionByBlockNumberAndIndex	eth_getRawTransactionByBlockHashAndIndex
eth_getTransactionCount	eth_getTransactionByHash
eth_getRawTransactionByHash	eth_getTransactionReceipt
eth_sendTransaction	eth_sendRawTransaction
eth_sign	eth_signTransaction
eth_pendingTransactions	eth_resend
PublicMinerAPI	
eth_mining	
PublicNetAPI	
net_listening	net_peerCount
net_version	net_getListening
net_getPeerCount	net_getVersion
PublicDebugAPI	
debug_dumpBlock	

- 私有 RPC 接口。

私有 RPC 接口默认不允许被 HTTP 和 WS 客户端调用执行，除非在 Geth 启动时指定外部用户可以访问的 API。参数是 --rpcapi "<可以访问的 API 模块，例如 eth、admin、miner...>"。私有 RPC 接口具体如表 3-2 所示。

表 3-2 私有 RPC 接口

PrivateMinerAPI	
miner_start	miner_setRecommitinterval
miner_stop	miner_getHashrate
miner_setExtra	miner_setEtherbase
miner_setGasPrice	
PrivateAdminAPI	
admin_exportChain	admin_importChain
admin_addPeer	admin_removePeer
admin_addTrustedPeer	admin_removeTrustedPeer
admin_sleepBlocks	admin_startRPC
admin_stopRPC	admin_startWS
admin_stopWS	admin_nodeInfo
admin_peers	admin_datadir
PrivateFilterAPI	
eth_newPendingTransactionFilter	eth_newBlockFilter
eth_newPendingTransactions	eth_newHeads
eth_logs	eth_newFilter
eth_getLogs	eth_uninstallFilter

(续)

eth_getFilterLogs	eth_getFilterChanges
PrivateDebugAPI	
debug_preimage	debug_getBadblocks
debug_storageRangeat	debug_GetModifiedAccountsByNumber
debug_getModifiedAccountsByHash	
AccountingAP	
accounting_balance	accounting_getBadblocks
accounting_storageRangeat	accounting_GetModifiedAccountsByNumber
accounting_getModifiedAccountsByHash	

3.4 账户管理

以太坊账户是通过非对称加密算法生成的一对公钥私钥对，私钥用于签署交易，公钥用于生成账户地址，如果泄漏私钥则意味着账户的资产随时可能被转走；如果丢失私钥，则意味着账户资产被永久冻结。

因此，如何管理用户账户是关系资产安全的重要问题，以太坊除了支持硬件钱包，分成确定性钱包管理用户账户之外，还提供了一种软件管理的方式：keystore 文件。相比直接保存私钥的方式，增加了一层保护，黑客想盗取你的私钥，不仅需要盗取 keystore 文件，还要盗取用户密码。用户使用时，不需要输入私钥，直接输入密码就可以使用，这也增加了使用上的安全性。

3.4.1 keystore

Geth 在启动的时候，可以指定以太坊的运行路径，在该路径下保存该节点相关的所有数据，参数是"--datadir"。账户管理服务在该路径下会创建一个名为 keystore 的文件夹，该文件夹下面存放的是本节点的以太坊账户 keystore 文件。

keystore 文件可用来保存以太坊账户私钥的加密文件，该文件的数据是使用对称加密算法结合用户自己配置的密码加密后生成的。keystore 文件的内容举例如下：

```
{
    "address":"bc2095fa058886b35a1aa004a8934a3f86370a7c",
    "crypto":{
        "cipher":"aes-128-ctr",
        "ciphertext":"113148fc254c8678652bb…",
        "cipherparams":{
            "iv":"c01a51a0eeea24a8cd3e57baf8804fb3"
        },
        "kdf":"scrypt",
```

```
        "kdfparams":{
            "dklen":32,
            "n":262144,
            "p":1,
            "r":8,
            "salt":"30f25bd844bc08…"
        },
        "mac":"78a5a70d7ca9e…"
    },
    "id":"9844613b-4ea9-47b3-b68a-175c729aa000",
    "version":3
}
```

下面介绍一下该文件的主要字段。
- cipher：指示 keystore 采用的对称加密 AES 算法的名称。
- cipherparams：上面 cipher 指定算法所需要的参数——初始化向量 IV。
- ciphertext：使用 cipher 指定算法对以太坊私钥进行加密后的输出结果。
- kdf：密钥生成函数名称，生成的秘钥用来加密 keystore 文件。
- kdfparams：上面 kdf 指定算法所需要的参数。
- Mac：用于验证密码时使用的数据。

有了上面的数据，下面我们开始介绍如何使用密码对私钥进行加解密。

首先是生成用于加解密的对称秘钥，使用 scrypt 算法来生成，输入参数为用户设置的密码，以及算法参数，使用的参数会保存在 keystore 的 kdfparams 字段中，如图 3-9 所示。

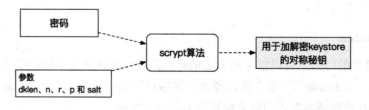

图 3-9 对称秘钥生成流程

生成对称秘钥后，使用该秘钥对用户私钥进行加密，对称加密使用的算法是 cipher 算法，参数保存在 keystore 的 cipherparams 字段的 IV 中，加密结果保存在 keystore 的 ciphertext 字段中。

接下来是解密。解密需要用户输入密码并校验密码，校验方法是对加密私钥后的密文和通过密码生成对称秘钥进行 SHA3-256 计算，将计算结果与 keystore 中的 mac 值进行比较，结果相同则表示用户输入的密码是正确的，如图 3-10 所示。

使用上面生成对称秘钥对私钥密文 ciphertext 进行解密，如图 3-11 所示。

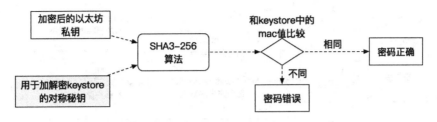

图 3-10　密码验证流程

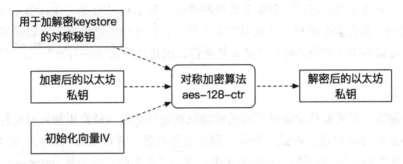

图 3-11　解密私钥流程

3.4.2　账户后端

Geth 通过钱包后端（Backend）的方式来管理钱包，钱包后端只定义了一组接口，实现钱包后端的实例只需要实现接口 Wallets () 和 Subscribe ()，分别实现获取钱包列表和订阅钱包事件这两个功能即可。

Geth 定义并注册了 3 种钱包后端，具体如下。

❑ KeyStore 钱包

❑ Ledger 硬件钱包

❑ Trezor 硬件钱包

这里主要分析 KeyStore 钱包的功能，硬件钱包的管理由于篇幅有限，不再展开叙述。

KeyStore 钱包在初始化阶段，主要完成如下操作。

1）读取 KeyStore 文件夹下的所有账户数据，缓存到 accountCache。

2）启动一个 watcher，监听 datadir/KeyS 下的文件是否发生变化，如果发生变化，则会刷新 accountCache。

3）创建账户管理器 Manager。

4）注册 KeyStore 到 Manager。

5）Manager 启动事件 WalletEvent 的监听。

完成初始化后，账户管理框架如图 3-12 所示。

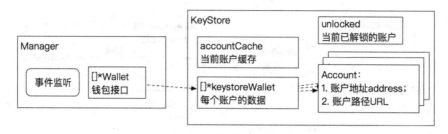

图 3-12　账户管理框图

Manager 中的 Wallet 可以注册多个类型的钱包，图 3-12 中注册了 KeyStore 钱包，每个 KeyStore 钱包中都有多个账户，分别对应多个账户加密文件。每个账户可以设置解锁时间，在该时间内可以不输入密码进行直接转账等操作，因此使用离线签名的方式比较安全。

3.4.3　签名

钱包中的账户最重要的功能就是对指定的数据进行签名，最常用的是对交易进行签名。签名之前需要相对账户进行解锁，解锁过程如上面所述，并设置超时时间，超时后自动上锁，解锁成功的账户私钥记录在 unlocked 中。当需要签名时，首先从 unlocked 中检查该账户是否已解锁，如果已经解锁并且未超时，则使用该账户私钥对交易进行签名。

以太坊中生成签名数据的算法有两种，具体如下。

- EIP155Signer。支持 EIP155（定义了以太坊 chainID，用于区分 ETH、ETC、测试网络），是 the DAO 攻击硬分叉之后使用的签名算法。
- HomesteadSigner 和 FrontierSigner。不区分以太坊 ChainID。

区别是签名数据 R、S、V 中 V 的值不同。签名步骤具体如下。

1）对待签名数据计算 Hash。

2）对 Hash 进行 ECDSA 签名。

3）使用私钥对数据进行签名，签名结果是 65 字节长度的数据，格式是 [R||S||V]，R 和 S 分别为 32 字节长度，V 值是 0 或者 1。

4）HomesteadSigner 和 FrontierSigner 对 V 值 +27，所以 V=27 或 28。

5）EIP155Signer 对 V 值重新进行计算：对 V 值 +CHAIN_ID * 2 + 35。

6）返回最终结果 R、S、V。

3.5　节点网络管理

上文介绍 p2p.Server 时，节点网络服务根据数据不同阶段的处理将以太坊从下往上分为 5 层，具体如下。

- 业务层：处理以太坊核心业务。

- 协议层：分发处理各个协议层定义的消息。
- 传输层：实现节点连接的加解密校验，和对发送接收数据的 RLP 编解码。
- 会话层：根据邻居列表连接 peer，或者接受 peer 的连接。
- 节点发现层：实现节点发现和邻居列表的管理。

每一层各司其职，相互合作，完成节点之间区块链数据的交互，支撑整个以太坊网络的有序运转。

3.5.1 节点管理启动

首先，我们来看一下协议层的初始化。协议层是在实例化 Ethereum 结构时，创建了一个协议管理实例：NewProtocolManager(…)。

启动参数及说明如下。
- ChainConfig：Geth 启动参数和链配置。
- SyncMode：区块下载器的同步模式——"fast"或者"full"。
- networkID：P2P 网络的 ID，防止与其他 P2P 网络混淆。
- event.TypeMux：事件分发器。
- txPool：交易池。
- Engine：共识引擎。
- BlockChain：代表链的实例。
- Chaindb：存储数据到数据库。
- Whitelist：指定了一个区块号与区块 Hash 对应的列表，用来检查同步区块数据时下载的区块数据。

该实例保存参数中的 txPool、Engine、BlockChain，这几个是业务层的组件，方便协议层和业务层交互。

实例化一个 downloader 和 fetcher。downloader 和 fetcher 都是从 peer 获取区块数据，区别是 downloader 主动从远端获取区块和区块 Hash，fetcher 是根据远端通知过来的 Hash 去获取对应的区块。注意下载区块后验证区块头使用的函数是 Engine 提供的 VerifyHeader。

创建多个通道，具体如下。
- txsCh：当本节点有交易进入交易池时，通过该通道通知需要执行 BroadcastTxs 广播交易给 peer。
- newPeerCh：每个新的 peer 连接时，都需要在协议层为它创建一个 peer 结构，然后通过该通道通知进行数据同步；该 peer 结构除了指向真正代表一个邻居的 peer 结构之外，还保存了该邻居的区块头和总难度值，以及如下的队列和缓存。
  - knownTxs：已知的该 peer 已有的交易。
  - knownBlocks：已知的该 peer 已有的区块。
  - queueTxs：等待广播给该 peer 的交易队列。

- queueProps：等待广播给该 peer 的区块队列。
- queueAnns：等待宣布给该 peer 的区块队列。

❑ noMorePeers：协议管理器停止工作后，通过该通道通知退出同步数据的工作。
❑ txSyncCh：每个新的 peer 连接时，通知 newPeerCh 后，通过本通道通知发送本地交易池中所有的 pending 交易给指定的 peer。
❑ quitSync：停止协议管理器。

注册子协议，即 eth63 和 eth62 协议。在新的 peer 连接时，根据版本号、协议名字来适配对应的协议，在对应的协议中最终实现对 P2P 消息的协议层的数据分发和处理。

综上所述，ProtocolManager 的总体框图如图 3-13 所示。

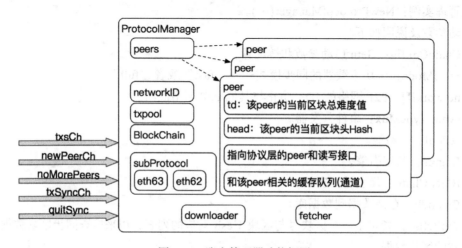

图 3-13　账户管理器功能框图

接下来是传输层和会话层的初始化。这两层的功能和初始化都包含在 p2p.Server 结构中，下面来看一下 p2p.Server 的启动过程，具体如下。

1）p2p.Server 在 Node 启动时实例化。

2）注册上面协议管理器中的子协议到 p2p.Server 实例上，以方便传输层将解码后的消息转给协议层处理。

3）启动 p2p.Server，具体如下。

❑ 配置传输层协议为 rlpx，负责对数据流进行 RLP 编解码。
❑ 配置会话层协议为 TCPDialer，负责与邻居建立 TCP 连接。
❑ Server 中使用了很多 channel 用于消息传输，代码如下。
- srv.quit：通知退出本服务。
- srv.addpeer：收到新的连接时，p2p.Server 通过该通道和邻居进行加密握手，并启动与该邻居的交互。
- srv.delpeer：删除一个邻居。

- srv.posthandshake：收到新的连接时，p2p.Server 通过 addpeer 通道加密握手后，通过该通道验证邻居连接的合法性。
- srv.addstatic：通过 RPC 添加静态节点时，通过该通道完成添加。
- srv.removestatic：通过 RPC 删除静态节点。
- srv.peerOp：在获取邻居节点和邻居数量时，通过该通道获取。
- srv.peerOpDone：获取邻居节点信息。

❏ 配置本地节点：生成节点公钥，握手数据，本地节点实例 LocalNode。

启动 TCP 连接监听服务，默认最多可以有 50 个邻居连接。注意：节点发现和节点连接所使用的 IP 与端口号相同。

❏ 根据启动参数，初始化节点发现协议。

下面就来介绍节点发现协议。

3.5.2 节点发现协议启动

P2P 节点发现采用类 Kademlia 协议。Kademlia 在 2002 年由美国纽约大学的 PetarP. Manmounkov 和 DavidMazieres 提出，是一种去中心化的 P2P 通信协议。Kademlia 节点之间使用 UDP 进行通信，Kademlia 节点利用分布式散列表（DHT）技术存储数据，使用异或运算作为距离度量，BitTorrent、BitComet、Emule 等知名 P2P 软件中使用的就是该协议。列表的每一项为一个节点桶（bucket），每个桶中最多存放 16 个节点。列表的第 i 项代表距当前节点（本机）距离为 i+1 的网络节点集合。

节点间距离与节点的物理距离无关，仅仅是逻辑上的一种度量。计算方法具体如下。

1）用 SHA3 算法对节点 ID（512 位）生成一个 256 位 Hash。

2）对待计算的两个节点的 Hash 进行 XOR 异或运算。

3）输出的异或值中 bit 位为 1 的最高位的位数作为两个节点的距离。例如，异或值为 1000 1010 1110 0011，那么这两个节点的距离为 16。

如果 Geth 启动参数中没有禁止节点发现，那么在 p2p.Server 初始化的最后阶段将启动节点发现协议。节点发现的初始化工作入口是 p2p.Server 的 setupDiscovery。当前 Geth 支持节点发现协议 v4 和 v5 版本，这里只分析 v4 版本的运行流程。启动初始化流程如下。

1）启动指定 P2P 连接的 UDP 端口监听（默认端口是 30303）。

2）节点发现的配置包括：节点私钥、连接 IP 白名单、bootnode 列表、未被处理的报文缓存队列 unhandled、本地节点的信息 localNode；其中 bootnode 列表是以太坊基金会在程序中内置的 5 个 Go 版本 bootnode 和 1 个 C++ 版本 bootnode，如图 3-14 所示。

3）创建监听 UDP 报文的 Table；Table 是节点发现中最重要的数据结构，如图 3-15 所示。

下面说明一下图 3-15 中的节点。

- nursery 是在 Table 为空并且数据库中没有存储节点时的初始连接节点（上文中的 6 个节点），通过 bootnode 可以发现新的邻居。

```
var MainnetBootnodes = []string{
    // Ethereum Foundation Go Bootnodes
    "enode://a979fb575495b8d6db44f750317d0f4622bf
    "enode://3f1d12044546b76342d59d4a05532c14b85a
    "enode://78de8a0916848093c73790ead81d1928bec7
    "enode://158f8aab45f6d19c6cbf4a089c2670541a80
    "enode://1118980bf48b0a3640bdba04e0fe78b1add1

    // Ethereum Foundation C++ Bootnodes
    "enode://979b7fa28feeb35a4741660a16076f19432(
}
```

图 3-14　预置种子节点

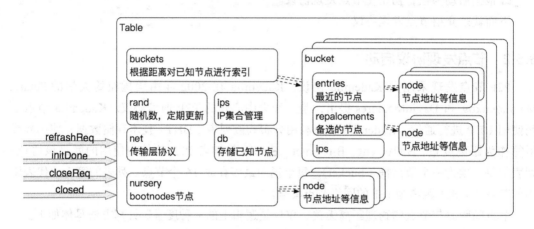

图 3-15　Table 结构框图

- Table.ips 保存 Table 中的子网掩码长度是 24，每个子网可接入至多 10 个 IP 的节点。
- 同样，bucket 中的 ips 保存每个 bucket 中的子网掩码长度是 24，每个子网可接入至多 2 个 IP 的节点。
- Buckets 是根据节点距离排序的 K- 桶。K- 桶的数量是 256/15=17 个，每个 K- 桶存放 16 个入口。
- 每个 K- 桶的 repalcesments 存放的是新节点，当 enties 存满时，新节点暂存在 repalcesments 列表中，最多存放 10 个。

4）创建 Table 实例后将种子节点（本地数据库中配置的节点加上 bootnode）加入到 Table 的相应的 bucket 中。

5）启动 loop：启动定时器刷新随机数和刷新等待回复的队列，以及去主动发现可用的邻居，定时刷新 K- 桶数据的有效性，定时将 K- 桶数据存入数据库，定时刷新并删除过期节点。

6）监听 UDP 端口，处理收到的 UDP 报文。

定时刷新并发现节点。定时 30 分钟主动寻找邻居节点，以保证 K- 桶的状态是满的，除了定时刷新之外，还可以通过 refreshReq 进行"手动"刷新。寻找流程具体如下。

1）加载上面介绍的种子节点。

2）使用本地节点 ID 寻找自己的邻居中有没有新节点。

3）使用一个随机 ID 寻找邻居节点，连续寻找 3 次。注意：Kademlia 协议指出 K- 桶刷新应在最近最少使用的 K- 桶中执行查找。Geth 的实现版本没有遵守这一点，因为 findnode 目标是一个 512 位的值（不是散列大小），并且不容易生成落入所选 K- 桶的 SHA3 哈希。因此，我们使用随机目标 ID 来执行一些查找。

4）寻找邻居节点的过程如下。

- 从 K- 桶中查找距离该目标最近的 16 个非种子节点。
- 对每个节点发起节点查询：询问它们的邻居中距离目标 ID 最近的节点，将该节点更新到查询列表中，或者替换掉原 16 个节点中距离最远的节点。注意：可以并发 3 个 routine 同时查询，节点查询的方式是向节点发送 findnode 报文，详见下文介绍。
- 这样不断迭代询问，直到查到全网中最多 16 个距离目标 ID 最近的节点。
- 在进行节点查询的同时，将找到的节点添加到 K- 桶中。

定时刷新 K- 桶数据的有效性。这个间隔时间对于每次刷新来说都不相同，是一个 0-10 秒的随机值。验证方法是随机选择一个桶，取该桶的最后一个节点发送 ping 包：如果收到 pong，则将该节点移到该桶的最前面；如果没有收到 pong，那么从 replacements 中选择一个备选节点到 enties，当然前提是 replacements 中有备选节点。

定时将 K- 桶数据存入数据库。周期为 30 秒。注意：如果某个邻居在 K- 桶中存在的时间超过 5 分钟，那么我们就认为这个邻居是一个稳定的节点。

定时刷新并删除过期节点。在每次检查最新 pong 报文收到时间的时候，都会确认一下过期数据刷新服务是否正在运行，如果没在运行，则启动定时器运行，周期是 1 小时刷新一次。对于 24 小时内没有 ping pong 过的邻居需要将其从数据库中删除。

监听邻居发过来的数据。UDP 收到节点发现的数据，报文最大长度是 1280 字节，报文最短长度是 mac（32 字节）+sig（65 字节）+1=98 字节。如果收到的数据超过最大长度或短于最短长度则会被丢弃；如果报文处理失败，则将报文放入 unhandled 缓存队列（最多缓存 100 个报文）。

报文格式是 [hash||sig||sigdata]，参数解释具体如下。

- hash：sig 和 sigdata 的 keccak256Hash。
- sig：数据 sigdata 的签名。
- sigdata：数据原文。

从签名中可以恢复出签名者的公钥。Sigdata 的第一个字节是报文类型，有如下几种类型：pingPacket、pongPacket、findnodePacket、neighborsPacket，是 2 对请求 – 相应关系的报文，如图 3-16 所示。

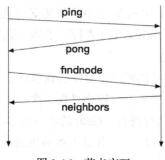

图 3-16 节点交互

然后执行各个报文的 handle 方法进行处理。
❑ pingPacket 报文处理
  - 回复 pong 报文。
  - 通过 gotreplay 通知处理 ping 的回复。
  - 将 node 添加到 Table 中。
  - 检查 ping 包距离上次收到 pong 的时间是否超过 24 小时,如果超过,则重新发送 ping 包给对端。
  - 通知 localNode 更新状态。
  - 记录最新的 ping 包收到的时间。
❑ pongPacket 报文处理
  - 检查距离上次发送 ping 包的时间是否超过 20 秒。
  - 通过 gotreplay 通知处理 pong 的回复。
  - 通知 localNode 更新状态。
  - 记录最新的 pong 包收到的时间。
❑ findnodePacket 报文处理
  - 检查距离上次收到 pong 包是否超过 24 小时。
  - 从 K- 桶中查找距离该新邻居最近的 16 个节点。
  - 将最近的这些节点信息通过 neighborsPacket 报文告诉新邻居。
❑ neighnorsPacket 报文处理
  - 检查距离上次发送的 findnodePacket 包时间是否超过 20 秒。
  - 通过 gotreplay 通知处理 neighborsPacket 的回复。

3.5.3　节点创建和连接

本地节点向可用的邻居主动发起连接,或者邻居节点请求连接时,p2p.Server 为每个连接创建一个 conn 实例,该实例定义了消息的加解密和编解码处理,连接过程如下。

1)每个连接首先进行 2 次握手,握手过程进行加密验证。

2）生成 enode 地址。

3）通过 channel: posthandshake 通知 p2p.Server 进行本次连接有效性检查,过程如下。

❑ 如果不是静态节点或信任节点,并且超过最大 peer 连接数,则拒绝本次连接。

❑ 如果不是信任节点,但是是邻居主动请求连接的节点,则在超过邻居请求连接数量时,拒绝本次连接。

❑ 如果是重复连接或者是自身节点环回连接,则直接拒绝。

4）进行 transport 层的握手,发送一个 RLP 编码的消息,消息 code 是 handshakeMsg(0x00)。

5）通过 channel:addpeer 进行添加 Peer 的操作,即创建一个 Peer 实例。

6）运行该实例,即 Peer.run(),具体如下。

❑ 启动接收 peer 消息的监听服务。

❑ 启动定时发送 ping 保活消息。

❑ 运行 Peer 中注册的 Protocol,即 Protocol.Run(...)。

- 在协议层进行握手。向 peer 发送本地节点信息(协议版本号、网络 ID、链总难度值、当前区块头、创世块数据),消息 code 为 StatusMsg。
- 等待 peer 回复对端的 StatusMsg,检查与本节点是否匹配。
- 通过 newPeerCh 通道通知 protocolManager 检查 peer 的区块高度,如果 peer 的最新高度比当前节点高,那么同步最新的区块到本地,然后向给本节点所有的 peer 广播最新的区块 Hash。如图 3-17 所示。

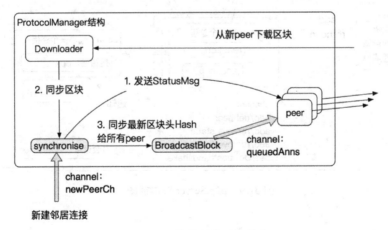

图 3-17 协议层启动初始化

- 通过 txsyncCh 通道向 peer 通知 protocolManager 同步本地交易池的交易。如图 3-18 所示。
- 启动 ProtocolManager 的消息接收服务,处理收到的消息。完成节点创建和连接后,p2p.Server 的整体框图如图 3-19 所示。

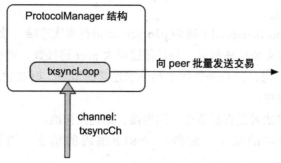

图 3-18　交易同步

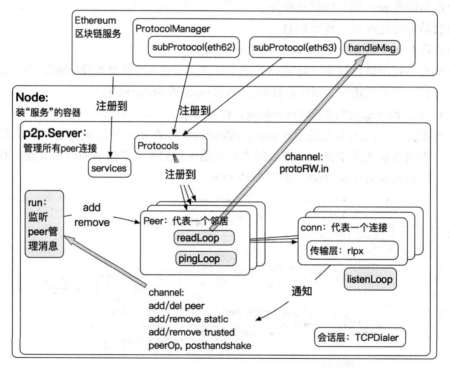

图 3-19　p2p.Server 整体框图

3.5.4　消息处理

在 Peer 的消息接收服务（readLoop）中，收到 Peer 发送过来的消息时，根据消息 code 进行分发。消息 code 的定义如下。

- handshakeMsg = 0x00，握手消息。首次连接后，协议层发送的握手报文，对端收到该消息后无须处理。

- discMsg = 0x01，断开连接消息。该消息是本次连接中协议层发送的最后一个消息。
- pingMsg = 0x02，该消息是协议层定时发送的 ping 保活消息。
- pongMsg = 0x03，对端收到 ping 保活消息后，立即发送该 pong 消息进行实时回复。
- 其他 code 值是协议层自定义的消息 code。偏移值为 16，即从 0x10 开始编号，例如 TxMsg 最终 code 编码值是 0x12。协议层协议版本是 eth/63 消息的 code 预留数量是 17 个，版本 eth/62 的协议 code 预留数量是 8 个，具体如下。
  - StatusMsg = 0x00，该消息只有在协议层握手阶段才会发送和处理，握手完成后将不再使用。
  - NewBlockHashesMsg = 0x01，收到新的区块 Hash，如果本地节点没有该 block，那么通过 fetcher 服务获取该区块。
  - TxMsg = 0x02，收到 peer 广播过来的交易，通过交易池的 AddRemotes 接口加入交易池中。
  - GetBlockHeadersMsg = 0x03，请求区块头的消息，以最大的消息长度上限将区块头数据发送给 peer。消息最大长度为 2MBytesh。
  - BlockHeadersMsg = 0x04，通过 GetBlockHeadersMsg 请求后，收到的区块头数据。
  - GetBlockBodiesMsg = 0x05，请求区块体的消息，最多一次获取 128 个区块体数据。
  - BlockBodiesMsg = 0x06，收到区块体。
  - NewBlockMsg = 0x07 收到新的区块，加入到 fetcher 的缓存中。如果收到的 block 区块号比本地最新区块要高出 1 个高度以上，那么尝试从 peer 下载那些中间缺失的区块。

以下的 Msg 属于 eth/63。
  - GetNodeDataMsg = 0x0d，请求获取指定状态根 Hash 的所有状态数据。
  - NodeDataMsg = 0x0e，收到状态数据。
  - GetReceiptsMsg = 0x0f，请求交易凭证数据。
  - ReceiptsMsg = 0x10，收到交易凭证数据。

3.6 交易管理

交易管理是指对刚发送到节点但还未被打包上链的交易和从其他节点广播过来的交易进行缓存管理，其涉及交易池的管理，交易的发送和广播，交易缓存策略。

在实例化 Ethereum 时，创建交易池的实例：NewTxPool(…)。

3.6.1 交易池

交易池专门用来缓存未上链的交易。交易池将交易分别缓存在 2 种类型的队列中，具体如下。

- pending 队列。这里缓存的交易是满足可以被打包条件的交易，只是由于网络广播、gas 价格等因素，不能立即被矿工选中打包，因此先缓存在 pending 队列中。
- queued 队列。这里缓存的交易是已提交到节点上，但不能被立即执行，需要先缓存在 queued 队列中的交易。例如，某个交易的 nonce 字段填了一个明显大于当前 nonce 值的 nonce。注意：在 queued 中的交易不会被节点广播。

交易池可以配置的参数具体如下。

- Lifetime：在 queue 队列中的最长等待时间。默认为 3 小时。
- PriceLimit：最低的交易 GasPrice。该值限制进入该交易池的交易的最小 GasPrice。默认值为 1。
- PriceBump：替换相同 Nonce 的交易的 GasPrice 百分比，默认值为 10%。如果新的交易想替换相同 nonce 的 pending 中的交易，则需要设置的 GasPrice 至少为相同 nonce 交易的 GasPrice*（1+10%）。
- AccountSlots：每个账户的 pending 槽位的最小值，即每个账户最多的 pending 交易数量。默认值为 16。
- AccountQueue：每个账户的 queueing 槽位的最小值。默认值为 64。
- GlobalSlots：全局 pending 队列的最大值。默认值为 4096。
- GlobalQueue：全局 queueing 的最大值。默认值为 1024。

Geth 中交易池的结构的主要字段具体如下：

```
type TxPool struct {
    config TxPoolConfig  //交易池的所有配置
    chain blockChain  //当前链的数据结构
    gasPrice *big.Int  //最低的 GasPrice 限制
    currentMaxGas uint64  //当前最新区块的 gaslimit
    chainHeadCh chan ChainHeadEvent  // 订阅了区块头更新的消息
    currentState *state.StateDB  // 保存当前区块头中的所有状态
    pendingState *state.ManagedState  //用来跟踪虚拟 nonce 的 pending 状态
    currentMaxGas *big.Int  // 交易上限的 GasLimit
    journal *txJournal  // 本地交易的日志记录，用于重启恢复
    pending map[common.Address]*txList  // 当前可以处理的所有交易
    queue map[common.Address]*txList  // 所有 "未来" 的交易
    all map[common.Hash]*types.Transaction  // 交易池中的所有交易
    priced *txPricedList  //按照价格排序的交易
}
```

触发交易池更新的操作主要列举如下。

- 订阅区块头的更新事件，接口为 TxPool.reset。区块链网络运行后，不断创建和更新区块链的最新区块头数据（例如，区块被上链，分叉区块被抛弃），都需要对交易池中的交易进行更新，收到区块头的更新事件后，主要处理的工作具体如下。
  - 产生最新的区块，将该区块中打包的交易从交易池中删除。

- 若由于分叉等情况导致区块被丢弃，则需要将丢弃的区块中的交易重新放入交易池，等待下一次被选中并重新打包。
- 更新与当前最新区块相关的 currentState 和 pendingState。
- pending 和 queued 队列中的交易因为某些交易的加入或删除，需要重新排序和调整。

❑ 本地客户端连接节点发送离线交易，或者使用节点存储的账户创建交易。接口为 TxPool.AddLocal 和 TxPool.AddLocals（批量添加）。

❑ 收到邻居节点广播的交易。接口为 TxPool.AddFRemote 和 TxPool.AddRemotes（批量添加）。

3.6.2 交易提交

签名后的交易通过 RPC 接口发送到节点后，并不会立即被放入交易池，而是需要先检查和校验合法性，一方面要防止恶意的交易影响节点运行，另一方面可以尽早发现存在交易明显失败的情况，防止交易发送者受到不必要的资金损失：一些交易执行失败的场景例如智能合约函数调用，都需要付出相应地 Gas 费用。交易检查不仅需要检查交易的合法性，还与交易池的配置有关。

交易检查和校验的内容具体如下。

1）检查交易 Hash 是否重复。如果在交易池中已经存在相同的交易 Hash，则表明该交易是重复交易，应该被丢弃。

2）验证交易的长度是否异常，交易最大长度为 32KB。

3）如果交易带有转账金额，则验证交易发送者的余额是否足够。

4）验证交易执行最终需要花费的 Gas 是否超过当前区块的 GasLimit；注意区块链的 GasLimit 的上限可以通过 Geth 启动参数调整。

5）验证交易签名。从签名中恢复签名者地址，检查其与交易的 From 字段是否一致。

6）验证交易中设置的 GasLimit 是否足够支持交易的成功执行，如果不够的话，则返回相应的错误提示。注意：合约创建和函数调用需要额外的、更多的 Gas 花费。

7）验证 Nonce 值。Nonce 值不允许小于当前 Nonce 值，小于的话需要丢弃该交易。如果 Nonce 值和 pending 中的交易 Nonce 值相同，则判断新的交易的 GasPrice 是否高于 pending 的交易 GasPrice，如果高于 pending 的交易，则替换旧的 pending 的交易，旧交易被丢弃，否则丢弃新的交易。

8）如果交易数据中填的 Nonce 不是当前 Nonce+1，也不是 pending 交易中连续 Nonce 的最大值 +1，那么该交易的 Nonce 值过大，需要被加入到 queued 队列中。

9）最后，交易池的容量是有限的（可以在启动参数中指定交易池相关的配置）。如果当前交易池已满，发送者继续向该节点发送交易时，如果该交易的 Gas 花费比当前交易池中其他交易最低的 Gas 花费要高（其他发送者的 pending 交易），那么就丢弃那条 Gas 花费最低的交易，将本交易加入 pending 队列。

10）上述对于交易的检查会在交易广播到每个节点时都执行一次，由于存在网络延时即各个节点交易池的配置不同，因此可能存在同一个交易在不同的节点上有不同的处理结果，即数据无法保证完全同步，不过不用担心，这种情况不会影响交易的安全性。

11）如果交易发送者发送的交易在 pending 或 queued 队列中等待，而且首先被打包上链的交易是执行转账的交易，导致账户余额无法继续支付下面排队的交易 Gas 费用，那么剩下的 pending 交易将被删除。

3.6.3 交易广播

交易被提交到交易池后，还需要广播给相连的邻居，流程如下。

1）节点收到用户提交的交易，或者收到邻居广播过来的交易，或者 queued 队列中满足条件可以被执行的交易，当这些交易验证有效性后，进入交易池的 pending 队列，发布 NewxsEvent 事件。

2）协议管理器 protocolManager 订阅该事件，事件中应携带需要广播的交易数据。

3）protocolManager 会将消息发送给还没保存该交易的所有邻居。

4）通过之前的介绍，我们知道 protocolManager 维护了邻居信息的集合，其中每个邻居对应的 peer 实例都有一个 knownTxs 缓存，该缓存存储当前节点知道的邻居所具有的交易，通过查询该缓存可以得知该邻居是否已经存在待广播的交易。

5）将待广播交易加入到 peer 实例的缓存 queueTxs；注意最多可以添加 128 个交易。

6）更新 knownTxs，表示邻居已经知道该交易。

7）对交易进行 RLP 编码后，发送给邻居，消息 code 为 txMsg。

3.7 链和区块管理

在实例化 Ethereum 时，创建 Blockchain 的实例：NewBlockChain(...)。Blockchain 管理所有已经完成处理的区块相关数据，包括持久化到数据库，维护链结构等。

3.7.1 区块的结构

区块分为区块头和区块体，结构定义如图 3-20 所示。

注意：Block 中的总难度值 Td（所有历史区块难度值之和）存放在区块头外部，因为随着该区块插入到规范链（CanonicalChain）或切换到分叉链，该值都可能发生改变，但 Header 数据无须更新，所以区块 Hash 也不用更新。

Header 中的字段说明具体如下。

- ParentHash：该区块的父块 Hash，每个区块只能有一个父块，并且区块号连续，但允许某个时候存在多个子块（分叉）。
- UncleHash：该区块所有叔块的区块头进行 RLP 编码后的 Hash 值。

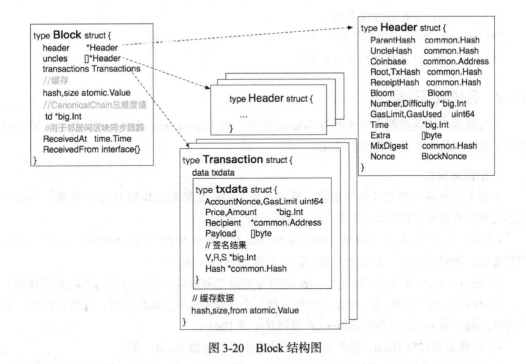

图 3-20 Block 结构图

- Coinbase：打包这个区块的矿工地址。
- Root：状态树的根 Hash。
- TxHash：交易树的根 Hash。
- ReceiptHash：交易凭证树的根 Hash。
- Bloom：用于查询本区块中智能合约的事件。
- Number：本区块的区块号，区块号是连续编号，创世块的区块号是 0。
- Difficulty：当前区块的难度。
- GasLimit，GasUsed：区块可包含的 Gas 上限，以及实际交易累加的 Gas 花费。
- Time：当前区块被打包的 Unix 时间。
- Extra：区块存储额外数据的字段，可以是矿工自定义的，也能被用来扩展区块数据，例如，PoA 共识中该字段可用来存储矿工信息。
- mixDigest，nonce：用来验证 PoW 中挖矿的结果。

交易结构中最重要的是 txdata 结构，各字段说明如下。

- AccountNonce：交易发送者发送的交易序列，是一个基于 0 的连续递增不可重复的整数，用于防止重播消息。
- GasLimit：本次交易可用的 Gas 上限。
- Price：本次交易的 Gas 价格（单位是 wei）。
- Amount：交易转账 ETH 数量（单位是 wei）。

- Recipient：交易的接收者地址。
- PayLoad：交易携带的数据，是可变长度的二进制数据负载。
- V，R，S：发送者对交易的签名。

3.7.2 区块数据验证

区块数据验证的功能由验证器 Validator 实现，是 Blockchain 的一个成员变量。验证器提供了验证区块体和验证状态的功能。

1. 验证区块体

主要工作是确认指定区块的叔块，验证区块头中的交易和叔块根 Hash。注意：验证区块体之前已有其他流程验证过区块头。验证过程具体如下。

1）根据区块 Hash 和区块号查询 Blockchain 数据库中是否已经存储有该区块和该区块的状态根，如果已存在，则表明无须验证，返回 ErrKnownBlock。

2）通过 Engine 的接口 VerifyUncles 验证给定块的叔块是否符合给定引擎的共识规则。

3）计算 uncle 的 Hash，检查是否与区块头中存储的叔块 Hash 一致。计算方法为：对当前区块的所有 uncle 区块头进行 RLP 编码并生成 Hash。

4）计算交易树根 Hash，检查是否与区块头中存储的根 Hash 一致。

5）检查该区块的父块是否存储在 Blockchain 数据库中：如果不在，同时也不在缓存中，则表示该区块具有一个未知的祖先，返回 ErrUnknownAncestor，如果在缓存中，则表明该区块具有已知的祖先，但是状态是无效的，返回 ErrPrunedAncestor。

2. 验证区块状态

主要工作是验证状态转换后发生的各种更改，例如使用的 Gas 数量，交易凭证根 Hash 和状态根 Hash。状态转换功能由链管理的处理器 processer 提供，该 processer 在父区块的状态基础上，执行状态转换，生成 Gas 数量，交易凭证根 Hash 和状态根 Hash。

3.7.3 区块"上链"

区块数据按照来源不同可以分为几种：本地历史区块、邻居历史区块、邻居间同步最新区块、本地矿工挖到的最新区块。按照类型可以分为已经在 canonicalChain 上的区块、分叉链上的区块、查过当前高度的"未来区块"、处于最新高度的区块。无论如何划分，链管理服务均为这几类区块提供了统一的处理流程，如图 3-21 所示。

1. 外部区块数据导入

无论是历史区块，还是邻居的最新区块都可以看作为外部区块数据，下面对外部数据的来源再进行一下细分。

- 通过 Geth 子命令：import 批量导入区块数据。
- 通过 RPC 接口 admin_importChain 批量导入区块数据。

□ 协议管理器的 downloader 和 fetcher 从邻居中获取区块数据。

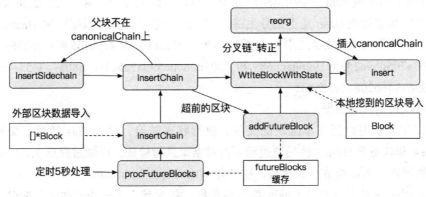

图 3-21 区块导入总体流程

BlockChain 中对外部区块数据导入提供了统一的入口：InsertChain。对于导入的数据要么进入不涉及任何选择的典范链（canonical chain），要么成为一个分叉区块。

InsertChain 的执行过程具体如下。

1）对待插入的区块进行一次健全检查：区块号是否连续；区块的父 Hash 是否指向前一个区块。注意：要求区块连续的这个条件可以简化插入流程，比如验证第一个区块时，发现它是已存储的区块，那么对于接下来的区块可以采取相同的措施，而不必挨个处理了。

2）恢复所有区块中所有交易的签名者。

3）通过 Engine 接口 VerifyHeaders 验证所有区块头。

4）创建一个插入迭代器：insertIterator，迭代器包含了一个验证器 Validator。

5）先取出第一个待导入的区块，通过验证器验证区块体数据是否有效，验证过程如下。

□ 若待导入区块的父块不在 canonicalChain 中（验证返回的错误码是 ErrPrunedAncestor），则表明当前块处于分叉链上，执行 insertSideChain 操作。

□ 若待导入的区块是已存储的块（验证返回的错误码是 ErrKnownBlock），则跳过所有比当前节点上最新高度要低的区块。

□ 若待导入的区块比当前节点上的区块高度超前了，或者它的父块是超前块，则认为它是 FutureBlock，并对所有接下来的区块执行 addFutureBlock 操作。

FutureBlock 的概念是超过当前最新高度但是率先到达的区块，例如，当前节点正在同步历史区块，但是邻居已经将最新区块广播过来，需要暂时先将这些区块缓存起来；对于这种情况，BlockChain 在实例化后会启动一个 5 秒定时服务 procFutureBlocks，用于处理满足条件的未来的区块数据，这个条件就是区块时间戳不超过当前时间 30 秒以上，以及最多只处理 256 个未来区块。

因为 insertChain 要求插入的区块列表是连续的，而 procFutureBlocks 中的区块不一定连续，因此需要挨个插入。

6）对于第一个区块的验证，如果没有返回错误，或者已经处理完了所有返回错误的区块（insertSideChain 或 addFutureBlock），那么就可以开始处理"正常"的区块插入了。

- 首先，检查区块 Hash 是不是分主链的 Hash（一般是硬分叉后端区块 Hash），如果是的话，则直接中断导入工作。目前有两个：05bef30ef572270f654746da22639a7a0c97dd97a7050b9e252391996aaeb689 和 7d05d08cbc596a2e5e4f13b80a743e53e09221b5323c3a61946b20873e58583f
- 获取父块的状态数据。
- 根据父块状态数据和本区块的交易，执行状态转换，得到 Gas 数量、交易凭证根 Hash 和状态根 Hash，然后通过验证器对结果进行验证，详细过程见 3.7.2 节。
- 向数据库写入区块数据和状态，接口为 WtiteBlockWithState。

上述流程中触发 insertSideChain 执行的条件一般为导入了一条"很老"的分叉链区块数据，可能是由于本地节点长时间未连接到主链，独自挖矿导致的，也可能是恶意的分叉。

如果是长时间未同步，那么同步这个分叉区块数据之后，需要切换最新的链为该分叉链，并抛弃本地的、无效的区块。

如果是恶意攻击，例如状态影子攻击（shadow-state attack），那么立即中断区块数据的导入。注意：状态影子攻击是指攻击者构造了一串从历史高度开始的假区块，总高度超过当前高度，其首个区块的状态根和对应高度的 canonicalChain 中的状态根一样，但其他区块数据为造假数据。如果插入区块时未对剩余区块做检查，也没有对其父块做校验，那么本地链数据将被替换为攻击者构造区块数据。

2. 本地挖矿产生的区块

本地的区块肯定是基于当前节点上的最新高度来生成的，所以可以直接通过 WtiteBlockWithState 接口存储区块。

下面介绍区块数据存储的核心流程 WtiteBlockWithState 接口。此时通过验证的区块可以存储到数据库中，但是该区块能否写入 canonicalChain 还需要做进一步判断，甚至可能是该区块写入分叉链之后，导致分叉链的高度超过 canonicalChain 的高度，那么这条分叉链将会升级成为新的 canonicalChain。WtiteBlockWithState 的处理流程具体如下。

1）获取待插入区块的总难度和其父块的总难度。总难度值是所有历史区块的难度值之和，在分叉之间用来判断哪一条分叉的高度更高。

2）获取当前 canonicalChain 最新高度的总难度。

3）将待插入区块的总难度存储到数据库。

4）并将待插入区块的区块头和区块体分别存储到数据库。

5）提交最新状态到数据库，最新状态即为执行完待提交区块后的状态数据。

6）将待插入区块中的交易凭证存储到数据库。

7）开始处理分叉：通过比较待插入区块的总难度和 canonicalChain 最新高度的总难度

判断是否需要重组链。
- 如果总难度值相等，那么需要判断区块号的大小：如果待插入的区块号等于 canonicalChain 最新高度，那就随机选择任一条分叉作为最新的 canonicalChain，如果是大于，则表示待插入区块所在的分叉比当前节点上的 canonicalChain 要更符合成为 canonicalChain 的条件，应该成为新的 canonicalChain，本地链成为分叉链；如果小于，则表示本地 canonicalChain 更符合条件，应丢弃待插入区块。
- 如果待插入区块的总难度值更大，那么待插入区块需要插入到 canonicalChain。
- 如果待插入区块的总难度值较小，则表示待插入区块处于另一个分叉，应丢弃该区块。

8）检查待插入区块是否已经缓存在 futureBlocks 中，如果存在的话，则需要删除，表示已处理过该区块。

上面处理分叉的过程中提到了如果待插入区块使得其所在的分叉链更符合成为 canonicalChain 的条件，那么需要重组新的 canonicalChain。这里的重组由 reorg 函数实现。总体步骤具体如下。

- 找到分叉链和原 canonicalChain 共同的祖先，即分叉点。
- 将分叉链上的区块重新插入 canonicalChain。
- 将原 canonicalChain 中存在但是没有被打包进新的原 canonicalChain 的交易，从数据库中删除，最终重新进入交易池等待被打包。

3.8 共识管理

以太坊公链采用与比特币类似的 PoW（Proof of Work）共识算法，同样借用了"挖矿"的概念，只有矿工可以"挖到"区块，挖到区块的矿工可以获得一定的奖励。以太坊上的所有账户都可以成为矿工，都可以参与"挖矿"，所以大家会想尽办法获得出块权，为了保证尽量公平竞争，PoW 提供了一种密码学"难题"，使得矿工无法走捷径，必须暴力计算，计算能力越强的矿工解答难题的概率就越大（这个机制的一个负面影响就是矿工抱团形成矿池，成为垄断巨头，这个不在本章的讨论范围之内），这就是以太坊中的密码经济学。本节主要介绍与共识相关的组件。共识管理的整体框图如图 3-22 所示。

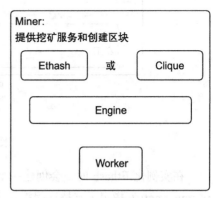

图 3-22　共识管理框图

以太坊将挖矿和生成区块的组件需要提供的功能封装成统一的 Engine 接口，实现 Engine 接口的共识算法都可以为以太坊提供共识机制，目前官方支持的共识算法有 PoW（Ethash）和 PoA（Clique）。Worker 组件管理挖矿的启停，Miner 负责与外部组件的交互。

3.8.1 Engine

Engine 是一个共识引擎的接口定义。每个 Miner 都会配置一个 Engine。在实例化 Ethereum 时，创建 Engine 的实例，目前有两种共识 Engine：Ethash 和 Clique，分别代表 PoW 共识算法和 PoA 共识算法，根据创世文件配置选择一种共识算法并实例化。两种共识算法的具体实现请参见第 4 章，这里以 Ethash 为例，介绍 Engine 为其他组件提供的接口及其工作流程。

Ethash 内部框架如图 3-23 所示。

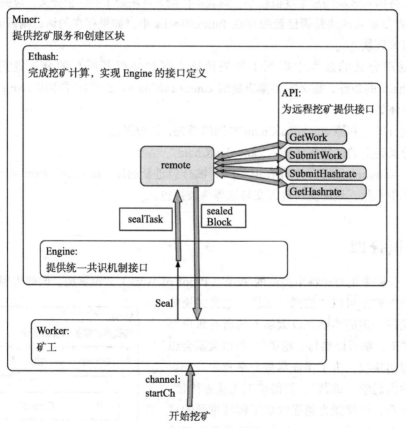

图 3-23　挖矿流程框图

在实例化 Ethash 时，会创建一个支持远程挖矿的服务：remote，在 Geth 启动参数中通过 miner.notify 指定了支持远程挖矿的外部矿工 URL。远程挖矿的接口说明如下。

- GetWork：为外部矿工提供当前挖矿的信息，包括当前正在计算的区块头 Hash、DAG 种子、目标边界值（$2 \wedge 256 / \text{difficulty}$）、区块号。
- SubmitWork：外部矿工提交挖矿结果，返回挖矿是否被接受的结果。如果验证通过，则将封装好的区块通过 results 通道返回给 Worker。

- SubmithashRate：外部矿工上报算力，便于汇总统计。
- GetHashRate：查询本地 CPU 和远端矿工的算力。

Ethash 实现的 Engine 的 API 及其主要流程如下。

- Seal：挖矿封装 Block。
  - 首先通过 workCh 通道通知远程外部矿工进行挖矿，前提是配置了远程矿工 URL。
  - 开启本地 CPU 挖矿，启动的数量和 CPU 内核数一致。本地挖矿的算法详见第 4 章。
  - 等待矿工找到合适的 Nonce 值，封装好区块并返回给 Worker。
- SealHash：为区块生成全局唯一的 Hash。生成算法具体如下。
  - 对区块头中的如下数据按照顺序进行 RLP 编码：header.ParentHash、header.UncleHash、header.Coinbase、header.Root、header.TxHash、header.ReceiptHash、header.Bloom、header.Difficulty、header.Number、header.GasLimit、header.GasUsed、header.Time、header.Extra。
  - 对编码结果通过 Keccak256 算法计算 Hash，该 Hash 值就是该区块的 Hash。
- VerifySeal

根据区块头的 Hash，和区块头中的 nonce，通过 PoW 算法计算 digest 和 result，比较 degist 和 header.digest 是否一致，判断 result 是否大于（2^256/ 区块头中的难度值），如果都满足则表示矿工执行的 PoW 挖矿证明是正确的。

- Finailize
  - 收集区块和叔块的奖励。
  - 将状态转换后的所有修改数据提交到底层数据库，并生成状态根 Hash 保存到区块头。
  - 区块中所有字段都已生成，封装一个完整的 Block 结构。
- Prepare

根据父块信息和区块时间计算区块难度，计算公式如下：

```
v1 = 2 if len(parent.uncles) else 1
v2 = (timestamp - parent.timestamp) // 9
v3 = max(v1-v2,-99)
pdiff = parent_diff + (parent_diff / 2048 * v3)
diff = pdiff+ 2^(periodCount - 2)
```

3.8.2 Worker

每个 Miner 都会配置一个 Worker。Worker 即矿工，在实例化 Miner 之前，首先实例化一个 Worker：newWorker，实例化完成后会立即尝试启动挖矿。Worker 和外界通过通道和事件订阅来进行交互。

订阅的事件有 3 种，具体如下。

❑ NewTxsEvent：交易池收到新交易。通过 txsSub 通道接收。

对于处于停止挖矿的节点收到交易（可能是多笔交易，也可能是收到重复交易）后，按照价格和 Nonce 进行排序，过滤重复交易，对有效的交易在待打包的区块上执行状态转换。对于正在挖矿的节点收到交易后，如果共识引擎是 Clique（PoA 共识）并且共识周期配置为 0，则表示该 Clique 是配置为交易驱动出块的模式，那么每次收到交易时就需要进行挖矿并生成最新区块。

❑ ChainHeadEvent：收到新的区块。通过 chainSideSub 通道接收。

与启动挖矿的流程一样，清除本地已打包上链的交易，然后基于最新的区块头重新挖矿。重新挖矿的工作是通过通知 newWorkCh 通道完成的，详见下面的介绍。

❑ ChainSideEvent：收到叔块。通过 chainHeadSub 通道接收。

保存并更新叔块缓存，然后决定基于哪一条分叉继续进行挖矿。如果叔块高度超过正在挖矿区块的高度，那么需要本地矿工决定基于哪一条分叉继续挖矿，协议规定需要选择最长链继续挖矿。

除了订阅其他组件的事件来驱动矿工挖矿之外，本地也定义了各种通道完成不同的挖矿需求。主要通道具体如下。

❑ startCh：启动挖矿。

与上面介绍的收到 ChainHeadEvent 事件一样，清空交易池中无效的交易后，基于最新的区块头通过 newWorkCh 通道通知开始挖矿。

谁会通过该通道来触发启动挖矿呢？

- Miner 启动时会通过该通道通知 Worker "起来干活了"！
- 创建 Worker 实例后，首次通过该通道尝试开始挖矿。

❑ newWorkCh：基于父块挖矿并组装区块。

挖矿的工作由矿工 Worker 来完成，这个矿工实际上是个 "包工头"，除了自己使用 CPU 挖矿之外，还找来之前登记的远程矿工来完成最终的挖矿工作。Ethash 采用的挖矿算法是 Ethash 算法，该算法的具体实现见第 4 章，这里不再赘述。

矿工一直等待直到一次挖矿完成（成功计算出符合要求的 Hash 值），然后 "交差"：组装区块并提交 Work。组装区块 commitNewWork 的流程如下。

1）以当前节点保存的链上最新块作为父块，构建区块头：父块 Hash 作为 Parenthash，区块高度加 1。

2）执行 engine.Prepare 接口实现的流程，对于不同的共识协议，该接口实现的功能有所差异。

3）更新 Work 实例的数据（每个矿工持有一个当前工作的 Work 实例）：主要工作是保存父块的所有状态数据，更新新的区块头，更新当前区块的所有祖先区块和叔伯区块。

4）从本地交易池中取出 pending 的交易，根据价格和 Nonce 规则过滤出可以打包进当前区块的交易列表。

5）执行每一笔交易，即状态转换：

- 首先设置当前交易的 Hash、索引、当前区块 Hash 到状态数据库，相应的实现函数为 env.state.Prepare；
- 接着就可以执行状态转换函数：env.commtTransaction；

6）重新计算新区块的叔块。

7）执行 engine.Finalize 接口实现的流程，对于不同的共识协议，该接口实现的功能有所差异。

8）将该块的父块从未确认区块中移除。

- taskCh：对挖到的区块进行"密封"（sealing）。"密封"可通过共识引擎完成，接口为 engine.Seal。
- resultCh：处理"密封"结果。

1）将区块、交易凭证、最新状态保存到数据库 chain.WriteBlockWithState 中，并返回该区块是否为分叉的块。

2）该区块通过 protocolMamager 广播给邻居。minedBroadcastLoop 连续调用两次 BroadcastBlock，两次调用仅仅只是一个 Bool 型参数 @propagate 不一样：当该参数为 true 时，会将整个新区块依次发给相邻区块中的一小部分；而当其为 false 时，仅仅将新区块的 Hash 值和 Number 发送给所有相邻列表。

3）如果是分叉块，则广播 ChainSideEvent 事件，否则广播 ChainEvent 和 ChainHeadEvent 事件。

4）在广播事件的同时，将区块中所有交易产生的 Logs 也通知给事件订阅者。将区块放入未确认区块缓存。

unconfirmedBlocks 存储未确认的区块。本地挖到区块后需要经过 7 个块高度的确认才能被认为是成功出块。

3.8.3 Miner

创建 Engine 和 Worker 实例后，创建 Miner 实例。Miner 结构如下：

```
type Miner struct {
    mux         *event.TypeMux  // 事件分发器
    worker      *worker
    coinbase    common.Address  // 矿工地址
    eth         Backend         // 访问 Ethereum 的接口 API
    engine      consensus.Engine // 之前创建的共识引擎
    exitCh      chan struct{}   // 退出通知通道
    canStart    int32 // 指示是否能够开始挖矿
    shouldStart int32 // 指示在区块同步完成后是否应该开始挖矿
}
```

创建 Miner 实例后，可以选择是否启动挖矿，选择取决于下面两个条件。

1）Geth 启动参数是否配置了使能挖矿功能。如果未使能，则不需要启动，等待手动开启。

2）如果使能挖矿，那么当前节点存储的区块链数据是否处于最新的高度。如果不是最新的高度，则需要先从邻居节点同步最新区块到本地，然后再开启挖矿。

第 2 个条件的解决办法是通过监听区块下载器的广播事件。创建 Miner 实例后，立即启动一次性的事件订阅服务，订阅区块下载器的"开始"（StartEvent）、"完成"（DoneEvent）或"失败"（FailedEvent）事件。注意：每次启动只处理一次 DoneEvent 或 FailedEvent 事件，处理该事件后立即退出订阅循环，这样做的目的是为了防止恶意注入区块的 DOS 攻击。如果 Miner 不停监听下载器收到的区块的事件，挖矿服务将一直占用节点资源，最终将导致节点不可用。

事件订阅服务订阅到 StartEvent 事件后，立即停止当前正在进行的挖矿工作，等待下载器完成区块下载，并设置 canStart=0，shouldStart=1。

事件订阅服务订阅到 DoneEvent 和 FailedEvent 事件后：如果 shouldStart=1，则开始挖矿。具体的挖矿工作由 Worker 来完成，因此只需要通知 Worker 启动挖矿即可，通知通道为 Worker 的 startCh。

3.8.4 共识激励

吸引矿工不断投入资源进行挖矿的驱动力是以太坊的激励机制，即付出劳动可以获得一定的奖励。奖励包括以下两个部分。

- 打包区块中的交易费用。
- 获得出块权的固定奖励。

交易费用将在第 6 章中详细介绍，这里不再赘述，本节主要介绍固定奖励。以太坊采用 PoW 共识，出块权是矿工根据计算算力和"运气"争取得到的。PoW 机制以及较短的出块时间（相比较于比特币）决定了以太坊在运行过程中更容易出现分叉的可能，当然这是协议允许的，以太坊通过 GHOST 协议来解决分叉问题，但对于同步较慢的矿工来说这一点不太公平。与比特币不同的是，以太坊考虑这种正常的分叉也是矿工付出了一定的劳动成本，也可以获得一定数量的奖励，当然没有上主链的区块奖励多。以太坊使用叔块（Uncle Block）的概念定义处于分叉中但最后未成为主链区块的区块，叔块即父块的兄弟，如果接下来的区块基于最新高度生成，那么叔块中的交易最终会被解散重新进入交易池，如图 3-24 所示。

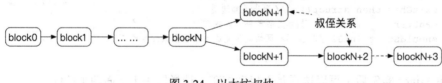

图 3-24　以太坊叔块

叔块在全部挖掘出来的区块中所占的比例称为叔块率,目前以太坊叔块率在6.3%左右。以太坊的固定奖励包括普通区块的奖励和叔块奖励,具体如下。

- 普通区块的固定奖励。在君士坦丁堡硬分叉升级之后固定奖励为2 ETH。如果普通区块包含了叔块,则每包含一个叔块就可以得到固定奖励的1/32。
- 叔块的固定奖励。叔块的奖励计算有些复杂,公式为:

叔块奖励 =(叔块高度 + 8 - 包含叔块的区块的高度)* 普通区块奖励 / 8

3.9 数据库

以太坊中处理过的的区块链相关的数据最终都会持久化到数据库中,以太坊采用的底层数据库是LevelDB,LevelDB是由Google开发的基于key-value的非关系型数据库存储系统,特别适用于写多读少的场景。

在Geth启动流程这一节的介绍中提到过,创建Ethereum实例时,创建一个数据库用于存储链相关的数据,该数据库实例为LDBDatabase,对levelDB的基本操作进行了一层封装,提供数据库的操作接口,数据库的名字为"chaindata"。Ethereum中的组件也引用了该实例作为数据库,如图3-25所示。

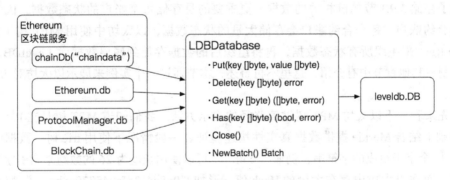

图3-25 以太坊数据库实例

3.9.1 rawdb

rawdb实际上是Geth提供的一个Golang包,提供了直接通过LDBDatabase读写区块链相关数据的接口。按照存储的数据类型不同,接口可以分为3类,具体见表3-3至表3-5。

表3-3 元数据

数据名称	Key	Value
DatabaseVersion	"DatabaseVersion"	当前为3
ChainConfig	"ethereum-config-" +config 的 Hash	ChainConfig 的 JSON 数据
preimage	"secure-key" + preimage 的 Hash	Preimage 数据

表 3-4 索引查询相关

数据名称	Key	Value
TxLookupEntry	"l"+ 交易 Hash	TxLookupEntry 数据的 RLP 编码
BloomBits	"B" + bit 位 +section+Hash	Bloom 位图

表 3-5 链相关

数据名称	Key	Value
CanonicalHash	"h" + blocknum + "n"	Blocknum 对应的 Hash
HeaderNumber	"H" + blockhash	Hash 对应的 blocknum
HeadHeaderHash	"lastHeader"	最新的区块头 Hash
HeadBlockHash	"lastBlock"	最新的区块 Hash
HeadFastBlockHash	"lastFast"	最新的快速同步区块 Hash
blockHeader	"h"+ blocknum + blockhash	区块头数据的 RLP 编码
blockBody	"b" + blocknum + blockhash	区块体数据的 RLP 编码
Td	"h"+blocknum+blockhash+"t"	总难度值
Receipts	"r"+ blocknum + blockhash	交易凭证的 RLP 编码

3.9.2 stateDB

除了存储 3.9.1 节的链相关的数据，更重要的是存储每个账户的状态数据，因为以太坊支持合约账户，每个合约账户会存储大量的状态数据，以太坊中使用 MPT 树（Merkle Patricia trie）来组织所有状态数据，再将组织后的数据存储到底层数据库 LevelDB。MPT 树的机制在其他章节中有介绍，这里不再赘述，本节通过一个实例来展示以太坊对 MPT 树的实现。

首先来看一下以太坊 MPT 树键值路径的表示方法。我们知道 MPT 树是在 Patriciatrie 树的基础上结合 Merkle 提供数据真实性快速验证。一般情况下使用 trie 树，数据的路径 path 为 26 个字母组成的字符串，例如"coin"。可以使用长度为 26 的数组来索引字母组成的路径。而在以太坊中存在大量的 Hash 值，形如"0x8c4c3dfe045770a8bc...，"如果将其作为路径，则不适合用字母表来索引，需要寻找另一种方式来索引 Hash 路径，以太坊使用十六进制值来做索引，索引数组长度也变为 16（0~0xf）。以太坊将 Hash 值转换为十六进制字符串"8c4c3dfe045770a8bc..."，为了统一算法，也将一般字符串转换为字节数组，例如"coin"为 [64,6f,67,65]，再转换为十六进制字符串"646f6765"，然后取出每一个元素，其数值范围就是 0~15，作为索引，这样就统一了 Hash 和字符串索引：[8,c,4,c...]、[6,4,6,f...]。

通过拆分字节的方式统一了键值路径的表示方法是一种可行的思路，但是这种方式在代码实现时会浪费存储空间：之前一个字节（8c），要使用 2 个字节的空间来分开存储：[8,c]。以太坊为了节约空间，使用了一种压缩字节的表示方法，将 2 个字节拼成一个字节存储，只是计算的时候分别取出来使用，但这样又引入了一个新的问题，由于 Patricia 是压缩 trie 树，压缩后的索引长度存在奇数的情况，无法组成完整的字节，例如 [64,6f,67,65]，

压缩后可能是 [6,46f,6765]，这样一个字节就无法放下 46f 这样的索引了。为了解决这个问题，以太坊对索引增加一个字节的前缀，该前缀前 4 位指示当前索引是奇数长度还是偶数长度，实际上也是指示扩展节点还是叶子节点，具体表示方式如表 3-6 所示。

表 3-6 节点类型说明

1	类　型
0 (bits：0000)	扩展节点，索引长度为偶数
1 (bits：0001)	扩展节点，索引长度为奇数
2 (bits：0010)	叶子节点，索引长度为偶数
3 (bits：0011)	叶子节点，索引长度为奇数

如果是奇数长度，那么该前缀的后 4 位用来存储多出来的索引值，例如压缩后的索引 [6,46f,6765] 添加前缀之后，可能表示为 [16,146f,206765]，其中 16 表示奇数长度扩展节点索引，146f 表示奇数长度扩展节点索引，206765 表示偶数长度叶子节点索引。

了解了以太坊键值索引的设计之后，下面来看一个实际的例子，为了方便展示，定义 4 组 key 值为字符串的键值对：

```
('who', 'candy'),           对应 path 为：  [77,68,6f]
('whois', 'potato'),        对应 path 为：  [77,68,6f,69,73]
('whoishe', 'tomato'),      对应 path 为：  [77,68,6f,69,73,68,65]
('woo', 'human')            对应 path 为：  [77,6f,6f]
```

接下来看一下生成 MPT 树后的结果，如下：

```
rootHash: [<17,76>,hashA]
hashA:    [<>,<>,<>,<>,<>,<>,<>,<>,<hashB>,<>,<>,<>,<>,<>,<>,<hsahC>,<>]
hashB:    [<00,6f>,hashD]
hashC:    [< 20,6f>, 'human']
hashD:    [<>,<>,<>,<>,<>,<>,<hashE >,<>,<>,<>,<>,<>,<>,<>,<>,'candy']
hashE:    [<39,73>, hashF]
hashF:    [<>,<>,<>,<>,<>,<>,<hashG >,< >,<>,<>,<>,<>,<>,<>,<>,'potato']
hashG:    [<38,65>, 'tomato']
```

这就是一棵完整的按照 Patricia 树组织的压缩前缀树，数据以 Hash 为 Key 存储在 levelDB 上，Hash 正如 merkle 树一样，自下而上生成，最终得到一个 rootHash，任何数据的篡改，都能通过比对根 Hash 来发现。

如果要查询"whois"这个 key 对应的值是多少，则从 rootHash 开始，取出数据为 [<17,76>,hashA]，匹配索引为 776，因为是奇数并且是扩展节点，所以加前缀 1，找到 HashA，接下来的索引是 8，在 HashA 对应的值中找到第 8 个值，为 HashB，继续从数据库中取出 HashB 的数据，发现还是个扩展节点，匹配索引 6f，取出 HashD 的数据，接下来取出索引 6，发现是 HashE，从数据库中取出 HashE 的数据，发现还是个扩展节点，但是索引正好是 973，表明 path 路径已搜索完毕，value 值存放在 HashF 的数据的最后一个成员中，即"potato"。

相信通过上面的例子，读者应该对以太坊 MPT 的组织和存储有了清晰的认识。接下来继续看 stateDB 结构的组织。

为了方便上层服务操作状态数据，这里通过提供一个 stateDB 对象，为每个账户分配一个 stateObject 实例，简化了上层服务对状态数据 MPT 树的操作，如图 3-26 所示。

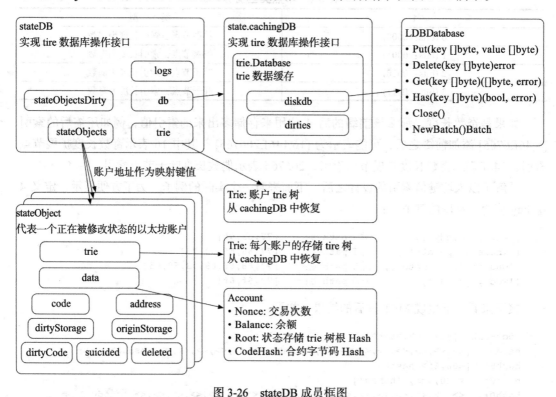

图 3-26 stateDB 成员框图

stateDB 存储与 MPT 树相关的所有数据，StateDB 为区块中每一个需要修改状态的账户建立一个 stateObject 对象，trie.Database 是一个存储已读取和待写入底层数据库 trie 数据的缓存，state.cachingDB 实现了 state.Database 接口，是关于 trie 和合约代码的操作接口，屏蔽了 trie 树的操作细节，定义如下：

```
type Database interface {
    // 打开账户 trie 树
    OpenTrie(root common.Hash) (Trie, error)
    // 打开一个账户的存储 trie 树
    OpenStorageTrie(addrHash, root common.Hash) (Trie, error)
    // 复制给定的 trie 树
    CopyTrie(Trie) Trie
    // 获取合约字节码
    ContractCode(addrHash, codeHash common.Hash) ([]byte, error)
    // 获取合约大小
```

```
ContractCodeSize(addrHash, codeHash common.Hash) (int, error)
// 获取底层存储 trie 数据的数据库
TrieDB() *trie.Database
}
```

由此可见，为了管理和操作状态数据，stateDB 只维护了需要修改的账户和状态数据集合，通过分级"缓存"的方式抽象各个操作，使得每一层次都"可插拔"，操作过程总体如下。

1）数据的更新在封装区块和验证区块时，生成一个 StateDB 实例。

2）如果有状态被更新，即执行 SetState()，那么 stateObjectDirty 会记录下该账户的更新数据，所有的更新数据均存储在 stateOBject 的 ditryStorage 中。

3）当执行 IntermediateRoot() 时，所有 ditryStorage 均被更新到 trie 中。

4）在执行 CommitTo() 时，trie 中的数据被持久化到底层数据库 levelDB 中。

StateDB 结构维护的 MPT 树，并不像 levelDB 一样作为单个数据结构实例存储在数据库中，而是只需要在使用时根据状态根 Hash 从数据库中提取相关的数据组成该结构即可，处理完成后，再将更新的树节点数据存储到数据库中。这样做的好处显而易见，可以大大节省存储空间，例如，当前块只包含一笔对其中某个账户的转账交易，那么，根据当前块的交易对父块状态进行状态转换时，其中只修改了历史区块状态树中一个账户下的一个状态变量，修改后重新计算当前块的状态根 Hash，保存到当前块的区块头中，再对这个账户状态修改相关的分支节点、叶子节点并存储到数据库中。在子块进行状态转换需要提取当前块的状态树时，当前块的状态根 Hash 提取到所有相关的树节点数据，其中包含当前块更新过的树节点数据，以及未更新过的父块树节点数据。总之，这是一种类似 Github 代码提交的增量修改的机制，每次状态转换只存储修改的部分，然后与未修改部分生成新的状态树根 Hash。

状态转换需要支持回滚操作，因为在智能合约的执行过程中可能存在各种原因的中断执行，因此需要对已经修改的状态进行回滚。stateDB 通过 journal、revision 来管理状态修改历史和回滚。journal 结构如下：

```
type journal struct {
    entries []journalEntry              // 修改日志
    dirties map[common.Address]int      // 被修改的账户和修改次数
}
```

其中 journalEntry 是一个接口定义，定义了 revert 和 dirtied，记录修改数据和修改的地址。由于数据类型较多，因此不同的类型对该接口的实现也不同，具体包括如下修改内容。

❏ stateObject 修改
❏ 智能合约 suicide 操作
❏ 账户余额修改
❏ Nonce 修改

- 合约字节码更新
- 状态变量修改
- 退款
- 添加日志
- 添加 preimage

revision，顾名思义，用来描述一个"版本"，作为回退的依据。每次有数据进行修改时，系统都记录一个版本，如图 3-27 所示。

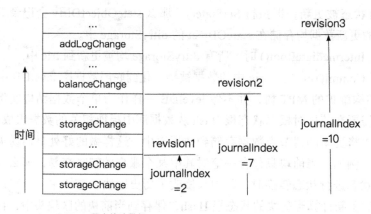

图 3-27　状态数据版本管理

需要进行回退操作时，只需要指定 revision 版本号，取出对应的 journalIndex，将对应的所有历史修改都恢复到历史值即可。

3.10　Ethereum 对外操作接口

在实例化 Ethereum 时，创建一个 EthAPIBackend 的实例，对 Ethereum 之外的服务提供统一的友好的数据访问和操作。API 可分为以下几大类别。

1. 通用的 Ethereum 服务 API

```
Downloader() *downloader.Downloader  // 区块数据下载器实例
ProtocolVersion() int      // 返回 eth/63
SuggestPrice(ctx) (*big.Int, error)  // 使用 Oracle 估算一个推荐度 Gas 价格
ChainDb() ethdb.Database   // 底层数据库实例
EventMux() *event.TypeMux   // 获取事件分发器实例
AccountManager() *accounts.Manager  // 获取账户管理器实例
ChainConfig() *params.ChainConfig   // 获取链相关配置
```

2. 链相关的 API

```
SetHead(number uint64)    // 设置一个以前的区块作为区块头
HeaderByNumber(ctx, blockNr) (*types.Header, error)    // 获取区块头
BlockByNumber(ctx, blockNr) (*types.Block, error)    // 获取区块
StateAndHeaderByNumber(ctx, blockNr) (*state.StateDB, *types.Header, error)    // 获取区块头和状态数据
GetBlock(ctx, blockHash) (*types.Block, error)    // 根据块 Hash 获取区块
GetReceipts(ctx, blockHash) (types.Receipts, error)    // 获取指定块的交易凭证
GetTd(blockHash) *big.Int    // 获取指定区块上的总难度
GetEVM(ctx, msg core.Message, state *state.StateDB, header *types.Header) (*vm.EVM, func() error, error)    // 获取虚拟机实例
SubscribeChainEvent(ch chan<- core.ChainEvent) event.Subscription    // 订阅链事件
SubscribeChainHeadEvent(ch chan<- core.ChainHeadEvent) event.Subscription    // 订阅 canonicalChain 最新区块头事件
SubscribeChainSideEvent(ch chan<- core.ChainSideEvent) event.Subscription    // 订阅侧链事件
CurrentBlock() *types.Block    // 获取当前最新高度的区块
```

3. 交易池相关的 API

```
SendTx(ctx, signedTx) error    // 发送一笔交易到交易池
GetPoolTransactions() (types.Transactions, error)    // 获取交易池中的所有 pending 交易
GetPoolTransaction(txHash common.Hash) *types.Transaction    // 获取交易池中的指定交易
GetPoolNonce(ctx, addr common.Address) (uint64, error)    // 账户 Nonce
Stats() (pending int, queued int)    // pending 和 queued 的交易条数统计
TxPoolContent() (map[common.Address]types.Transactions, map[common.Address]types.Transactions)    // 获取交易池中 pending 和 queued 的交易
SubscribeNewTxsEvent(chan<- core.NewTxsEvent) event.Subscription    // 订阅交易加入交易池的事件
```

3.11 本章小结

本章以 Go 版本以太坊 Geth 为基础，详细分析了以太坊的技术架构，从 P2P 节点发现到 RPC 接口，先从交易签名到区块上链，从钱包管理到共识引擎，以太坊向我们展示了一个实现"世界计算机"的构想。相信随着以太坊 2.0 的到来，以太坊能够从架构层面解决更多的理论问题，真正成为价值互联网的基础设施。

Chapter 4　第 4 章

共识算法

区块链，共识算法可使一个时间窗口内的事务的先后顺序达成一致。目前，以太坊使用的是 PoW（工作量证明）为主的共识算法。在 Metropolis 的第一阶段 Byzantium 中，以太坊使用了 PoW+PoS（权益证明）混合共识算法，并计划在 Serenity 阶段完全切换至 PoS。为了适应不同的应用场景，比如企业应用或联盟链应用，以太坊也支持 PoA（身份证明）作为主链之外的解决方案。

4.1　PoW

4.1.1　算法概述

PoW 的概念最早来自于比特币网络，与人们通常所说的"挖矿"一词紧紧联系在一起。我们知道在现实生活中，黄金或其他稀有贵金属需要通过辛苦的挖矿劳动来获得。在以太坊区块链网络中，数字货币一样是稀有资源，也是通过挖矿来获得的。然而，与黄金和贵金属挖矿不同的是，数字货币的挖矿同时能够起到构建、验证、请求和传播区块的目的，表达式为：

以太币挖矿＝保障网络安全＝计算验证

以太坊通过 PoW 选择总难度最大的区块为有效区块。矿工节点负责生产区块，其他节点负责验证区块。任何加入以太坊网络的节点都可以成为矿工。矿工通过挖矿获得的收入大致与相对全网的归一化算力（hashrate）成正比。以太坊按照区块的数据形式来维护交易列表和最近状态。区块号和难度系数存储在区块头中。

以太坊中的 PoW 算法也称为 Ethash 算法（即 Dagger-Hashimoto 算法的改进版）。矿工节点通过快速计算试图找到一个合适的 Nonce 值，使得通过运算得到的结果低于特定的难度门限。PoW 的要领在于除了枚举之外很难找到更好的方法来获得合适的 Nonce 值，而验证这个值是否满足要求是很容易的。因为 Hash 函数的输出数字满足均匀分布，所以我们可以保证在平均意义上，得到合适 Nonce 值的时间与设定的难度值有关。因此，网络可以通过调整难度系数来控制出块时间。难度系数是动态调整的，以保证全网的平均出块时间维持在 15 秒左右。这样的心跳周期保证了系统状态的正常同步，同时也排除了出现分叉或篡改历史数据的可能。除非攻击者能拥有全网算力的一半以上（即 51% 攻击）。

Ethash 算法的瓶颈在于内存读写性能，即矿工无法通过使用更快的硬件（如 ASIC、FPGA）来提高挖矿效率。图 4-1 介绍了 Nonce 的求解过程。

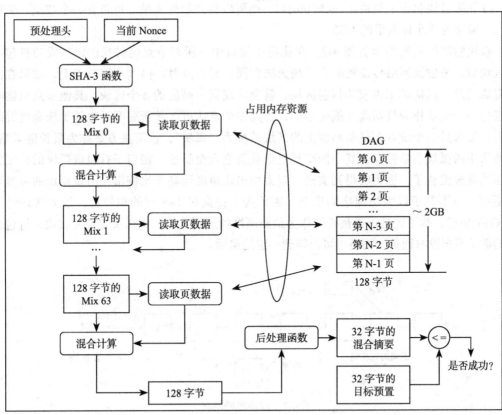

图 4-1 Ethash 算法流程

首先，全网会维护一个占用几个 G 字节内存大小的 DAG（Directed Acyclic Graph）数据集。DAG 每 30 000 个区块更新一次，如果按出块时间 15 秒计算，也就是间隔 125 小时（或 5.2 天）更新一次。DAG 的生成需要一定的时间，它依赖于区块高度作为输入。DAG

可以预生成，但如果没有生成，则矿工节点会中止出块。Nonce 的求解步骤描述具体如下。

1）根据区块头输入和假设的 Nonce 值进行 SHA-3 计算，得到 128 字节长度的 Mix0。

2）从 DAG 中读取与 Mix0 相关位置的页数据。

3）将 Mix0 和本次取出的 DAG 页数据进行混合计算，得到 128 字节长度的 Mix1。

4）重复第 2）步和第 3）步 64 次后，得出 128 字节长度的 Mix64。

5）Mix64 经过后期处理得到 32 字节的数据摘要。

6）如果数据摘要小于或等于给定的难度阈值，则表示找到了符合要求的 Nonce 值，否则继续重复寻找下一个 Nonce。

挖矿成功的节点会收到如下奖励。

- 静态区块奖励：3 个以太币。
- 区块内包含的所有程序的 Gas 花费的总和。
- 如果区块包含了叔块（uncle block），则可以得到额外奖励。每包含一个叔块，奖励额度为 3 个以太币的 1/32。

叔块的产生机制可参见图 4-2。在比特币协议中，所有节点同时挖矿，在成功打包一个区块后，考虑到网络传输延时，区块无法在同一时间及时广播到全网节点上，如果在同步完成之前，其他矿工也成功打包区块，就会出现同一高度的 2 个区块，其他节点只能随机选择一个区块作为最新高度继续挖矿，当其他节点认可该最新高度后也基于该高度继续挖矿，那么另一个没有在最新高度上的区块就称为"孤块"，该解决方案称为最长链策略。比特币中的孤块会被抛弃，其中的交易也会重新进入交易池，相当于打包该孤块的矿工的资源消耗被浪费了，更无法得到奖励。以太坊出块速度远高于比特币，出现孤块的可能性也更高，也不利于以太坊网络的安全，因此为了提高矿工参与的积极性，以太坊设计了 GHOST 协议，除了还是选择最长链作为最新高度的原则之外，将孤块定义为叔块，打包叔块的矿工不再没有回报，而是也可以得到一定的奖励。

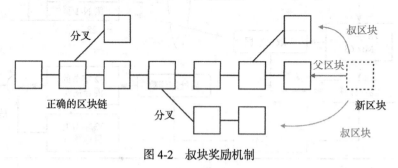

图 4-2 叔块奖励机制

以太坊对叔块的定义和使用具有一定的限制，具体如下。

- 每个区块如果具有叔块，那么最多只能引用 2 个叔块用于奖励。
- 叔块只能被奖励一次。即已经成为某一区块的叔块，就不能再成为其他区块的叔块。
- 叔块必须是当前区块高度的前 2～7 层的祖先的直接子块。

- 引用叔块的区块，可以获得挖矿报酬的 1/32。
- 被引用的叔块，其矿工的报酬和叔块与区块之间的间隔层数有关，具体参见表 4-1。

表 4-1 叔块奖励与间隔层数的关系

间隔层数	报酬比例	间隔层数	报酬比例
1	7/8	4	4/8
2	6/8	5	3/8
3	5/8	6	2/8

以太坊网络节点可以使用 CPU 挖矿来获得以太币奖励。这种挖矿方式已经很难赚钱了，因为 GPU 挖矿大致比 CPU 挖矿的效率高两个量级。但是，在 Morden 测试网络或者私有链上仍然可以通过 CPU 挖矿来获得以太币奖励，用于测试合约和交易。当用户使用命令行工具 Geth 来接入以太坊网络时，并不会默认打开挖矿。通常需要使用"—mine"选项来开启 CPU 挖矿模式，使用"—minerthreads"参数来设置并行挖矿的线程数目。

挖矿算法需要消耗大量内存，使用 GPU 挖矿时，每个 GPU 生成 DAG 时正常需要 1～2GB 的 RAM 内存空间。如果程序返回"Error GPU mining. GPU memory fragmentation?"报错，则表示硬件无法获得足够的内存。GPU 挖矿是基于 OpenCL 实现的，所以 AMD 的 GPU 会比同样规格的 NVIDIA 的 GPU 工作更快。ASIC 和 FPGA 相对效率更低，因此不建议使用。

综上所述，以太坊使用的 PoW 算法变更了 Dagger-Hashimoto 算法的原有特性，设计思路遵循如下几点。

- 通过扫描区块头的数据来计算种子值。
- 根据种子输入能够得到 16MB 的伪随机缓存，轻客户端会存储这段缓存。
- 根据缓存能够得到 1GB 的数据集，数据集中的每个元素依赖于缓存中的一小部分输入。全节点和矿工需要保存数据集。数据集所占空间随着时间推移线性增长。
- 挖矿的过程就是从数据集中抽取随机切片并计算 Hash 值的过程。区块验证则只需要很小的内存，通过缓存中的数据来生成特定的数据集切片。因此，验证节点仅需要存储缓存。

4.1.2 设计实现

在算法中引入如下定义：

```
WORD_BYTES = 4                    # 字包含的字节数
DATASET_BYTES_INIT = 2**30        # 创世块定义的数据集的空间大小
DATASET_BYTES_GROWTH = 2**23      # 每个纪元的数据集增长空间
CACHE_BYTES_INIT = 2**24          # 创世块定义的缓存占用的空间大小
CACHE_BYTES_GROWTH = 2**17        # 每个纪元的缓存增长空间
CACHE_MULTIPLIER=1024             # DAG 空间相对缓存空间的倍数
EPOCH_LENGTH = 30000              # 每个纪元包含的区块个数
MIX_BYTES = 128                   # 混合宽度
```

```
HASH_BYTES = 64                          # Hash 长度
DATASET_PARENTS = 256                    # 数据集中每个元素的父元素个数
CACHE_ROUNDS = 3                         # 缓存产生需要经历的次数
ACCESSES = 64                            # hashimoto 循环的访问次数
WORD_BYTES = 4                           # 字包含的字节数
DATASET_BYTES_INIT = 2**30               # 创世块定义的数据集的空间大小
DATASET_BYTES_GROWTH = 2**23             # 每个纪元的数据集增长空间
CACHE_BYTES_INIT = 2**24                 # 创世块定义的缓存占用的空间大小
CACHE_BYTES_GROWTH = 2**17               # 每个纪元的缓存增长空间
CACHE_MULTIPLIER=1024                    # DAG 空间相对缓存空间的倍数
EPOCH_LENGTH = 30000                     # 每个纪元包含的区块个数
MIX_BYTES = 128                          # 混合宽度
HASH_BYTES = 64                          # Hash 长度
DATASET_PARENTS = 256                    # 数据集中每个元素的父元素个数
CACHE_ROUNDS = 3                         # 缓存产生需要经历的次数
ACCESSES = 64                            # hashimoto 循环的访问次数
```

以太坊的开发过程和 SHA-3 的标准制定过程并行。SHA-3 标准增加了后缀填充的要求。因此，以太坊的 SHA-256 和 SHA-512 并不是标准的 SHA-3 Hash 算法，也称为 Keccak-256 和 Keccak-512 Hash 算法。

Ethash 的缓存和数据集依赖于区块高度参数，随着区块高度的增加，缓存和数据集的大小也会线性增加。Ethash 还会计算不高于线性门限制的最大素数来防止突发的循环风险。

```
def get_cache_size(block_number):
    sz = CACHE_BYTES_INIT + CACHE_BYTES_GROWTH * (block_number // EPOCH_LENGTH)
    sz -= HASH_BYTES
    while not isprime(sz / HASH_BYTES):
        sz -= 2 * HASH_BYTES
    return sz

def get_full_size(block_number):
    sz = DATASET_BYTES_INIT + DATASET_BYTES_GROWTH * (block_number // EPOCH_LENGTH)
    sz -= MIX_BYTES
    while not isprime(sz / MIX_BYTES):
        sz -= 2 * MIX_BYTES
    return sz
```

生成缓存的代码如下：

```
def mkcache(cache_size, seed):
    n = cache_size // HASH_BYTES

    # Sequentially produce the initial dataset
    o = [sha3_512(seed)]
    for i in range(1, n):
        o.append(sha3_512(o[-1]))

    # Use a low-round version of randmemohash
```

```
    for _ in range(CACHE_ROUNDS):
        for i in range(n):
            v = o[i][0] % n
            o[i] = sha3_512(map(xor, o[(i-1+n) % n], o[v]))

    return o
```

缓存的产生过程需要线性填充 32MB 内存空间，然后执行两次 Sergio Demian Lerner's RandMemoHash 算法。输出结果是长度为 524,288 的 64 字节数据。1GB 数据集空间中的每个 64 字节元素计算如下：

```
def calc_dataset_item(cache, i):
    n = len(cache)
    r = HASH_BYTES // WORD_BYTES
    # initialize the mix
    mix = copy.copy(cache[i % n])
    mix[0] ^= i
    mix = sha3_512(mix)
    # fnv it with a lot of random cache nodes based on i
    for j in range(DATASET_PARENTS):
        cache_index = fnv(i ^ j, mix[j % r])
        mix = map(fnv, mix, cache[cache_index % n])
    return sha3_512(mix)
```

实际上，Ethash 将 256 个伪随机选择的缓存节点数据进行合并，用其 Hash 值来计算数据集节点。整个数据集由以下代码生成：

```
def calc_dataset(full_size, cache):
    return [calc_dataset_item(cache, i) for i in range(full_size // HASH_BYTES)]
```

在 hashimoto 循环中，Ethash 从完整的数据集中汇集数据来生成特定区块头和 Nonce 随机值下的最终结果。在如下代码中，header 表示 RLP 编码后的区块头的 SHA-256 Hash 值。Nonce 是 8 字节长度的 64 比特无符号大字节序整数。

```
def hashimoto(header, nonce, full_size, dataset_lookup):
    n = full_size / HASH_BYTES
    w = MIX_BYTES // WORD_BYTES
    mixhashes = MIX_BYTES / HASH_BYTES
    # combine header+nonce into a 64 byte seed
    s = sha3_512(header + nonce[::-1])
    # start the mix with replicated s
    mix = []
    for _ in range(MIX_BYTES / HASH_BYTES):
        mix.extend(s)
    # mix in random dataset nodes
    for i in range(ACCESSES):
        p = fnv(i ^ s[0], mix[i % w]) % (n // mixhashes) * mixhashes
        newdata = []
        for j in range(MIX_BYTES / HASH_BYTES):
```

```
            newdata.extend(dataset_lookup(p + j))
        mix = map(fnv, mix, newdata)
    # compress mix
    cmix = []
    for i in range(0, len(mix), 4):
        cmix.append(fnv(fnv(fnv(mix[i], mix[i+1]), mix[i+2]), mix[i+3]))
    return {
        "mix digest": serialize_hash(cmix),
        "result": serialize_hash(sha3_256(s+cmix))
    }

def hashimoto_light(full_size, cache, header, nonce):
    return hashimoto(header, nonce, full_size, lambda x: calc_dataset_item(cache, x))

def hashimoto_full(full_size, dataset, header, nonce):
    return hashimoto(header, nonce, full_size, lambda x: dataset[x])
```

实际上，Ethash 维护了一个 128 字节大小的混合数据区并反复依次从全局数据集中提取 128 字节与混合数据区做合并操作。通过 128 字节的顺序访问，每一轮提取内存的一整页数据，从而最大程度避免 ASIC 的缓存失效。

如果算法的输出值小于需要的目标值，则 Nonce 值无效。快速的 PoW 验证可以用于抗 DDoS 攻击，也可以用于保证结果是一个非偏的 256 比特数据。

挖矿算法定义如下：

```
def mine(full_size, dataset, header, difficulty):
    target = zpad(encode_int(2**256 // difficulty), 64)[::-1]
    from random import randint
    nonce = randint(0, 2**64)
    while hashimoto_full(full_size, dataset, header, nonce) > target:
        nonce = (nonce + 1) % 2**64
    return nonce
```

为了基于给定的区块计算种子 Hash，Ethash 使用如下算法：

```
def get_seedhash(block):
    s = '\x00' * 32
    for i in range(block.number // EPOCH_LENGTH):
        s = serialize_hash(sha3_256(s))
    return s
```

4.1.3 优缺点分析

PoW 算法的优点具体如下。
- 挖矿算法简单易实现。
- 挖矿没有捷径，但一旦得到结果就会很容易进行快速验证。
- 挖矿成功率和计算机算力相关，想要进行 51% 攻击，必须控制全网算力 51% 以上，需要消耗巨大的成本。

PoW 的缺点具体如下。
- 非常耗电，浪费能源。众所周知，计算机的高速计算是相当耗电的，因此比特币的工作量证明机制使得人们在挖矿时需要耗费大量的电力。
- 因为挖矿需要拼算力，算力越高获得记账权的概率就越大。于是，矿工开始抱团，形成矿池，进而形成了挖矿垄断，使得以太坊的安全性降低（更加容易控制 51% 以上全球算力）。
- 为了控制以太坊分叉概率，无法将挖矿难度调得很低，因此出块间隔难以缩短，同时，PoW 算法生成的区块始终没有最终确定性，需要一定的块高进行确认后才可以被认为基本上不存在修改的可能性，因此，区块确认时间也难以缩短。
- 由于没有最终确定性，因此需要设置固定检查点机制来进行弥补。

4.2 PoA

4.2.1 算法概述

以太坊 PoA 共识算法分为两种实现方案，一种是 Parity 公司设计的 PoA 共识算法，测试网络 Ropsten 就是基于该算法运行的，另外一种是以太坊社区提出的 PoA 算法 Clique，本节主要讨论 Clique PoA 算法的相关内容。Clique 是以太坊 Go 客户端开发小组的工程师 Péter Szilágyi 提出的一种基于认证的共识算法。这种算法的原理十分简单，即网络中的每一个区块都是由某一个认证节点进行认证的，其他节点仅需要验证认证信息来判断该区块是否合法即可。PoA 主要用于搭建私链和联盟链，因为基于 PoA 的以太坊交易成本更低甚至没有，交易延时更低，并发更高，还拥有完全的控制权。

在 Clique 算法中存在两类节点：
- 认证节点。
- 非认证节点。

上面提到的认证节点具有出块权，相当于 PoW 算法中的矿工，其他非认证节点进行普通的同步。创世配置文件中将指定一组认证节点，但并不是一成不变的，在节点运行过程中可以由认证节点进行加入新节点和踢出作恶矿工的投票，完成所有 PoA 的矿工管理。

Clique 中的认证原理借用了椭圆曲线数字签名算法。认证节点利用本地节点的私钥对区块的数据进行签名，并将产生的数字签名保存在区块头中。其他认证节点在接收到广播的区块后，利用数字签名和区块数据解析出认证节点的公钥，并根据规则截取出其中的节点地址，若本地维护的认证节点列表中能找到该节点的地址信息，且该区块数据能够通过所有共识相关的检测条件，则认为它是一个合法区块；否则就认为接收到了一个无效区块。交互过程如图 4-3 所示。

为了与现有的以太坊底层协议相兼容，Clique 在实现时巧妙地复用了之前定义的字段，而不是创建新的字段，即利用区块头的 Extra 字段保存认证节点的签名算法设计考虑到尽量让每个认证节点的出块负载均等，同时避免某些恶意节点持续出块对网络进行攻击，Clique 算法规定每一个认证节点在连续的 SIGNER_LIMIT 个区块中最多只能出一次块，其中 SIGNER_LIMIT = floor（SIGNER_COUNT / 2）+ 1，并且 SIGNER_COUNT 表示认证节点的个数。图 4-4 描述了 3 个节点的签名控制过程。这样的设计保证了正常节点的个数大于攻击节点的前提下，正常节点的至少个数为 SIGNER_LIMIT（大于 50%），而攻击节点的最多个数为 SIGNER_COUNT- SIGNER_LIMIT（小于 50%）。如果能够保证一个节点在 SIGNER_LIMIT 这个时间窗口内最多只能出一个区块，那么就使得攻击节点能保证在不超过 50% 的情况，理论上不可能一直掌握出块的权利。

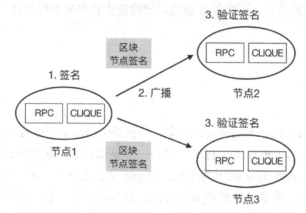

图 4-3　Clique 算法中的节点交互

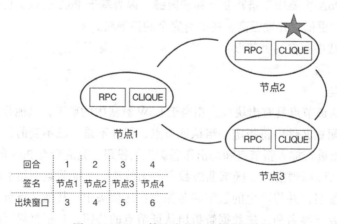

图 4-4　Clique 算法中的出块控制机制

4.2.2　设计实现

PoA 需要解决如下列举的几个问题。

1）如何控制挖矿频率，即出块时间。
2）如何验证某个块的有效性。
3）如何动态调整认证节点列表，并全网动态同步。
4）如何在认证节点之间分配出块的负载或者称为出块的机会。

对于出块时间，协议规定采用固定的区块出块时间，该时间可以在创世配置文件中设置，默认的时间戳间隔为 15 秒。

要验证该块的有效性就必须得到与该块对应的签名者列表，如果签名者在该列表中则代表该块有效。这里的挑战是如何维护并及时更改矿工列表？存储在智能合约中？不可行，因为在快速轻量级同步期间无法访问状态，因此，矿工列表必须完全包含在块头中。为了不破坏区块本身的数据结构，与现有的以太坊底层协议相兼容，Clique 在实现时复用了之前定义的字段，将矿工列表放在创世区块头的 Extra 字段中。

Clique 的签名和认证过程具体如下。

1）轮到出块的矿工封装一个区块。
2）对 blockHeader 中所有字段除了 Extra 的后 65 字节（保存签名用）之外进行 RLP 编码。
3）对编码后的数据进行 Keccak-256 算法 Hash。
4）签名后的数据（65 字节）保存到 Extra 的后 65 字节中。
5）因此 Extra 的长度至少在 65 字节以上。
6）广播该区块。
7）其他矿工节点收到该区块后，从 Extra 字段解析得到签名并恢复签名者的账户信息。
8）如果解析出来的账户属于矿工列表，且该区块可以通过所有共识相关的检测，则认为该区块是合法的；否则就认为接收到了一个恶意区块。

在矿工列表中，矿工最近没有签名，那么什么时候才允许打包一个块并签名广播呢？计算方法如下所示。

1）计算下一个块的最优签名时间（父块时间 +BLOCK_PERIOD）。
2）如果该矿工处于 in-turn，则立即进行签名和广播区块。
3）如果该矿工是 out-of-turn，则延迟 rand(SIGNER_COUNT*500ms) 后再签名并广播。

如何判断矿工是处于 in-turn 还是 out-of-turn 呢？算法很简单：

```
// inturn returns if a signer at a given block height is in-turn or not.
func (s *Snapshot) inturn(number uint64, signer common.Address) bool {
    signers, offset := s.signers(), 0
    for offset < len(signers) && signers[offset] != signer
        { offset++
    }
    return (number % uint64(len(signers))) == uint64(offset)
}
```

为选中节点设计更高难度值的目的是使得区块链能够朝着某一个方向进行收敛。倘若所有节点签名区块的难度没有区别，则会出现多条难度相同的分叉链，从而导致网络无法达成共识。但是即便选中节点能够签发高难度区块，其他节点也会参与竞争。这是因为选中节点可能在此期间处于离线状态，而其他节点可以弥补选中节点的空缺，继续为网络生产区块。不过，这也导致了这一轮可能会有若干条不同状态的区块链产生（因为其他节点产生的区块的难度值相同），这种状态最终会通过下一轮或者下几轮选中节点产生的高难度区块而达到收敛。

这种轮询方式的缺点在于：选中节点拥有产生高难度区块的权利，从理论上来说，也就是预定了本轮区块竞赛最终的胜者会是这个选中节点，这也是 Clique 算法不完备的地方，恶意攻击者可以预知每一轮的出块者，并且提前向它发起攻击。

Clique 算法每一轮出块的时间间隔是一个配置项，如果出块的时间间隔配置为 10 秒，那么每个认证节点在完成对当前区块的签名后，将计算当前区块的时间戳，计算方式为父区块的时间戳再向后推移 10 秒，并且延迟至该时间点再向外广播区块。但是在一轮争夺区块出块权的竞争中，所有认证节点中会有 SIGNER_COUNT - SIGNER_LIMIT 个参与出块，所以为了避免网络拥堵以及不必要的区块链分叉，在每个节点完成签名并广播区块之前，Clique 算法采用了非选中节点延迟广播的处理机制。

具体的处理为将非选中认证节点随机延迟 rand（SIGNER_LIMIT）× 500 毫秒的时间，而选中的认证节点则不增加额外的延迟时间：

```
// Sweet, the protocol permits us to sign the block, wait for our time
    delay := time.Unix(header.Time.Int64(), 0).Sub(time.Now())
    if header.Difficulty.Cmp(diffNoTurn) == 0 {
        // It's not our turn explicitly to sign, delay it a bit
        wiggle := time.Duration(len(snap.Signers)/2+1) * wiggleTime
        delay += time.Duration(rand.Int63n(int64(wiggle)))
    }
    select{
        case <- stop:
        return nil, nil
        case <-time.After(delay):
    }
```

这样，在以太坊网络中，每个节点接收到不同认证节点产生的区块时间有了先后差异，因此，可能会出现先收到了一个难度值较低的区块，而后又接收到了一个难度值更高且处于同一高度新区块的情况，当发生这种情况时，网络会自动进行切换，以总难度值最大的区块链为主链，如图 4-5 所示。

其他节点在收到一个新区块时，会提取区块头中的 Extra 字段包含的认证节点的签名，调用标准的 spec256k1 椭圆曲线算法恢复公钥信息，截取其中出块节点的地址，若该节点是认证节点，且该节点本轮拥有出块的权限，则认为该区块为合法区块。

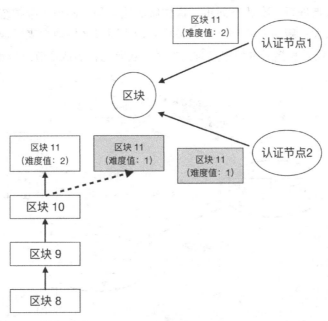

图 4-5　Clique 算法按总难度值原则确认主链

现有的认证节点可以通过建议（Proposal）的方式申请新的认证节点动态加入。认证节点在建议中指定要加入或移除的新认证节点标识。每个认证节点在产生区块时，都会从待投票的建议池里挑选一个目标节点地址填在区块头的 Coinbase 字段中，并将新状态填在 Nonce 字段中，以此作为一次投票。对于每个认证节点，本地会维护一个投票结果计数器（tally），其中记录了每一个被选举节点的新状态（加入或移除）和已经获取的票数，如图 4-6 所示。一旦获得的票数超过半数，就立即更改认证节点的状态：

❑ 新增认证节点时，将目标节点的地址添加到本地的认证节点的列表中。
❑ 删除认证节点时，将目标节点的地址从本地的认证节点列表中移除。

删除一个认证节点的情况较为复杂。随着认证节点的减少，之前还未达到共识的建议由于节点数的减少而达成共识，也就是说投票生效时，可能有多个建议同时满足条件，针对这种情况，Clique 算法规定在一个投票应用中，只能对 Coinbase 字段指定的地址进行状态变更，而对于其他的建议，则需要等到下一次 Coinbase 与其目标地址一致时才允许触发。

> **注意** 由于可能发生区块链分叉的情况，因此即便一个新的认证节点加入或者删除，都有可能发生回滚。

为了应对某些恶意节点不断地发起建议，从而导致每个节点在内存中维护大量的投票统计信息，Clique 加入了一个检查点机制。每隔一个纪元（Epoch）时间，所有节点处于等待状态的投票信息、统计信息将被清除，同时在这个区块头中填入当前所有认证节点的地址信息,供其他节点进行一次状态同步。这样做的优势是:避免了维护统计信息本身占用的内存空间无限增大;新加入的节点也不必从初始块同步区块数据来重放投票过程生成认证节点地址列表,而是直接通过检查点时刻的区块获取完整的认证节点地址列表。

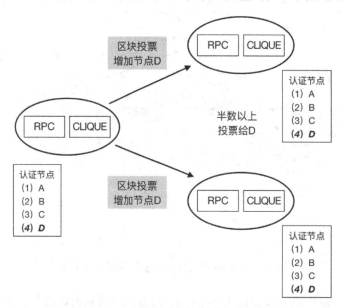

图 4-6 Clique 算法中的认证节点动态管理

认证节点信息在各个节点的每一个阶段都是严格一致的。换句话说,认证节点的信息也是与区块信息绑定的。举例来说,初始的认证节点信息在创世区块的区块头中存储。所有新加入的节点可以通过同步投票过程得到相同的认证节点信息。这就保证了新节点加入时,无论采用标准同步方式还是轻节点同步方式,都能够在过程中得到与其他节点一致的结果。

Clique 的工作流程总结如下。

1)在创世区块中指定一组初始认证节点,所有地址都保存在创世区块的 Extra 字段中。

2)启动挖矿后,该组认证节点开始对生成的区块进行签名并广播,过程如下。

❑ 签名结果保存在区块头的 Extra 字段中。

❑ Extra 中更新当前高度已授权的所有认证节点地址,因为有新增或删除的认证节点。

❑ 每一高度都有一个认证节点处于选中状态,其他认证节点处于非选中状态。选中状态的认证节点的签名区块会立即广播;非选中状态的认证节点的签名区块会延时随机时间后再广播,从而保证选中节点的签名区块有更高的优先级上链。

3)如果需要加入一个新的认证节点,通过发起建议,该请求复用区块头 Coinbase 和 Nonce 字段广播给其他节点。所有认证节点对新的认证节点进行投票,如果赞成票超过认证节点总数的 50%,则表示同意新增。

4）如果需要删除一个已有的认证节点,那么所有认证的节点都要对该节点进行投票;如果赞成票超过认证节点总数的 50%,则表示同意删除。

认证节点对区块头进行签名具体过程如下。

1) Extra 的长度至少在 65 字节以上(签名结果是 65 字节,即 R、S、V,其中 V 是 0 或 1)。

2) 对区块头中的所有字段(除 Extra 的后 65 字节之外)进行 RLP 编码。

3) 对编码后的数据进行 Keccak-256 Hash。

4) 签名后的数据(65 字节)保存到 Extra 的后 65 字节。

如下授权策略将减少网络流量和分叉。

- 如果认证节点在列表中且最近没有签名,则允许签署一个块。
- 计算下一个块的最优签名时间(父块时间 + 出块周期)。
- 如果认证节点是选中状态,则立即进行签名和广播区块。
- 如果签名者是非选中状态,则延迟 500 毫秒的随机整数倍后再签名并广播。

4.2.3 优缺点分析

PoA 是一种可替代 PoW 的共识算法,该算法明确定义了哪些节点有权限产生区块。与 PoS 类似,PoA 指定产生区块的节点来扮演权益的角色。认证节点的身份需要在平台上获得官方认可。PoS 可以解决部分 PoW 问题,比如节约电力,在一定程度上保护了 51% 的攻击,但从控制权和安全方面考虑还有欠缺,因为 PoS 允许任何符合条件的矿工加入。而 PoA 则是依靠预设好的认证节点产生区块,只有少数节点拥有权益。与 PoS 不同的是,PoA 规定每个人只拥有一个身份。权益身份的确认是一种与出块权利的交换,从中获得的利益也是公开的。具有权益的身份是一个平衡处理,它能够被所有参与者认可。具有权益的身份在维护网络时也会获得激励。在实际工作过程中,有如下几个约束条件需要考虑。

- 身份必须是真实的:也就是说有一套标准并且牢靠的方式来保证出块人的身份与其申明的相一致。
- 获得身份资格有难度:拥有身份的人会珍惜这样的权利,不愿意失去。
- 确认权限的过程对所有出块人都是一样的:确保网络可以理解这个流程并信任其正确性。

PoA 在安全方面需要考虑以下几种情况的攻击。

- 恶意认证节点:恶意用户被添加到认证节点列表中,或者认证节点密钥遭到入侵。解决方案是 N 个认证节点的列表中的任一节点只能攻击每 K 个区块中的一个。这样尽量减少损害,其余的认证节点就可以投票删除该恶意用户了。
- 认证节点审查:如果一个或几个认证节点试图主导投票,那么它必须控制 51% 以上的认证节点。这种攻击难度已经和 PoW 相当。
- "垃圾邮件"认证节点:这些认证节点在每个区块中都注入了一个新的建议。由于节点需要统计所有投票以创建认证节点列表，因此久而久之会产生大量无用的垃圾投票，导致系统运行变慢。通过纪元（Epoch）的机制，每次进入新的纪元都会丢弃旧的投票。

- 并发块：如果认证节点的数量为 N，我们允许每个认证节点的签名是 1/K，那么在任何时候，至少 N-K 个签名者都可以成功签名一个区块。为了避免这些区块之间进行竞争，每个认证节点在生成一个新区块时都会增加一点随机延时。这就保证了分叉很难发生。

4.3 PoS

4.3.1 算法概述

PoS 共识算法最近才受到关注，虽然没有类似 PoW 的安全性优势，但 PoS 解决了验证区块过程中大量能源消耗的问题。在基于 PoS 的区块链中，一组认证节点轮流提议并投票产生下一个区块，而每个认证节点的投票权重取决于其保证金额的大小（即权益）。认证节点对于区块链网络提供的服务是有奖励的，而且这种奖励也实现了对攻击者的经济制约。

1. 投注机制

许多早期的 PoS 算法只考虑为创造区块提供奖励，没有惩罚措施，这就造成了不良的后果。在出现多条区块链相互竞争的情况下，认证节点可以在每条链上都创造区块，以确保获得奖励。如果所有参与者都唯利是图，那么即使没有攻击者，区块链也可能达不成共识。

以太坊考虑采用的 PoS 共识算法 Casper 是一种基于保证金的经济激励共识协议（Security-Deposit Based Economic Consensus Protocol）。协议中的节点，作为锁定保证金的认证节点，必须先缴纳保证金才可以参与出块和共识形成。Casper 共识协议通过对这些保证金的直接控制来约束认证节点的行为。具体来说，如果一个认证节点在多条链上同时出块，那么它的保证金将被没收，生产区块和参与共识的权利也会被取消。保证金的引入解决了 PoS 协议中做坏事代价很低的问题，也就是人们常说的"无利害关系问题"。

Casper 要求认证节点将保证金中的大部分对共识结果进行下注，因此也被称为投注共识。而共识结果又根据认证节点的下注情况来形成：认证节点必须猜测其他人会赌哪个块胜出，同时也下注这个块。如果赌对了，他们就可以拿回保证金外加交易费用；如果下注没有迅速达成一致，他们只能拿回部分保证金。因此数个回合之后认证节点的下注分布就会收敛。

投注共识的核心思想很简单：为认证节点提供与协议对赌哪个块会被最终确定的机会。在这里对某个区块 X 的投注就是一笔交易，当区块 X 被确认后，认证节点将获得 Y 个币的奖励，而投注其他区块的认证节点将没收 Z 个币的罚款。

此外，如果认证节点过于显著地改变下注，例如先是赌某个块具有很高的胜出概率，然后又改赌另外一个块有高胜出概率，那么它将受到严惩。这条规则确保了认证节点只有在非常确信其他人也认为某个块有高胜出概率时才以高概率下注。通过这个机制，Casper确保不会出现下注先收敛于一个结果然后却收敛到另外一个结果的情况。

PoW 共识同样可以理解为是一个下注机制：矿工选择一个块基于它进行挖矿，也就是赌这个块会成为主链的一部分；如果赌对了，那么他可以收到奖励，而如果赌错了，那么他会损失电费。只有当所有的矿工都将他们的算力下注到同一条链上，使这条链拥有最多的工作量，共识才是安全的。PoW 中算力赌注的经济价值随着确认数的增加而线性增长。而在 Casper 中，认证节点可以通过协调使下注比例呈指数增长，从而使共识快速达到最大安全。

PoW 实际上可以成为投注共识的一个特别子模型，如图 4-7 所示。理由如下：当你基于一个块挖矿时，你是在花费每秒 E 的电力成本换取每秒 p 的出块概率，并且在所有包含你的出块的分叉中获得 R 个币，在其他分叉中分文不得。因此，每一秒钟，在你挖矿的链上你可以获得 $p \times R - E$ 的期望收益，在其他链上遭受 E 的损失；因此你的挖矿选择可以理解为下注赌你所在的链有 $E : (p \times R - E)$ 的相对概率胜出。比如，假设 p 等于百万分之一，R 是 25 个币约等于 10,000 美元，而 E 是 0.007 美元，则你在胜出链上每秒钟的期望收益是 $0.000001 \times 10000 - 0.007 = 0.003$，你在失败链上的损失是 0.007 的电力成本，因此你是在赌自己挖矿的链有 7:3 的相对概率（或者说 70% 的概率）胜出。

投注共识可以看作是特定方式的 PoW 框架，也适合为其他多种类型的共识协议提供能促进收敛的经济博弈。例如，传统的拜占庭容错共识协议中，通常是在对某个结果进行最后的提交之前还有预投票和预提交的概念。在投注共识的模型下，我们可以将每一阶段都变成投注，这样后面阶段的参与者就有更大的把握相信前面阶段的参与者。

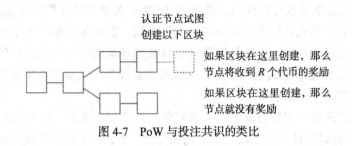

图 4-7　PoW 与投注共识的类比

2. 认证节点列表

只有在认证节点已缴纳保证金的情况下，它的签名才有意义。这就代表了客户端只能依赖它们知道的锁定保证金的认证节点的签名。因此当客户端接收和鉴别共识数据时，共识认可的链必须起源于当前锁定保证金的认证节点的区块。在 PoW 协议中共识认可的链起源于创世块。在 PoS 共识下，只要你知道当前锁定保证金的认证节点，你就可以鉴别出共识许可的链。不知道当前锁定保证金的认证节点列表的客户端必须先通过另外的渠道获取这个列表。

随着保证金的锁定、没收、解锁，认证节点列表也随之变动。如果客户端离线时间过长，那么它的认证节点列表就会由于过期而不能用来鉴别共识。如果客户端经常在线，则能够与最新的认证节点列表保持同步，但问题是在第一次同步之前，客户端还是需要从其他渠道获取最新锁定保证金的认证节点列表。

这个"需要从其他渠道获得至少一次鉴别共识"的特性，正是 Vitalik 所说的"弱主观性"（Weak Subjectivity）。如果信息可以在协议之内被验证，则可称之为"客观的"；如果信息必须依赖协议之外的手段才可验证，则称其为"主观的"。在弱主观性共识协议中，分叉选择规则是有状态的，因此客户端必须初始化这个状态才能鉴别共识。这个状态可被用来识别当前锁定保证金的认证节点。

3. 经济确定性

经济确定性的意思是一旦某个区块确定了下来，或者更普遍地说，一旦已经签署了足够的特定消息，在未来的任意时刻，想要让合法的历史记录包含冲突区块，只有在很多人愿意为此消耗大笔金钱的情况下才能实现。如果一个节点认为某个区块满足了该条件，就会有强大的经济保障来支持这个区块成为所有人都认同的合法区块历史的一部分。

达到经济确定性可通过如下两种方法。

1）如果足够数量的认证节点已经签署了"我同意在所有不包含区块 B 的链中损失 X"这种形式的加密经济声明，就可以从经济上确定一个区块。这就向客户端保证了两种情况：① B 是合法链的一部分，② 认证节点通过消耗大量资金来误导客户端，使其相信是①的情况。

2）如果足够数量的认证节点已经签署了支持区块 B 的信息，那么就可以从经济上确定一个区块。而且从数学角度可以证明，某种 B' != B 的关系如果在相同的定义（条件）下也能达到确定性的话，那么认证节点就会损失大笔金钱。如果客户端发现了这点，并仍旧验证了这条链，而且有效性加上确定性就是合法分叉选择规则中获得优先权的充分条件，那么就可以保证：① B 是合法链的一部分，② 认证节点损失了大量资金生成出了一条同样达到了确定性的冲突链（分叉）。

实现确定性的两种方法源自非利害关系问题的两个解决方案：通过惩罚"验证错误区块"，以及惩罚"同时验证冲突区块"来实现确定性。方法1）的主要优点在于其更适合轻客户端而且更易于推断，而方法2）的主要优点在于：更容易发现诚实认证节点不会受到惩罚，更有利于诚实认证节点认可存在的不良因素。

Casper 遵循的是方法2），不过它有可能添加一个链上机制，能让认证节点自愿选择签署情况1）的确定性信息，因而可适用于更高效的轻客户端。

4. 防御攻击

"51% 攻击"的最基本形式就是简单的确定性回滚（finality reversion），即认证节点已经确认区块 A 之后，又确认了另一竞争区块 A′，从而打破区块链的确定性保证。这种情况下，会同时存在两个相互矛盾的区块历史，将区块链分割开来，全节点将很乐意接受。因此就需要社区出来协调，使得全社区专注于某一条分支挖矿，而忽略其他分支。

协调工作将会在社交媒体上进行，通过区块浏览器提供商、企业和交易所之间的私密渠道，多种多样的线上论坛等。选择分支的原则是"第一个达到确定性的分叉就是真实的分叉"。选择分支的另一种原则是"市场共识"：两个分叉链均可在短期时间内在交易所进行暂时交易，直到网络效应快速决定其中一条分支的价值大于其他分支。在这种情况下，"第一个达到确定性的链获胜"原则将会是市场选择的目标。这两种方法的结合很有可能在实践中得到应用。

一旦就"哪条链是真的"达成共识，用户（即认证节点、轻节点和全节点的运营者）必须通过接口中一个特殊的操作手动将获胜区块的 Hash 插入到他们的客户端软件中，然后他们的节点将忽略掉其他链。无论哪条链最终获胜，都有证据立刻销毁至少 1/3 的认证节点的存款。

另一种攻击方式是拒绝区块活性（liveness denial）：一个算力大于等于 34% 的认证节点联盟可以轻易拒绝添加更多的区块，而不必试图回滚区块。在这种情况下，区块永远不会被最终添加到区块链中。Casper 使用了一种混合共识，这样就可以使区块链依旧不断延伸，但是这将大幅降低系统的安全等级。如果长时间没有区块被添加到区块链中，就会有以下两种选择。

1）该协议可以包含一个自动轮换认证节点列表的功能。新认证节点列表验证的区块会得到最终确认，但同时客户端会认为，新确认的区块在某种意义上很可疑，因为旧认证节点列表很可能继续操作并确认其他区块。客户端在之后需要手动操作忽略该警告，因为很明显旧认证节点列表不会再回到在线状态。这时将会有一条协议规则，规定在这种情况下，所有未参与共识过程的旧认证节点，系统会对它们的存款收取大量的罚金。

2）使用硬分叉的方式添加新的认证节点，并删除攻击者的余额。

在第 2）种选择中，分叉可能再次经过社交共识或可能经过市场共识进行协调（即新旧认证节点列表分别确认的分叉在短时间内均可在交易所进行交易）。在市场协调的情况下，市场更倾向于选择"好节点获胜"的分支，该链中认证节点已经证明了它们具有很好的商誉（或者说它们至少更顺应用户兴趣），也因此可以说该链对于应用开发者更有用。

这里存在一个社会协同与协议内自调整之间响应策略的范围，普遍认为应该尽可能大力推进自动解决方案，以便最小化同时发生 51% 攻击与社交层攻击的风险。你可以设想一个实现第 1）种选择的节点，如果它们长时间没有收到新区块的提交信息，就会自动接受并转移到新认证节点列表，这将减少社会协调的需求，但代价是这些节点虽然不再依赖社会协调，但是需要长期保持在线。在任何情况下，都可以设计出一个解决方案使得攻击者的保证金存款受到严重损失。

一种更隐蔽的攻击方式是屏蔽攻击，算力大于等于 34% 的认证节点拒绝添加某个包含它们不喜欢的某些交易类型的区块，但区块链将继续运行，区块也会持续被添加到区块链中。这可能是一种温和的屏蔽攻击，只是用屏蔽的方法来干涉某些具体的应用（例如，雷电网络或闪电网络中的交易信息），也可能是严重的屏蔽攻击，屏蔽所有交易。

屏蔽攻击有两种子情况。第一种是攻击者持有 34% ~ 67% 的权益。这时，我们可以通过编程的方式使得认证节点拒绝确认它们主观上认为明显在屏蔽交易的区块，因此就将这种攻击方式转化为更标准的"拒绝区块活性"攻击。更危险的情况是攻击者拥有超过 67% 的权益。因为这种情况下，攻击者可以轻松打包任何他们想打包的交易，并且可以拒绝在任何不包含这些交易的区块上继续挖矿。

为此，我们设计了两道防线。第一道，因为以太坊是图灵完备的，因此它天生能够在一定程度上抵抗审查，因为审查具有特定效果的交易在某种程度上与解决停机问题相似。由于存在 Gas 上限，尽管"简单"的解决方法会暴露拒绝服务攻击的漏洞，但这并不是完全不可能的。

这种抵抗并不是完美的，有许多方法可以用于提升本方案。最有趣的方法是在协议内添加功能，使得交易能够自动地安排未来的事件，因为提前预测执行预定事件的结果以及由这些预定事件导致的事件结果是非常困难的。认证节点可以通过模糊预定事件序列来存储它们的以太币，并由此将攻击者算力削弱到 33% 以下。

第二道，我们可以引入"主动分叉选择规则"的概念。这个规则可通过尝试与给定的区块链交互或者验证其是否在审查，来决定给定区块链是否有效。最有效的方式是节点重复发送预定存储它们的以太币的交易，并在最后时刻取消该笔交易。如果节点检测到审查机制，那么它们就可以通过这笔存款进行跟踪，并集体加入认证节点列表，并且将攻击者算力稀释到 33% 以下。如果认证节点联盟屏蔽它们的存款交易，那么运行该"主动分叉选择规则"的节点将不再承认该链是有效的；这将审查机构攻击瓦解成"拒绝区块活性"攻击，之后就可以通过解决其他"拒绝区块活性"攻击相同的方法来解决。

5. 可用性

Casper 是一个基于区块链的最终一致性共识协议。相对于一致性，它更倾向于可用性。它总是可用的，并且能够尽可能迅速地达成一致。它牢靠到足以容忍不可预计的消息传输延迟，因为节点可以在收到延迟的消息之后通过重新组织交易达成共识。由大于 50% 的正常节点建立的分叉总是比剩下的有潜在问题的节点建立的分叉权重更高，因此它对不超过 50% 的网络失效具有最终容错性。需要注意的是，客户端无法知道一个有 51% 的验证人参与的分支会不会被放弃，因为此时不知道这些认证节点中是否存在恶意节点。一个区块只有在绝大多数认证节点（或者说保证金）参与共识的情形下才能被认为是最终确认的。

作为一个锁定保证金的认证节点，你需要对块进行签名以及在共识过程中下注。如果你缴纳了一大笔保证金，那么你也许应该部署一个由多台服务器组成的多重签名环境来完成验证工作，以减少服务器异常或是被黑导致的风险。这种方案需要反复实验和技术专家的帮助。为了最大化收益，认证节点需要尽可能地保持在线和服务稳定。DDoS 防护服务是非常有必要的。你的收益率还取决于其他认证节点的处理性能和可用性，也就是说这里存在一个你无法直接化解的风险。如果其他节点表现不好你也会遭受损失！但是此时如果你决定完全不参与共识那么你会损失更多。然而额外的风险通常意味着更高的回报，尤其是当风险已经被认识到而且永远不会发生的时候。

应用和它们的用户可以从 PoW 转向 Casper 的变化中获得许多好处。低延迟确认可以极大地改善用户体验。一般情况下，交易很快就能最终确认。即使有分叉发生，交易依然会被执行，但存在被撤销的可能。这一情况会被明确地报告给应用和其用户。应用的开发者依然需要处理分叉的情况，与使用 PoW 协议时一样，但这里的共识协议会给出一个对交易撤销可能性的明确的估量。

Casper 的另一个独特之处在于它的共识是按块达成的而不是像 PoW 那样是按链达成的：共识过程在某个高度上对区块状态的决策是独立于其他所有高度的。这个机制确实会导致一定程度的低效。一次投注必须表达认证节点对于每一个高度上区块的意见，而不能仅是链的头部区块。但是在这个模型下为投注共识实现投注策略会十分简单，而且它还有一个优点，那就是对高速区块链友好。理论上，这个模型中的出块时间甚至可以比网络传播时间还要短，因为区块可以相互独立地被制造出来，虽然有个明显的附带条件，即区块的最终确定依然需要一段时间。

6. 合约实现

Casper 合约的内部状态如图 4-8 所示。

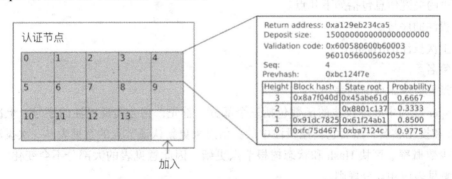

图 4-8　PoS 认证节点列表管理

这个合约会记录当前的认证节点列表，对于每个认证节点记录 6 项主要数据，具体如下。

- 认证节点保证金的返还地址。
- 当前认证节点保证金的数量。
- 认证节点的验证代码。
- 最近一次投注的序号。

- 最近一次投注的 Hash。
- 认证节点的意见表。

"验证代码"概念是 Serenity 的另一个抽象特性。其他的权益证明协议会要求认证节点使用某一种特定的签名验证算法,而 Serenity 的 Casper 实现允许认证节点定制一段代码,这段代码可以接受一个 Hash 和一个签名做参数,返回 0 或 1,在投注被接受之前,代码可以用签名来验证投注的 Hash 正确无误。默认的验证代码是一个椭圆曲线签名验证算法。

每一次投注都必须包含一个比上一次投注大 1 的序号,而且每次投注必须包含上次投注的 Hash。因此,你可以把某位认证节点的一系列投注看作是某种"私有链";这样理解的话,认证节点的意见实际上就是这条链的状态。认证节点意见是描述如下问题的一张表格。

- 在每一个高度,认证节点认为哪个是最佳的状态树根节点。
- 在每一个高度,认证节点认为哪个是最佳的区块 Hash。
- 该 Hash 对应的区块有多大概率被最终确定。

一次投注是如图 4-9 所示的一个对象。

Seq:	3	Height	Block hash	State root	Probability
Prevhash:	0x78a3b123	3	0x8a7f040d	0x45abe61d	0.6667
Signature:	0xf83f1ca019	2			0.3333
	50bd9b362e1	1			0.8500
	f21a325a5d9	0			0.9775

图 4-9 PoS 投注对象

这里的关键信息包括如下几点。
- 投注的序号。
- 上次投注的 Hash。
- 签名。
- 意见更新组成的列表。

Casper 合约中处理投注的函数包括三个部分。首先,它会验证投注的序号、上次投注的 Hash 和投注签名。然后它会用投注中的新信息来更新认证节点的意见表。一次投注通常只会有少数概率、区块 Hash 和状态树根节点更新,因此意见表的大部分不会变化。最后,它会对意见表应用评分规则。

需要注意的是,由于 Casper 合约的这个函数是作为状态转移函数的一部分来执行的,执行过程完全清楚之前的每一个区块和状态树根节点是什么。即使从外部世界来看,对第 20,125 个块进行提议和投票的认证节点不知道第 20,123 个块是否会被最终确定,但是当认证节点处理到那个块的时候他们就知道了。为了防止认证节点在多个链上投注,我们还有一个简单严格的条款:如果两次投注序号一样,或者说你提交了一个无法让 Casper 合约处理的投注,那么你将失去所有保证金。

从认证节点资金池取款需要两个步骤。首先,你需要提交一个最大高度为 −1 的投注,它会自动完结投注链，并且启动一个为期四个月的倒计时，这之后投注人才能通过调用方法 withdraw 来收回他的资金。任何人都可以触发取款，资金会被发送回之前发送 join 交易的那个地址。

一个有效区块的提议人地址必须是协议安排在这个高度出块的认证节点的地址，而签名则必须能通过该认证节点的验证代码来进行验证。高度为 N 的区块的提交时间由公式 $T = G + N \times 5$ 确定，其中 G 是起源块的时间戳。因此，一般来说，每 5 秒钟会出现一个新块。

那么在 Casper 协议下作为认证节点该如何行动呢？认证节点有两类主要活动：出块和投注。出块是一个独立于其他所有事件而发生的过程：认证节点收集交易，当轮到它们的出块时间时，它们就制造一个区块，签名，然后发送到网络上。投注的过程更复杂一些。目前 Casper 默认的验证人策略被设计为模仿传统的拜占庭容错共识：观察其他的验证人如何投注，取 33% 处的值，向 0 或 1 进一步移动。

为了实现这个策略，每一位认证节点都要收集其他验证人的投注，并且尽可能保持该数据处于最新状态，用于跟踪每一位认证节点的当前意见。如果某个高度上还没有或者只有很少的其他认证节点发表了意见，那么我们可用类似如下的算法来进行处理。

1）如果这个高度的块还没有出现，且当前时间离这个块应该出现的时间过去不久，则预计概率为 0.5。

2）如果这个高度的块还没有出现，且离这个块应该出现的时间过去了很长时间，则预计概率为 0.3。

3）如果这个高度的块已经出现，且按时出现，则预计概率为 0.7。

4）如果这个高度的块已经出现，但是出现时间过早或者过晚，则预计概率为 0.3。

如果对某个高度，其他认证节点已经发布了许多意见，那么我们可以使用如下策略来进行处理。

设三分之二验证人的预计高于概率 L；M 为预期的中位数（即有一半验证人的估值高于 M）；三分之二验证人的预计低于概率 H。

设 $e(x)$ 是一个让 x 更"极端"的函数，例如让数值远离 0.5 走向 1。一个简单的例子是这个分段函数：$e(x) = 0.5 + x/2$ if $x > 0.5$ else $x/2$。

1）如果 $L > 0.8$，则预计概率为 $e(L)$。

2）如果 $H < 0.2$，则预计概率为 $e(H)$。

其他情况，预计概率为 $e(M)$，但是结果不能超出 [0.15, 0.85] 这个区间，因此少于 67% 的认证节点无法强迫其他的认证节点大幅调整其预计。

在这个策略中，认证节点可以通过改变 e 的形状来自由选择它们自己的风险厌恶程度。选择一个在 $x > 0.8$ 时 $e(x) = 0.99999$ 的函数也可以，但是它有更高的风险，如果占有了担保资金一大部分的验证人是恶意的，那么他们只需要很低的成本，就能设计让使用该 e 函数的认证节点损失全部保证金（攻击策略为先预计概率为 0.9，引诱其他验证人预期

0.99999，然后突然改为预计 0.1，迫使系统预期收敛到 0）。另一方面，一个收敛很慢的函数会导致系统在没有遭受攻击的情况下更低效，因为最终确定会更慢，且验证人对每个高度的投注需要持续更久。

现在，作为客户端要如何确定当前的状态呢？过程基本如下：一开始先下载所有的区块和投注，然后用上面的算法来形成自己的意见，但是不公布意见。它只要简单地按顺序在每个高度进行观察，如果一个块的概率高于 0.5 就处理它，否则就跳过它。在处理所有的区块之后得到的状态就可以显示为区块链的"当前状态"。客户端还可以给出对于"最终确定"的主观看法：当高度 k 之前的每个块，意见都高于 99.999% 或者低于 0.001%，那么客户端就可以认为前 k 个块已经最终确定了。

4.3.2 优缺点分析

PoS（权益证明），简单来说就是，当你想要发布一条消息时，如记账，并不需要验证你付出了一定的工作，而是要验证你有一定数额的权益。而拥有权益代表着，如果你作弊损害了这个系统的安全性，那么你的权益会贬值，这就会变相地让你付出代价。

与 PoW 的成熟不同，PoS 共识机制据考最早是在比特币论坛"股权证明而不是工作证明"的帖子中提出的，是一个可靠性待实践验证的概念。最早的应用是在 2012 年 8 月发布的 PPC（点点币）上，值得注意的是，现在谈及 PoS 很多人都是在谈 PPC 上的 PoS 算法。其实 PoS 并不是一个算法，而是基于一个理念而产生的一类算法，PPC 的 PoS 只是其中之一。直至目前，并没有一个 PoS 的算法经过了可靠性的检验。

PoS 解决了 PoW 的如下两个问题。
- 不需要大量消耗能源。
- 价值回路无须通过外部输入。

第一点比较好理解。第二点可以解释为：采用 PoW 机制的数字货币仍旧不是理想状态的数字货币，因为它们的安全性与使用者不直接相关，而是要通过矿工这个媒介。在这种情况下，PoW 机制对于 51% 攻击具有潜在隐患，攻击者并不需要拥有比特币，如果要进行 51% 攻击，那么其所需的花费与挖矿难度相关而不是与比特币价格直接相关。而在 PoS 机制下，进行 51% 攻击的代价更高，因为如果想要进行 51% 攻击的话，你就得拥有 51% 的货币——这东西越值钱，攻击的成本就越高。

4.4 本章小结

通过本章的内容介绍，读者可以了解到不同共识算法的基本设计思想和各自的优缺点。PoW 将系统的安全性交给了数学和算力，PoS 共识机制则是将系统的安全性交给了人性。PoS 由于实现规则复杂，容易产生安全漏洞，目前还没有正式在以太坊中大规模使用。在企业应用或联盟链应用场景中，PoA 则是切合实际的解决方案。

第 5 章
智能合约开发

5.1 智能合约的诞生

智能合约的概念是计算机科学家和密码学家 Nick Szabo 在 1994 年首次提出的,与互联网同属于一个时代的产物。在维基百科上,智能合约(smart contract)的定义如下。

 智能合约是一种旨在以信息化方式传播、验证或执行合同的计算机协议,它允许在没有第三方的情况下进行可信交易。这些交易可追踪且不可逆转。

那么,为什么智能合约的概念在提出之后的近二十年时间内都没有得到大规模应用呢?因为从技术的角度来看,还没有找到合适的智能合约可信执行环境,也就是说不存在一个没有第三方担保的系统,使得执行智能合约的参与者相互信任对方的身份和执行的有效性,因此,智能合约无法体现出优势,直到比特币的诞生。

比特币系统通过密码经济学原理构建了一个无须信任的去中心化支付系统,该系统的底层实现技术称为 blockchain,也称区块链,是根据密码学特性和经济激励机制实现的一种链式数据结构。区块链的这种不可篡改的拜占庭容错的技术特点天生可以为智能合约提供可信的执行环境,Vitalik Buterin 首先看到了区块链和智能合约结合的可能性,可是在比特币上提供的代码执行指令只能作为非常有限的智能合约平台,不足以运行一个图灵完备的智能合约,因此他又创建了一个号称 blockchain2.0 项目:以太坊。

以太坊最大的特点就是,在比特币的底层区块链技术基础之上,引入了一个智能合约运行平台。与比特币上的脚本运行相比,该智能合约运行平台为脚本提供了更富有表现力和完整的图灵完备编程语言,将比特币中的执行交易的过程扩展为智能合约的执行过程,将用户之间的数字资产转移扩展为智能合约的状态转换,为区块链的应用场景提供了无限可能性。因此,以太坊也称"世界计算机"。

5.2 以太坊上的智能合约

维基百科上给出的智能合约的定义是一个非常抽象的一般化定义。以"汽车"的概念定义为例:一种不须依赖轨道或电缆,本身具有动力驱动自己行驶的车辆。那么,具体定义一辆汽车可能就是:具有有 4 个轮子及以上使用内燃机作为动力,主要在公路上行驶,用来载人或搬运货物的车辆。类似的,下面我们从技术的角度来具体描述一下以太坊上的智能合约是什么。

5.2.1 以太坊智能合约概述

智能合约是存储在区块链网络(每个参与者的数据库)中的一段代码。它定义了所有使用合约的各方同意的有关合同条款的全部信息。输入满足要求的条件之后,智能合约将自动执行所有相应的预设代码,并输出相应的期望结果。

由于智能合约存储在网络中的每台计算机上,并且保证所有相关参与者都具有相同的代码,它们同时独立运行,然后自动交叉检查,检查执行结果是否相同。这样用户就可以确定结果必然是正确的。换句话说,它们是执行"如果发生这种情况就会这样做"的小程序,由许多计算机运行并验证以确保其可信。

如果区块链为我们提供的是分布可信的存储,那么智能合约会为我们提供分布可靠的计算。这也是智能合约将以太坊与其他区块链区分开来的功能之一。

综上所述,以太坊智能合约可以描述如下。
- ❏ 需要预先编写逻辑(即计算机代码)。
- ❏ 在区块链(分布式存储平台)上存储和复制。
- ❏ 由运行区块链的网络执行/运行。
- ❏ 任何数据的更新不可逆转和不可篡改(加密货币付款等)。

5.2.2 关于智能合约的理解误区

这里还需要再说明一下理解智能合约这个概念时容易混淆的误区。

1. 智能合约是自动执行的代码

不少人将智能合约理解为是一个可以自动执行的程序,就像定期还信用卡的钱一样:用户部署一个智能合约,设置为一个月执行一次,智能合约就能在每个月的某一天为你自动转账,但事实并不是这样的。智能合约甚至比目前的传统程序还不"智能",因为它无法自已输入条件执行合约，就像自动售货机一样，只有当你把钱投入自动售货机，它才能执行出售货物给你的流程。你需要在以太坊上支付一定的费用（ETH，以太坊的原生加密货币）并"手动"输入运行参数才能运行智能合约。

因此，除非有区块链之外的输入并调用智能合约的函数，否则智能合约不会运行。当它们运行时，它们不会只在区块链的某一个节点上运行，它们会在参与验证区块链的所有机器上同时运行。这些机器的数量规模可以达到几千台，它们使用相同的代码和相同的输入，检查是否得到相同的输出，并就输出结果达成共识，永久写入区块中，且不可篡改。

2. 智能合约可以用法币进行支付

这是不可以的。目前智能合约只能用加密货币（BTC、ETH 等）和其他存储在区块链上的数字资产（token，称为代币或通证）进行支付。比特币的合约可以用 BTC 进行付款。以太坊的智能合约可以用 ETH 进行付款，或者用以太坊中 ERC20 标准的代币进行支付。

智能合约不能以数字法币为单位进行支付，因为数字法币一般存在于银行账户中，而银行账户只记录在它们自己的账本中，而不是记录在分布式分类账（比特币、以太坊等）中。

目前最接近"自动支付"的方式是提供一个单独的链下系统（可以是中心化的），监听以太坊上面智能合约执行的操作，一旦有调用执行智能合约的操作，链下系统在监听到执行事件后，就会通过银行支付接口做进一步的操作。上述操作还有一个前提条件，无论是商业银行还是中央银行或支付机构，必须承认部署在区块链或分布式账本上的代币具有法律效力，并且智能合约都只能通过该代币进行法币货币支付。

3. 智能合约可以将业务流程自动化

这一点可以实现，但成本很高，不建议这么做。像保险赔付、投注等业务实际上使用传统的软件技术就已经可以实现自动化流程了，并且可能比智能合约更适合做自动化，例如投资银行的金融市场交易业务多年来一直基于股价或其他数据进行自动支付。应考虑到执行智能合约的代码是需要经济成本的，并且逻辑越复杂成本越高。

4. 智能合约可以直接连接到互联网上的其他应用

这是不可以的。因为智能合约的代码在所有节点上的每一步的执行结果都必须是一致的，如果合约中有获取比特币/美元汇率的代码，那么在不同的时间里，哪怕是相差几秒，获取的结果都可能会不同。但实际上，真正有趣的复杂合约都需要来自区块链以外的数据，如果智能合约无法访问外部数据，那么这会大大限制其应用场景。例如，当区块链执行远期合约时，就需要合约到期日的比特币/美元汇率。

以太坊本身没有魔法来解决"区块链以外的数据"这个问题，正如它的白皮书所说的"提供真实的可信任中介者仍是必需的"。因此需要构建这样一个中介者：当智能合约需要外界数据时，中介者代替他们获取相关数据后"喂"给智能合约。有两家公司正在开发这样的系统：oraclize 和 Reality keys。

5.2.3 合约账户

一个用于记录交易的区块链系统应如何存储、调用智能合约？

我们知道比特币中有如下两个重要概念。

- 交易。执行一次交易是一次修改参与方账户余额的不可逆过程。
- 账户。抛开比特币的 UTXO 记账模型，账户本质上就是存储了用户资产余额的一个存储而已。

那么，账户是不是可以存储除了资产余额之外的更多数据呢？执行交易是不是可以除了修改资产余额之外，还可以修改更多的数据呢？实际上以太坊就是这么做的：将比特币中执行交易的过程扩展为智能合约的执行过程，将用户之间的数字资产转移扩展为智能合约的状态转换。这里，最重要的是对账户的概念进行扩展，以太坊中定义了如下两种账户类型，它们共享相同的地址空间。

- 外部账户：由公私密钥对（即人类）控制。
- 合约账户：由与账户一起存储的代码控制。

外部账户即普通用户持有的账户，它的地址由公钥确定。为什么称为外部账户呢？是因为该类型账户可以由独立的账户生成工具生成，只要生成规则符合以太坊黄皮书定义的账户生成规则即可，它与以太坊公链本身的技术框架是分开的。

有外部账户就有内部账户，只是以太坊中的内部账户又称为合约账户，是在合约创建时确定（创建者地址和从该地址发送的交易数即所谓的"随机数"（Nonce）一起决定）的。合约账户除了存储代码之外，其他功能与外部账户完全一样。

每个账户都有一个持久的键值对存储（storage），这个存储是一个帕特里夏-默克尔树，保存在账户地址空间下。此外，每个账户在以太坊中都有一个余额（准确来说是"Wei"），可以通过发送包含以太币的交易进行转账。

为什么需要将部署在以太坊上的合约也定义为一种特殊账户呢？主要是为了简化合约函数的调用流程，统一交易模型：调用一个合约函数的交易和执行一笔转账的交易其流程参数格式是一样的。或者也可以理解为，一笔交易不仅仅可以实现用户资产的转移，还可以实现用户状态的转换。

5.2.4 智能合约举例

为了展示智能合约的一些特性，这里以一个相对比较复杂的合约为例，看看智能合约长什么样子，合约实现的业务流程不在讨论范围之内。具体细节将在后面的章节详细介绍。

```
// 指定编译本合约的 solc 编译器版本范围是 : >=0.4.16, <0.5.0
pragma solidity ^0.4.16;
// contract 关键词表示定义一个智能合约，合约名字是 Ballot
contract Ballot {
    // 与其他高级语言一样，可以定义一个结构体类型，代表单个投票者
    struct Voter {
```

```solidity
        uint weight;
        bool voted;
        // address 是智能合约特有的数据类型，代表账户地址值，等同于 [20]byte
        address delegate;
        uint vote;
    }

    // 定义一个提议结构体
    struct Proposal {
        bytes32 name;       // bytes32 等同于 [32]byte
        uint voteCount;
    }
    // 声明状态变量 chairperson，合约部署后就永久存储在区块的状态树上
    //public 表示该变量的值对任何人都是可以读取的
    address public chairperson;

    // 声明一个保存所有投票者的映射 voters，key 是投票者地址
    mapping(address => Voter) public voters;

    // Proposal[] 代表元素是 Proposal 的数组切片
    Proposal[] public proposals;

    // function 表示声明一个函数
    // 该函数的作用是在 `proposalNames` 中为所有提议创建一个投票
    function Ballot(bytes32[] proposalNames) public {
    //msg 是内建全局变量，含有调用该合约函数相关的元数据：包括发送者等交易数据
        chairperson = msg.sender;
        voters[chairperson].weight = 1;

        // length 是数组切片的内建属性，表示该数组的长度，并且可以被修改
        for (uint i = 0; i < proposalNames.length; i++) {
            // push 是数组切片的内建属性，将数据附加在数组末尾
            proposals.push(Proposal({ n
                ame: proposalNames[i],
                voteCount: 0
            }));
        }
    }

    function giveRightToVote(address voter) public {
        // 关键字 require 表示执行一个断言检查
        // 如果断言失败，则不再往下执行，并恢复对状态变量的所有修改（如果已经修改过的话）
        require(
                // 这个条件的含义是只有 chairperson 账户才能调用该函数，因为其他账户调用 giveRightToVote 时会断言失败
            (msg.sender == chairperson) &&
            !voters[voter].voted &&
            (voters[voter].weight == 0)
        );
        voters[voter].weight = 1;
```

```solidity
    }

    function delegate(address to) public {
        // sender 是局部变量,storage 修饰符表示显式指定该变量存储在状态树上
        // 将一个状态变量赋值给一个局部变量并不会复制内容,而是像指针一样指向 voters,因此,
// 对 sender 成员的修改就是对 voters 的修改
        Voter storage sender = voters[msg.sender];
        require(!sender.voted);
        // 这个断言表示不能投票给自己
        require(to != msg.sender);
        while (voters[to].delegate != address(0))
            { to = voters[to].delegate;
            require(to != msg.sender);
        }
        sender.voted = true;
        sender.delegate = to;
        Voter storage delegate_ = voters[to];
        if (delegate_.voted) {
            proposals[delegate_.vote].voteCount += sender.weight;
        } else {
            delegate_.weight += sender.weight;
        }
    }

    function vote(uint proposal) public {
        Voter storage sender = voters[msg.sender];
        require(!sender.voted);
        sender.voted = true;
        sender.vote = proposal;
        proposals[proposal].voteCount += sender.weight;
    }

    /// 关键字 view 表示该函数只能读取状态数据,而不能修改
    function winningProposal() public view
            returns (uint winningProposal_) {

        uint winningVoteCount = 0;
        for (uint p = 0; p < proposals.length; p++) {
            if (proposals[p].voteCount > winningVoteCount)
                { winningVoteCount = proposals[p].voteCount;
                winningProposal_ = p;
            }
        }
    }

    function winnerName() public view
            returns (bytes32 winnerName_) {

        winnerName_ = proposals[winningProposal()].name;
    }
}
```

5.2.5 智能合约在以太坊上的运行流程

通过上面合约账户和智能合约实例的介绍，我们大概可以整理出智能合约在结合区块链系统上的运行流程，具体如下。

1）智能合约对外以账户的形式呈现，这个账户除了可以有余额之外，还存储了智能合约代码（编译后的字节码），以及该账户拥有的状态数据。

2）部署智能合约的过程就是一个向"0"地址发送一笔带有智能合约字节码数据交易的过程。这笔特殊的交易会生成该智能合约的地址，并将字节码存储在该地址下的状态树中。

3）执行智能合约的过程，换一个说法就是，调用智能合约函数的过程，调用智能合约函数是向该智能合约地址发送一个交易，该交易携带被调用的智能合约函数信息及调用参数，携带的信息遵循 ABI 编码协议。

4）智能合约地址收到这样的调用合约函数的交易，首先会解码数据，根据结果查找到对应函数的入口，再传入参数执行该函数。

5）执行函数的过程是状态转换的过程，执行完成后会扣除调用者相应的 Gas 花费，当然如果执行发生了异常或发送了恶意交易执行，对 Gas 的处理也不同。

6）状态转换的过程会全网同步并被再次执行验证，以确保执行结果一致，这样通过验证后的交易会记录到区块中，同时更新状态数据。

7）此时保存到区块链上的交易还不"安全"，因为 PoW 的共识机制原因，可能存在链分叉，这笔交易可能会重新打回到交易池，但是后面不断增加的区块还会对前面的交易进行"投票"，当在该区块高度之后增加 12 个区块高度时，就可以认为该区块不可能被分叉，上面的交易得到最终确认，不可能被篡改了。

5.3 智能合约编程语言

既然区块链可以保证比特币交易记录不被删改，那么理论上也可以保证任何代码一旦写入，就不能删改。然而，比特币的脚本语言并不是图灵完备的，即不支持循环语句，这就意味着比特币只能作为数字货币，而不能直接支持智能合约及更复杂的去中心化应用。

区块链技术平台以太坊的脚本语言（Ethereum Virtual Machine Code）就是图灵完备的；用 EVM 代码来建立应用，理论上可以实现任何可以想象的计算，包括无限循环。以太坊实现了让任何人可以上传和执行的任意应用程序，并且程序的有效执行能够得到保证。

以太坊虚拟机或 EVM 是以太坊智能合约的运行环境。它不仅仅是沙盒，而且是完全隔离的，这意味着 EVM 内部运行的代码无法访问外部网络、文件系统或其他进程。智能合约甚至对其他智能合约的访问权限都很有限。

智能合约包含了几种编程语言，最流行的是 solidity，它的语法接近于 JavaScript，是一种面向对象的语言。但作为一种真正意义上运行在网络上的去中心合约，它又有很多的不同，下面就来列举一些。
- 以太坊底层是基于账户，而非 UTXO 的，所以有一个特殊的 Address 的类型。用于定位用户、定位合约、定位合约的代码（合约本身也是一个账户）。
- 存储是使用网络上的区块链，数据的每一个状态都可以永久存储，所以需要确定变量使用的是内存，还是区块链。
- 运行环境是在去中心化的网络上，因此会比较强调合约或函数执行的调用方式。因为由原来一个简单的函数调用变为一个网络上的节点中的代码执行和分布式的形式。
- 最后一个非常大的不同则是它的异常机制，一旦出现异常，那么所有的执行都将会被回撤，这主要是为了保证合约执行的原子性，以避免中间状态出现数据不一致的问题。

5.4 智能合约应用开发

5.4.1 连接和访问以太坊

以太坊是一个由很多支持以太坊协议的客户端节点组成的 P2P 网络，这些节点既有挖矿的矿池节点，也有只同步数据的同步节点，无论节点是 go-ethereum 版本的 geth 还是 rust 版本的 parity，都需要对外提供统计标准的 RPC 接口。对于用户所有的转账、智能合约部署、调用等操作最终都是通过 RPC 接口接收数据，并执行相应的操作。

为了便于开发者更快更好地开发以太坊应用，以太坊社区将客户端的 RPC 接口封装成 web3 标准的接口，其中使用得比较多的有 JavaScript 版 web3.js、Python 版本 web3.py、Java 版本 web3j。这些 web3 库提供的功能主要如下。
- 连接到以太坊客户端。
- 查询区块链数据、节点信息、网络信息。
- 执行交易、签名、监听事件等。
- 智能合约编译、部署。
- 账户管理、挖矿管理。
- Hash 计算、数据格式转换等辅助接口。

注意，通过 web3 库和以太坊交互需要先设置 web3 的 httpProvider，而直接使用 RPC 的应用则只需要向客户端监听的端口发送 RPC 请求即可。

5.4.2 以太坊集成开发环境 Remix

Remix 是一个在线的可视化的智能合约编译、部署、调试平台，其极大地方便了智能合约的开发工作。对于一些中小规模的智能合约项目，一个 Remix 工具就能满足全部需求。最新 Remix 开发环境的地址如下：https://remix.ethereum.org/，界面如图 5-1 所示。

第 5 章 智能合约开发

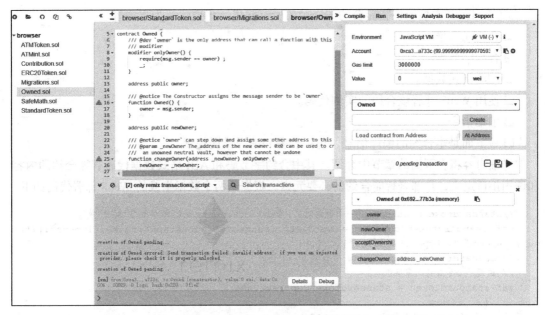

图 5-1 Remix 在线开发环境主界面

图 5-1 中左边和中间的两栏显示的是智能合约源文件和操作输出日志。我们重点看一下右边一栏，其中包含了 Remix 的全部功能。

1. 智能合约编译

智能合约的编译界面如图 5-2 所示。

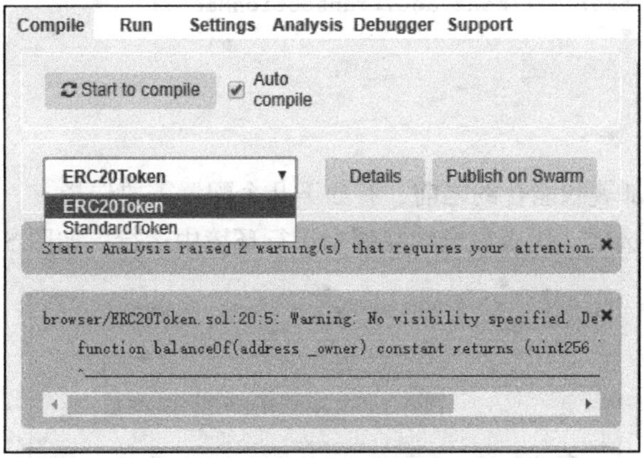

图 5-2 Remix 智能合约编译界面

智能合约编译具体说明如下。

1）可以选择手动编译和自动编译（代码修改后立即执行）。

2）下面显示当前智能合约文件中的所有智能合约，注意，每次只能编译一个智能合约。

3）在 detail 中显示该智能合约编译后的所有输出，主要包括如下内容。
- 合约元数据。
- 合约字节码。
- ABI 格式数据。
- 使用 Web3 部署该合约的实例代码。
- 汇编指令。
- 最下面是本合约的编译信息，包括告警和编译错误提示。

详细内容将在下面的章节中介绍。其中合约字节码和 ABI 格式数据代表智能合约的内容和调用接口定义，是部署智能合约的必要元素。根据这两个数据生成的 Web3 部署代码如下：

```
//standardtokenContract 是一个合约对象，web3.eth.contract 的参数是 ABI 数据
var standardtokenContract = web3.eth.contract([{"constant":false,"inputs":[{"name":"_spender","type":"address"}. ...);
//standardtokenContract.new 方法部署一个合约
// 返回一个个合约对象实例
var standardtoken = standardtokenContract.new(
    {
        from: web3.eth.accounts[0],
        data: '0x6060604052341.......58d90029',
        gas: '4700000'
    }, function (e,
    contract){ console.log(e,
    contract);
    if (typeof contract.address !== 'undefined')
        { console.log('Contract mined! address: ' + contract.address +
        '
    transactionHash: ' + contract.transactionHash);
    }
})
```

2. 智能合约运行

在运行项中，在部署智能合约之前，有如下几个配置需要选择。
- 环境：有 3 个选项，代表该合约在哪个运行环境中运行，如图 5-3 所示。

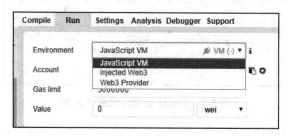

图 5-3 Remix 运行环境配置界面

- JavaScriptVM：浏览器内置虚拟机环境，可以执行智能合约字节码，并不是真正的

区块链环境。

- InjectedWeb3：通过浏览器插件（一般为 metamask）连接的以太坊节点运行该智能合约，一般连接到公链或官方测试链，也可以连接到本地私有链环境。
- Web3Provider：手动设置以太坊 RPC 服务提供的 URL，一般为本地私有链环境。注意：私链节点需要开放 RPC 接口服务，并设置 --rpccorsdomain "*"，表示支持跨域访问。
- 账户：账户下拉菜单如图 5-4 所示。

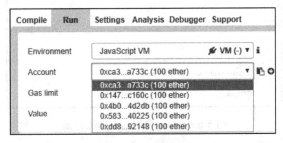

图 5-4　Remix 合约部署测试账户选择下拉菜单界面

选定运行环境后，Remix 会自动导入该环境下连接的节点下的 keystore 中的账户。

（1）Gas 上限和转账金额

Gas 上限和转账金额设置界面如图 5-5 所示。

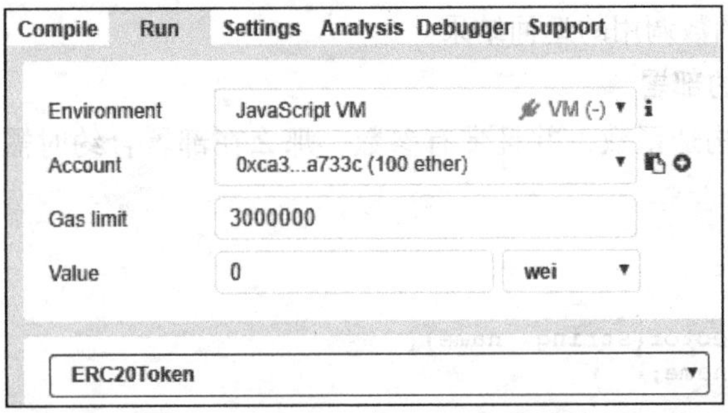

图 5-5　Remix 合约部署 Gas 上限和转账金额设置界面

Gas 上限限制本次交易可用的 Gas 数量，该值应设为比真实的 Gas 花费多一些：比如一次以太币转账花费是 21,000Gas，那么该 Gas 上限可以设置为 30,000；部署一个合约 Gas 花费是 30 万 Gas，那么该 Gas 上限可以设置为 35 万 Gas。转账金额即本次交易转账的数量。以太坊的 Gas 机制详见下面的章节，这里不再赘述。

（2）合约部署和调用

合约部署选项如图 5-6 所示。

首先选择需要部署的合约，以及部署按钮" Create"，如果该合约已经在链上部署过，那么可以通过该合约地址重新关联到该合约代码，下面"At Address"就是填写已部署的合约地址。

部署好合约或关联好合约后，在下方会显示该合约对外提供的可调用的接口，通过输入合适的参数以及可以执行该合约的函数，如图 5-7 所示。

图 5-6　remix 合约部署选项界面

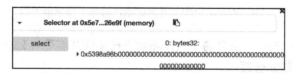

图 5-7　Remix 合约部署成功后的可用函数显示界面

图 5-7 显示的是函数调用的返回结果。

（3）带参数的合约部署

合约如果定义了构造函数，并且带有参数，那么在部署合约时需要填入参数，合约部署举例如下：

```
contract Selector {
    string name;
    function Selector(string _name){
        name = _name;
    }
    function select() public view returns (bytes32) {
        return this.select.selector;
    }
}
```

部署如图 5-8 所示。

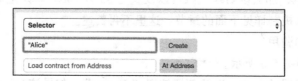

图 5-8　Remix 带参数的合约部署界面

3. Remix 环境设置

Remix 环境设置中比较重要的选项包括 solidity 版本选择和优化选项，如图 5-9 所示。

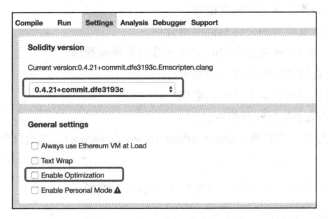

图 5-9　Remix 编译器选项界面

　1）版本选择不能选低于智能合约中指定的最低版本，否则可能会出现因语法不兼容而导致编译失败的问题。

　　2）优化选项可以降低智能合约输出字节码的大小，减少一定的部署成本，另一方面，如果在最著名的以太坊浏览器 etherscan 上需要上传智能合约源码，那么在上传时也有一个优化选项，如果 Remix 这边是以使能优化的方式编译的，那么在 etherscan 上也需要使能优化，否则会导致字节码无法匹配，上传源码失败。

4. 智能合约分析和调试

Remix 开发环境提供了初步的合约安全审计、静态分析及 Gas 消耗预估等，如图 5-10 所示。

合约的安全性分析详见下面的章节。

目前来说，智能合约的调试功能还不能与其他高级语言的开发环境一样直观，还需要对智能合约内部字节码处理非常熟悉，而智能合约的设计原则是逻辑应尽量简单，真正需要通过调试器定位问题的合约不多，这里限于篇幅将不再介绍。

5.4.3　truffle

truffle 是 Consensys 共识推出的，目前为止功能最全、最好用的以太坊应用开发环境和测试框架，它支持如下内容。

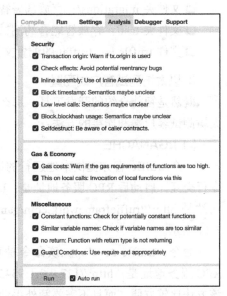

图 5-10　Remix 合约分析选项界面

- 智能合约编译、链接、部署和智能合约字节码管理。
- 用于快速开发的自动合同测试。
- 脚本化可扩展的智能合约部署框架。
- 用于部署到任意数量的公链私链网络管理。
- 使用 EthPM 和 NPM 支持的 ERC190 标准的安装包管理。
- 与智能合约直接通信的交互式控制台。
- 可配置的构建流水线，支持持续集成。
- 在 Truffle 环境中执行外部脚本。

详细的使用教程请参考官网：http://truffleframework.com/docs，这里只介绍主要功能的用。

1. 安装

truffle 的安装很简单，在 node.js 8.9.4 以上的环境中执行：

```
npm install -g truffle
```

2. 创建和初始化项目

truffle 以项目的方式管理智能合约的开发，在项目目录中通过 truffle 命令进行初始化：

```
mkdir myproject
cd myproject
truffle init
```

初始化执行完成后，在 myproject 下生成下面的目录和文件。

- 文件夹 contracts/：存放智能合约源文件。
- 文件夹 migrations/：存放部署智能合约相关脚本。
- 文件夹 test/：存放智能合约测试文件。
- 文件 truffle.js：truffel 的配置文件。

3. 以太坊测试客户端配置

既然是智能合约的开发工具，那么肯定要有测试环境：以太坊。truffle 提供了很多种以太坊测试客户端和连接的方法：

（1）GANACHE

一个 truffle 官方提供本地运行的以太坊开发测试链，有图形化的界面，同时也执行命令行交互。启动后 RPC 服务地址是：http://127.0.0.1:7545，其中自带 10 个测试账户。官方网站是 http://truffleframework.com/ganache/，提供安装包直接安装即可，启动后界面如图 5-11 所示。

命令：truffle develop。该命令是直接在 truffle 环境内部创建的一条测试链，启动后 RPC 服务地址是：http://127.0.0.1:9545，其中自带 10 个测试账户。在自动化测试环境中，该方法比较方便，而且不需要额外手动启动和维护测试链。

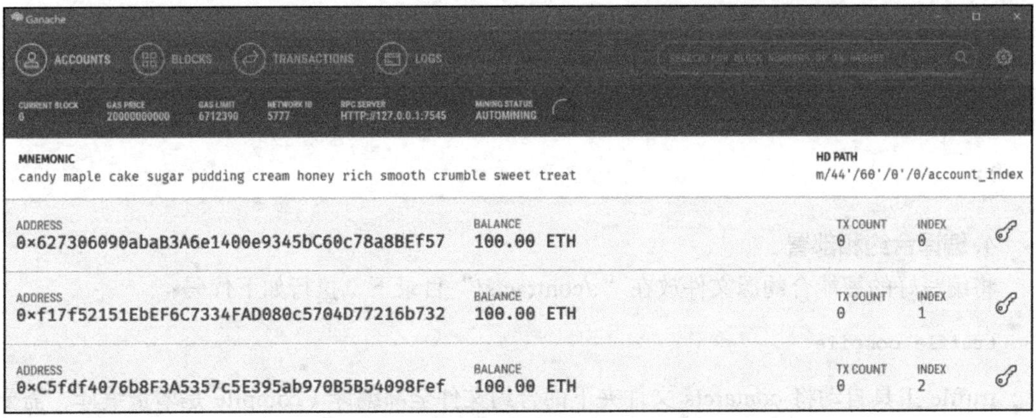

图 5-11 GANACHE 测试链主界面图

（2）公链/测试链的全节点或第三方提供的节点地址

如果需要连接以太坊公链或者公开的 Kovan、Rinbeky 等测试网络，那就需要连接到一个真实的节点客户端上。这个节点客户端既可以是本地运行客户端程序连接到公链上，并同步所有区块数据，也可以是第三方机构提供连接到节点的服务，像 consensys 提供的节点地址如下：

```
https://mainnet.infura.io/SaTkK9e9TKrRuhHg
https://ropsten.infura.io/SaTkK9e9TKrRuhHg
https://kovan.infura.io/SaTkK9e9TKrRuhHg
https://rinkeby.infura.io/SaTkK9e9TKrRuhHg
```

注意：域名后面的 SaTkK9e9TkrRuhHg 是注册用户时，infura 自动分配的 token。

（3）搭建私链

除了上述几种方法，还可以在本地手动搭建一条以太坊私链，RPC 服务地址默认为：http://127.0.0.1:8545。

上面的测试链搭建好之后，相应的以太坊客户端的地址信息需要配置在 truffle.js 上。如下配置了一个名为 development 的网络节点地址信息：

```
module.exports =
    { networks: {
        development: {
            host: "127.0.0.1",
            port: 9545,
            network_id: "*" // 匹配所有网络 ID
            skipDryRun: true, // 表示直接在指定网络上运行，不进行模拟运行
        },
        // 对于第三方提供的 HTTPS 形式的节点地址，可以通过 HDWalletProvider 导入
        ropsten: {
            provider: new HDWalletProvider(mnemonic, "https://ropsten.infura.io/"),
```

```
                network_id: '3',
                skipDryRun: true,
            },
        }
};
```

4. 编译合约和部署

将编写好的智能合约源文件放在"./contracts/"目录下，执行如下代码：

```
truffle compile
```

truffle 工具自动将 contarcts 文件夹下的合约文件全部编译（compile 是增量编译，需要全部重新编译加参数" --all"），编译结果以 JSON 格式文件输出在"./build/contarcts"下，每个合约一个 JSON 文件，内容包括 ABI 定义、字节码、源代码等其他元数据。

编译完合约后就可以部署合约了，在部署之前需要编写部署脚本，一个是在 migration 目录下面的 js 文件，该文件夹下已经存在了一个脚本文件，名为 1_initial_migration.js，是工具自动为 migration.sol 合约生成的，顺便提一下，这个 migration 合约是用来记录用户合约是否已经部署，以防止相同合约重复部署（对于更新代码后的合约会重新进行部署），我们可以参考 1_initial_migration.js 来编写自己合约部署脚本，1_initial_migration.js 代码如下：

```
// 导入 Migrations.sol 合约相关的所有数据
var Migrations = artifacts.require("./Migrations.sol");
// 通过部署器部署该合约
module.exports = function(deployer) {
    deployer.deploy(Migrations);
};
```

类似的，用户合约可以写为 2_example_migration.js：

```
var MyContract = artifacts.require("./Migrations.sol");

module.exports = function(deployer) {
    deployer.deploy(MyContract);
};
```

> **注意** migration 目录中的文件以"<数字>_"开头，执行时会根据数字从小到大依次引用执行。当然该部署脚本还有很多种用法，详见官方文档：http://truffleframework.com/docs/truffle/getting_started/migrations。

完成 js 文件编写后就可以部署合约了，将合约部署到上面配置的 development 节点上的命令如下：

```
truffle migrate --network development
```

5.4.4 智能合约编译器 solc

智能合约可以通过本地安装编译器直接进行编译。本地 solidity 编译器为 solc，下面就来介绍 solc 的安装和使用。

1. solidity 编译器安装

（1）使用 npm 安装

```
npm install -g solc
```

（2）通过二进制包安装

Ubuntu 系统下的安装步骤：

```
sudo add-apt-repository ppa:ethereum/ethereum
sudo apt-get update
sudo apt-get install solc
```

MAC 系统下的安装步骤：

```
brew update
brew upgrade
brew tap ethereum/ethereum
brew install solidity
brew linkapps solidity
```

（3）通过源码编译安装

1）下载源码：git clone --recursive https://github.com/ethereum/solidity.git。

2）进入 solidity 文件夹并下载子模块：cd solidity && git submodule update --init--recursive。

3）对于 macOS，需要安装最新版的 XCode，并同意 license：sudo xcodebuild -license accept。对于 Windows，需要安装 Git for Windows、CMake、VS2015 或以上。

4）安装外部依赖：macOS 和 Linux 系统下命令为 ./scripts/install_deps.sh；Windows 系统下命令为 scripts\ install_deps.bat。

5）编译

- Linux、MAC OS 系统下：mkdir build cd build cmake .. && make。
- Windows 系统下：cmake --build . --config RelWithDebInfo。

2. solc 的使用

编译单个文件：

```
solc --optimize -o outputDirectory --bin --ast --asm sourceFile.sol
```

参数说明具体如下。

- --optimize：可选参数，表示带优化编译，可以减少合约编译后的字节码。
- -o outputDirectory：指定保存输出结果的路径。

- □ --bin：输出指定源文件编译后的二进制数据。
- □ --ast：输出指定源文件编译后的抽象语法树。
- □ --asm：输出指定源文件编译后的汇编代码。

除此之外还可以指定源文件查找路径：

```
solc [github.com/ethereum/dapp-bin/=/usr/local/lib/dapp-bin/](http://github.com/ethereum/dapp-bin/=/usr/local/lib/dapp-bin/) =/usr/local/lib/fallback file.sol
```

表示在目录 /usr/local/lib/dapp-bin/ 或 /usr/local/lib/fallback 下面寻找任何以 github.com/ethereum/dapp-bin/ 开头的路径下的文件 file.sol。

5.5 solidity 语法详解

solidity 语法类似于 JavaScript，除了一般高级语言具有的特性之外，其也有针对区块链的一些特殊用法。阅读本节内容建议读者具有一定的软件开发编程经验或对编程语言有一定的了解，因为这样才能有更好的理解。如果要深入理解并熟练掌握 solidity 编程语言，则还要通过不断的编码实践，在实践中加深对语法的理解。

5.5.1 智能合约源文件

以太坊定义了几种智能合约编程语言，最流行的是 solidity 语言。使用 solidity 语言编写的代码称为智能合约，智能合约类似于面向对象语言中的类，使用关键词 contract 标识。实际项目中可以有多个智能合约，多个智能合约既可以分别存储在多个源文件中，也可以一起放在同一个源文件中，因此，一个源文件可以包含如下内容。

- □ 智能合约编译指示。包括版本指定、合约引用等。
- □ 一个或多个智能合约。

其中，一个智能合约包含如下内容。

- □ 状态变量。指永久保存在合约存储中的值。
- □ 函数。是合约内代码的可执行单元。
- □ 函数修饰符。用于以声明的方式修改函数的语义，具有函数修饰符的函数在每次被调用之前都会先执行函数修饰符中定义的逻辑。
- □ 事件。用于记录 EVM 操作日志。

此外，智能合约还可以继承其他合约，代码如下所示：

```
pragma solidity ^0.4.20;              // 编译器版本指定
import "./Owned.sol";                 // 包含 Owned 智能合约
import "./simplebase.sol";            // 导入其他源文件，其中包含 SimpleBase 智能合约

contract SimpleStorage is SimpleBase, Owned {    // 合约继承
```

```
    uint storedData;                          // 值类型的状态变量
    enum State { Created, Locked, Inactive }  // 枚举类型的状态变量
    struct Voter {       // 结构体定义
        uint weight;
        bool voted;
        address delegate;
        uint vote;
    }
    Voter voter;         // 结构体类型的状态变量
    event HighestBidIncreased(address bidder, uint amount); // 事件定义

    function bid() public payable { // 函数定义
        // ...
        HighestBidIncreased(msg.sender, msg.value); // 触发该事件
    }
    modifier onlySeller() { // 函数修饰符定义
        require(msg.sender == seller); // 在被修饰的函数代码执行之间执行该代码逻辑
        _; // 这里表示执行被修饰的函数代码
    }
    function abort() public onlySeller { // 函数修饰符的使用
        // ...
    }
}
```

1. solidity 版本指定

为了保证不使用与本智能合约语法不兼容的旧版本及包含重大变更的新版本来编译本智能合约的源文件，源文件开始部分可以用版本注释来指定本源文件内的智能合约适用的solidity 编译器版本范围，这些版本始终具有 0.x.0 或 x.0.0 格式。版本附注使用说明代码如下：

```
pragma solidity ^0.4.20;
```

这样，源文件就不能使用早于版本 0.4.0 的编译器进行编译，也不适用于从版本 0.5.0 开始的编译器进行编译。

2. 导入其他源文件

Solidity 支持类似于 JavaScript 中可用的导入语句（来自 ES6），从 "filename"（及其已经导入的符号）中导入所有全局符号到当前全局作用域，导入语句格式如下：

```
import "filename"; // 默认导入方式
import * as symbolName from "filename"; // 导入所有全局符号
import {symbol1 as alias, symbol2} from "filename"; // 为全局符号设置别名
import "filename" as symbolName; // 导入所有全局符号的简写方法
```

"filename" 实际上是一个路径，以 "/" 作为目录分隔符。"." 表示当前路径，".." 表示父目录。非 "." 和 ".." 作为开头的路径名都被视为以当前路径开始的绝对路径。举例说明如下：

```
import * as CR from "./ContractReceiver.sol";
contract StandardToken is Token {
        function transfer(uint256 _value) returns (bool){
        //ContractReceiver 是 ContractReceiver.sol 原文中定义的智能合约
        CR.ContractReceiver receiver = CR.ContractReceiver(_to);
        ...
    }
}
```

3. 注释

solidity 的注释与 C++ 等高级语言一样,包括单行注释和多行注释,你也可以使用 Doxygen 规范的注释,以方便生成注释文档:

```
pragma solidity ^0.4.20;

/** @title 面积计算器 */
 contract shapeCalculator {
    /** @dev 计算矩形的周长和面积
      * @param w 代表矩形宽度
      * @param h 代表矩形高度
      * @return s 代表面积
      * @return p 代表周长
      */
    function rectangle(uint w, uint h) returns (uint s, uint p) {
        s = w * h;
        p = 2 * (w + h);
    }
}
```

5.5.2　solidity 数据类型

solidity 是一种静态类型语言,这意味着每个变量(状态变量和局部变量)的类型都需要在编译时就指定。

1. 值类型

(1) 布尔型

bool：true 或 false 的常量。

支持的操作符有：逻辑非 !、逻辑与 &&、逻辑或 ||、相等 ==、不等 !=。

(2) 整型

uint8、uint16、uint24、... uint256、int8、int16、int24、...int256：以 8 位(1 个字节)为一个单位,最大到 256 位的整数数据。uint 和 int 分别代表 uint256 和 int256。

支持的操作符有：比较 <=、<、==、!=、>=、>,位操作 &、|、^(异或)~(非),算术操作 +、-、-(一元操作符)、+(一元操作符)、*、/(取余)、%(取模)、**(幂)、<<(左移)、>>(右移)。

(3) 定点数

ufixedMxN、fixedMxN：M 表示该类型的位数，8 位为 1 个单位，范围是 8 到 256；N 表示小数部分的精度，范围是 0 到 80。ufixed 和 fixed 分别代表 ufixed128x19 和 fixed128x19。

支持的操作符有：比较 <=、<、==、!=、>=、>，算术操作 +、-、-（一元操作符）、+（一元操作符）、*、/（取余）、%（取模）。

> **注意** 定点数和浮点数的区别是，定点数的小数精度是固定的。

(4) 固定长度字节数组

bytes1、bytes2、bytes3、…、bytes32：byte 代表 bytes1。

支持的操作符有：比较 <=、<、==、!=、>=、>，位操作 &、|、^（异或）~（非)，算术操作 +、-、-（一元操作符）、+（一元操作符）、*、/（取余）、%（取模）、**（幂）、<<（左移）、>>（右移），索引访问。

该类型有一个成员属性：length，表示字节数组的长度。

(5) 动态长度字节数组

- bytes：动态长度的字节数组。
- string：动态长度的 UTF-8 编码的字符类型。

如果长度可以确定，则尽量使用定长的数组，如 byte1 到 byte32 中的一个，因为这样更省空间。

(6) 数值的书写原则

- 数值前面加 0 无效，例如 69 等同于 069。
- 小数点两边至少一边需要有一个数值，例如 1.、.122、1.222。
- 支持科学计数法，例如 2e10、-2e10、2e-10、2.5e1。
- 支持任意精度的数字表达，并且不会溢出，例如 (2^**800 + 1) - 2^**800 = 1。
- solidity 编译器新版本支持小数，因此 5/2 不等于 2，而是等于 2.5。
- 带有前缀 hex 的数据表示十六进制的数据，例如 hex"001122FF"。

(7) 枚举类型

枚举是在 solidity 中创建用户定义类型的一种方法。它们可以显式转换为所有整数类型，但是不允许隐式转换。显式转换检查运行时的值范围，失败会导致异常。枚举需要至少一个成员。

因为枚举类型不在 ABI 协议定义的类型中，当函数的输入参数或输出参数具有枚举类型时，在函数签名时会自动转换为 uint8，如下的"getChoice"函数，签名函数定义是"getChoice() returns (uint8)"，注意：uint8 不是固定转换，而是根据枚举类型的大小自动选择的，例如枚举数量是 300，ABI 协议会自动转换为 uint16。

```solidity
pragma solidity ^0.4.16;

contract test {
    enum ActionChoices { GoLeft, GoRight, GoStraight, SitStill } // 声明枚举类型
    ActionChoices choice; // 定义枚举变量
    ActionChoices constant defaultChoice = ActionChoices.GoStraight;// 定义枚举变量常量

    function setGoStraight() public {
        choice = ActionChoices.GoStraight; // 枚举变量的使用需要加类型前缀
    }
    // 函数的输出参数具有枚举类型
    function getChoice() public view returns (ActionChoices) {
        return choice;
    }

    function getDefaultChoice() public pure returns (uint) {
        return uint(defaultChoice); // 枚举类型转换为 uint
    }
}
```

2. 引用类型

一些复杂的数据类型（struct、array 等）需要超过 256 位长度的空间存储，并且复制的成本较高，必须考虑将它们存储在合适的位置，并通过引用的方式减少数据复制。

首先，回顾一下前面介绍的智能合约数据存储模型。有如下 3 个位置可以保存智能合约相关的数据。

- 内存（memory）：保存函数输入参数和输出参数。
- 存储（storage）：保存合约的状态变量和函数局部变量。
- 调用数据（calldata）：类似于内存，保存智能合约内部和智能合约间调用函数时的元数据，比如调用输入输出参数、消息发送者等。

对于 struct、array，可以通过增加关键字 storage 和 memory 显式指定保存位置。数据的保存位置很重要，因为它们会改变分配的方式，并且使用 menory 存储数据的成本远远低于使用 storage 的成本。

- 在 storage 和 memory 中分配的状态变量始终会创建独立的副本。
- 本地存储变量只能指定一个引用，并且该引用始终指向状态变量，通过引用类型可以修改被引用变量的值。
- memory 存储的引用类型引用另一个 memory 存储的引用类型不会创建副本。

```solidity
pragma solidity ^0.4.0;
contract C {
    uint[] x; // 在 storage 中分配状态变量 x
    // 输入参数 memoryArray，在 memory 中分配
    function f(uint[] memoryArray) public {
```

```
        x = memoryArray; // 复制整个数组到 storage 中
        var y = x; // 本地存储变量 y 是一个引用类型,引用状态变量 x、y 保存在 storage 中
        y[7]; // 返回第 8 个成员
        y.length = 2; // 通过 y 修改 x 的值
        delete x; // 清除数组,并修改 y
        // 下面的执行是错误的 ; 因为存储是静态分配的,y 在上面定义时已经确定为一个指针,
        // 不能再接收不同类型的数据
        y = memoryArray;
        // 这也是错误的,因为 y 已被复位,不能再执行删除操作
        delete y;
        g(x); // 调用函数 g,在 storage 中生成一个 x 的引用 (g() 强制入参在 storage 中分配 )
        h(x); // 调用函数 h,在 memory 中创建一个临时拷贝 (h() 默认入参在 storage 中分配 )
    }
    function g(uint[] storage storageArray) internal {} //g() 函数声明
    function h(uint[] memoryArray) public {} //g() 函数声明
}
```

(1) array 数组

数组长度可以在编译时确定,也可以是动态确定。对于保存在 storage 上的数组,元素类型可以是任意的(map 或 struct)。

数组有一个成员属性:length,表示该数组的长度。对于动态数组,可以通过修改 length 值修改数组长度。对于内存数组,元素类型不能是一个 map,如果它是一个公共可见函数的参数,则它必须是 ABI 类型。external 类型函数不能使用元素为数组类型的数组,并且调用时不能返回动态数组类型。

T[k] 表示一个类型为 T,大小为 k 的数组,T[] 表示一个动态大小数组。举例来说,uint 的 5 个动态数组的数组是 uint[][5],要访问第三个动态数组中的第二个 uint,可以使用 x[2][1]。

bytes 和 string 是特殊的数组。bytes 类似于 byte[]。string 目前不允许通过索引访问。

通过关键字 new 在 memory 上申请可变长度的数组,代码如下:

```
pragma solidity ^0.4.16;

contract C {
    function f(uint len) public pure {
        uint[] memory a = new uint[](7); // 这里 a.length == 7
        bytes memory b = new bytes(len); // b.length == len
        a[6] = 8;
    }
    function f() public pure {
        g([uint(1), 2, 3]); // 直接在 memory 中分配元素类型是 uint 的数组,长度 =3
    }
    function g(uint[3] _data) public pure {
        // ...
    }
}
```

保存在 storage 上的动态数组(bytes,非 string)具有 push 成员函数,push 的数据附加

到数组最后。

（2）struct 结构体

结构体定义举例代码如下：

```
struct Funder {
    address addr;
    uint amount;
}

struct Campaign {
    address beneficiary;
    uint fundingGoal;
    uint numFunders;
    uint amount;
    mapping (uint => Funder) funders;
}
```

3. map 映射

映射类型被声明为 map (_KeyType => _ValueType)。这里的 _KeyType 可以是除 map、动态数组、合约、枚举和结构以外的任何类型。_ValueType 实际上可以是任何类型，包括 map。

map 可以看作 Hash 表，它被虚拟初始化为每个可能的 key 都存在并映射到一个全为零的值（各个类型的默认值）。map 的数据实际上并不以映射的方式存储，只有其 Keccak-256 Hash 用于查找值。因此，map 没有长度的概念。

映射只能用于状态变量（或作为内部函数中的存储引用类型）。

如果 map 标记为 public，则 Solidity 默认会创建一个 getter 方法，参数是 _KeyType，返回 _ValueType。_ValueType 也可以是一个 map。getter 将为每个 _KeyType 进行递归调用。

```
pragma solidity ^0.4.0;

contract MappingExample {
    mapping(address => uint) public balances;

    function update(uint newBalance) public {
        balances[msg.sender] = newBalance;
    }
}

contract MappingUser {
    function f() public returns (uint) {
        MappingExample m = new MappingExample();
        m.update(100);
        return m.balances(this);
    }
}
```

4. 地址类型

address 是一个 20 字节长度的整形数据，是以太坊特有的一个内建的值类型。因为比较重要，因此这里单独拿出来介绍。地址类型可以理解为一个"类"：它拥有自己的成员函数和属性。对合约的操作实际上是通过调用合约地址的函数来实现的。注意：从 0.5.0 版本开始，合约将作为一个独立的类型，而不再继承自地址类型，但还支持将合约类型转换为地址。

地址支持的操作符有：比较 <=、<、==、!=、>=、>。

地址的成员函数有下列几种。

（1）balance 属性和 transfer 函数

balance 表示该地址在当前区块高度上拥有的余额，transfer 函数用于 ether 转账。具体用法如下：

```
address x = 0x5C9d5BC8133653FE880812181b2f05E649A1b813;
address myAddress = this;  //this 变量是合约内建变量，代表当前合约的地址。

if (myAddress.balance >= 10) {
    x.transfer(10);
}
```

这段代码实现的功能是检查当前合约地址的余额，如果满足条件，则向地址 x 转账 10wei。转账完成后，本合约地址的余额将少 10wei，x 地址的余额将增加 10wei。

注意 此 transfer 函数是 address 的成员函数，而不是 ERC20 标准合约的 transfer 函数。

transfer 函数如果执行失败（Gas 不足、余额不足等），会回滚所有操作，并抛出异常，中断执行。

（2）send 函数

send 是比 transfer 更底层的函数，与 transfer 的主要区别在于如果执行失败，则返回 false，而且不会抛出异常。因此，使用 transfer 函数转账更安全。举例代码如下：

```
contract PayTest {
    // 得到当前合约的余额
    function getBalance() returns (uint) {
        return this.balance;//0
    }

    // 向当前合约存款
    function deposit() payable returns(address addr, uint amount, bool success){
        //msg.sender 代表是合约调用者
        //msg.value 代表合约调用者转账的以太币数量，以 wei 为单位。
        return (msg.sender, msg.value, this.send(msg.value));
    }
}
```

deposit() 函数实现的功能是合约调用者调用 deposit() 函数，使用 this.send(msg.value) 向该合约发送 msg.value 数量的以太币。

(3) call、callcode 和 delegatecall 函数

这 3 个函数都是用来向另一个合约发送原始数据。call 方法调用时可以同时转账并指定方法执行使用的 Gas 上限，call 方法返回一个 bool 值，以表明执行成功还是失败，但无法获取失败的原因。call、callcode 和 delegatecall 函数的详细使用方法和区别详见前节。

如果向另一个合约发送数据时，找不到对应的方法签名，则会默认调用 fallback() 函数（falllback 函数详见下面章节的介绍），示例代码如下：

```
pragma solidity ^0.4.0;
contract Person{
    bytes fail;
    function(){
        fail = msg.data;
    }
    function getFail() returns (bytes){
        return fail;
    }
}

contract CallTest{
    // 传入合约 Person 的地址，调用 "abc" 函数，会执行 Person 合约的 fallback 函数
    function callData(address addr) returns (bool){
        return addr.call("abc", 256);
    }
}
```

即使 call() 的返回结果成功，也并不能说明操作成功了，只是没有出现异常，比如上面例子中，实际是调用了 fallback() 函数，返回结果是成功，但并未执行到"abc"函数。

5. 函数类型

函数类型包含如下 2 种。

- 内部函数（internal）：内部函数只能在当前合约中进行（包含内部库函数和继承函数）内部调用，因为它们只能在当前合约的上下文内执行。
- 外部函数（external）：外部函数通过合约地址和函数签名实现调用。

函数类型声明如下：

```
function (<parameter types>) {internal|external}
[pure|constant|view|payable] [returns (<return types>)]
```

如果声明中有关键词 return，则必须加返回类型，否则关键字 return 和返回类型全部省略不写。默认情况下（省略关键字）函数类型是 internal。

external 函数有一个成员：selector，可返回函数声明字符串 Hash 的前 4 字节。示例代

码如下所示:

```solidity
pragma solidity ^0.4.16;

contract Selector {
    function f() public view returns (bytes4) {
    return this.f.selector; // 返 回 0x26121ff0
    }
}
```

访问当前合约的函数有两种方法:f 或 this.f。前者是内部函数的调用方法,后者是外部函数的调用方法。

内部函数使用举例如下:

```solidity
pragma solidity ^0.4.16;

// 定义一个合约库
library ArrayUtils {
    // map 是一个内部函数,可以在库内部和引用该库的合约中调用
    // 入参 f 是一个函数类型: function (uint) pure returns (uint)
    // pure 修饰符表示该函数不会操作与链相关的数据,详见下文的介绍
    function map(uint[] memory self, function (uint) pure returns (uint) f)
        internal
        pure
        returns (uint[] memory r){
        r = new uint[](self.length); // 申请一个长度为 self.length 的 uint 数组
        for (uint i = 0; i < self.length; i++) {
            r[i] = f(self[i]); // 对每个数组成员都执行函数 f
        }
    }
    // reduce 也是一个内部函数
    function reduce(
        uint[] memory self,function (uint, uint) pure returns (uint) f)
        internal
        pure
        returns (uintr){
        r = self[0];
        for (uint i = 1; i < self.length; i++) {
            r = f(r, self[i]);
        }
    }
    function range(uint length) internal pure returns (uint[] memory r) {
        r = new uint[](length);
        for (uint i = 0; i < r.length; i++) {
            r[i] = i;
        }
    }
}

contract Pyramid {
```

```
using ArrayUtils for *; // 引用 ArrayUtils 库
function pyramid(uint l) public pure returns (uint) {
    // 调用 ArrayUtils 库的内部函数
    return ArrayUtils.range(l).map(square).reduce(sum);
}
//square 和 sum 是本合约的内部函数
function square(uint x) internal pure returns (uint) {
    return x * x;
}
function sum(uint x, uint y) internal pure returns (uint) {
    return x + y;
}
```

外部函数使用举例如下:

```
pragma solidity ^0.4.11;

contract Oracle
    { struct Request
    {
        bytes data;
        function(bytes memory) external callback;
    }
    Request[] requests;
    event NewRequest(uint); // 定义事件

    // 入参 callback 是一个函数类型: function(bytes memory) external
    function query(bytes data, function(bytes memory) external callback) public {
        requests.push(Request(data, callback));// 保存输入的 data 和 callback 回调函数
        NewRequest(requests.length - 1); // 触发 NewRequest 事件,返回数据作为 requestID
    }
    function reply(uint requestID, bytes response) public {
        // 调用回调函数
        requests[requestID].callback(response);
    }
}

contract OracleUser {
    Oracle constant oracle = Oracle(0x1234567); // 引用已部署的 Oracle 合约
    function buySomething() {
        oracle.query("USD", this.oracleResponse); // 调用 Oracle 的外部函数 query()
    }
    function oracleResponse(bytes response) public {
        // 因为 oracleResponse 最终在 Oracle 合约的 reply 函数中被调用,因此 msg.sender 是 Oracle 合约
        require(msg.sender == address(oracle));
        // Use the data
    }
}
```

6. 左值操作符和 delete

- $a = a + e$ 可以简写为 $a += e$。相应的操作符还有：$-=$、$*=$、$/=$、$\%=$、$|=$、$\&=$ 和 $\wedge=$。
- $a+=1$ 和 $a-=1$ 还可以写为 $a++$ 和 $a--$，表达式返回修改前的 a 值。相反，$--a$ 和 $++a$ 对 a 有相同的效果，但返回的是修改后的值。
- delete a 将类型的初始值赋给 a。对于整数，它相当于 $a = 0$，但它也可以用于数组，它指定一个长度为零的动态数组或一个长度相同的静态数组，并重置所有元素。对于结构体，它分配一个所有成员重置的结构体。delete 删除 map 的一个键值对对整个映射没有影响。

7. 类型转换

（1）隐式转换

如果语义上有意义并且没有信息丢失，则值类型之间可以进行隐式转换：uint8 可转换为 uint16，int128 可转换为 int256，但 int8 不能转换为 uint256（因为 uint256 不能转换为带符号的数据，例如 -1）。此外，无符号整数可以转换为相同或具有更大长度的类型。

地址类型的实际存储类型为 uint160，这两种类型之间可以相互转换。

（2）显式转换

如果编译器不允许隐式转换，但你知道自己在做什么，则有时可以使用显式类型转换。请注意，这样操作可能会得到非期望的结果，所以一定要测试以确保结果是正确的！例如下面将 int8 的负数转换为 uint：

```
int8 y = -3;
uint x = uint(y);
```

x 的值为 0xffffff..fd（64 个十六进制字符），在 256 位的二进制补码表示中为 -3。如果某种类型明确要转换为较小的类型，则会切断较高位：

```
uint32 a = 0x12345678;
uint16 b = uint16(a); // b 现在将是 0x5678
```

（3）类型自动推断

```
uint24 x = 0x123;
var y = x;
```

在这里，y 的类型将是 uint24。注意：函数参数或返回参数不能使用 var。solidity 在 0.5.0 版本之后将不再支持 var 关键词。

5.5.3 智能合约的内建全局变量和函数

全局命名空间中存在一些特殊的变量和函数，主要用于提供有关区块链的信息。

1. 区块和交易属性

- block.blockhash(uint blockNumber) returns (bytes32)：指定区块的 Hash。注意：只

能获取最近 256 个区块的 Hash。
- block.coinbase (address)：生成当前区块的矿工地址。
- block.difficulty (uint)：当前区块的难度。
- block.gaslimit (uint)：当前区块的 Gas 使用上限。
- block.number (uint)：当前区块的高度。
- block.timestamp (uint)：当前区块的 unix 时间戳，单位是秒。
- msg.data (bytes)：发送交易时的调用数据。
- msg.gas (uint)：本次交易可以使用的 Gas 上限。
- msg.sender (address)：本次交易的发送者。
- msg.sig (bytes4)：msg.data 的前 4 字节，例如执行合约函数时该 4 字节是函数名字的 Hash。
- msg.value (uint)：本次交易发送的以太币数量，单位是 wei。
- now (uint)：同 block.timestamp。
- tx.gasprice (uint)：本次交易指定的 Gas 价格。
- tx.origin (address)：本次交易的原始发送者。

> **注意** msg 的所有属性都可以被 external 属性的函数修改。
> tx.origin 和 msg.sender 的值在一般交易中是相等的，唯一的区别是如果该交易中执行合约 A 的函数中还调用了合约 B 的函数，则 msg.sender 在合约 B 的函数中被修改为合约 A 的地址，而 tx.origin 不会被修改，可以理解为调用合约 B 的函数的 sender 是合约 A。

2. 错误处理

错误处理的函数及其说明如下：
- assert(bool condition)：条件不满足抛出异常，扣除全部预支付的 Gas，常用于内部错误。回滚所有状态修改。
- require(bool condition)：条件不满足抛出异常，扣除实际消耗的 Gas，常用于入参检查。回滚所有状态修改。
- revert()：中断执行，扣除全部预支付的 Gas，回滚所有状态修改。

3. 数学和加密函数

数学和加密函数及说明如下：
- addmod(uint x, uint y, uint k) returns (uint)：计算 (x + y) % k，其中加法以任意精度执行，不受限于 2**256 长度而溢出。
- mulmod(uint x, uint y, uint k) returns (uint)：计算 (x * y) % k，其中乘法以任意精度执行，不受限于 2**256 长度而溢出。
- keccak256(...) returns (bytes32)：对打包后的参数（组成一个连续的十六进制数组）

计算以太坊 SHA-3 (Keccak-256) hash。
- sha256(...) returns (bytes32)：对打包后的参数计算 SHA-256 Hash。
- sha3(...) returns (bytes32)：等同于 keccak256。
- ripemd160(...) returns (bytes20)：对打包后的参数计算 RIPEMD-160 Hash。
- ecrecover(bytes32 hash，uint8 v，bytes32 r，bytes32 s) returns (address)：从椭圆曲线签名中恢复出公钥相关的地址，若恢复失败则返回 0。

上面对参数打包的含义是这些参数是连续的而且没有填充，下面的输出结果完全一样：

```
keccak256("ab", "c")
keccak256("abc")
keccak256(0x616263)
keccak256(6382179)
keccak256(97, 98, 99)
```

如果需要填充，则需要手动添加：

```
keccak256("\x00\x12")
keccak256(uint16(0x12))
```

请注意，常量将使用存储它们所需的最小字节数打包，例如：

```
keccak256(0) == keccak256(uint8(0))
keccak256(0x12345678) == keccak256(uint32(0x12345678))
```

> **注意** SHA-256、ripemd160 或 ecrecover 在私有链中使用时可能存在 Gas 耗尽的异常。原因是这些函数的实现是内嵌在客户端中的预编译合约，并且这些合约仅在它们收到第一条消息（尽管它们的合约代码是硬编码的）后才真正存在。而创建新合约的消息的 Gas 花费则更加昂贵，因此执行会出现 Out-of-Gas 错误。解决此问题的方法是在实际合约中使用它们之前向每个预编译合约发送 1wei，以保证先创建预编译合约。这不是官方或测试网上的问题。

4. 地址相关的函数

- <address>.balance (uint256)：返回 <address> 的余额。
- <address>.transfer(uint256 amount)：向 <address> 转账，单位是 wei，若执行失败则抛出异常。
- <address>.send(uint256 amount) returns (bool)：向 <address> 转账，单位是 wei，若执行失败则返回 false。
- <address>.call(...) returns (bool)：执行 CALL 指令，若失败则返回 false。
- <address>.callcode(...) returns (bool)：执行 CALLCODE 指令，若执行失败则返回 false。

- `<address>.delegatecall(...) returns (bool)`：执行 DELEGATECALL 指令，若执行失败则返回 false。

5. 合约相关函数
- `this`：代表当前合约地址。
- `selfdestruct(address recipient)`：销毁当前合约，如果合约有以太币余额，则退还给指定的 recipient 地址。
- `suicide(address recipient)`：同 selfdestruct。

5.5.4 智能合约中的单位

1. 以太币单位

以太币单位包括 wei、finney、szabo 和 ether，跟在数字后面，单位之间可以相互转换，转换关系如图 5-12 所示。

单位	wei值	Wei
wei	1	1 wei
Kwei (babbage)	1e3 wei	1,000
Mwei (lovelace)	1e6 wei	1,000,000
Gwei (shannon)	1e9 wei	1,000,000,000
microether (szabo)	1e12 wei	1,000,000,000,000
milliether (finney)	1e15 wei	1,000,000,000,000,000
ether	1e18 wei	1,000,000,000,000,000,000

图 5-12 以太币单位转换关系图

2. 时间单位

时间单位转换关系如下。
- 1 == 1 seconds
- 1 minutes == 60 seconds
- 1 hours == 60 minutes
- 1 days == 24 hours
- 1 weeks == 7 days
- 1 years == 365 days

5.5.5 solidity 表达式和控制结构

1. 函数输入参数和输出参数

输入参数的声明方式与变量相同。输出参数必须通过 returns 关键词声明。例如，假设我们希望合约接受一种具有两个整数的外部调用，返回 2 个参数，那么我们会编写如下所示的代码：

```
pragma solidity ^0.4.16;
contract Simple {
    function arithmetics(uint _a, uint _b)
        public
        pure
        returns (uint o_sum, uint o_product) {
        o_sum = _a + _b;
        o_product = _a * _b;
        // 或者
        //return (_a + _b, _a * _b)
    }
}
```

返回多个值，需要用括号括起来。

2. 控制结构

支持 JavaScript 的所有控制关键字，除了 switch 和 goto，包括：if、else、while、do、for、break、continue、return。

需要注意如下两点。

- 条件语句不能省略括号，但可以在单个语句的主体周围省略花括号。
- 判断条件不能为非 bool 类型，if(1){...} 不是有效的 Solidity。

3. 命名参数调用

函数调用时，参数如果包含在 {} 中，那么可以以任何顺序的命名参数来指定，如以下示例代码所示：

```
pragma solidity ^0.4.0;

contract C {
    function f(uint key, uint value) public {
        //...
    }
    function g() public {
        f({value: 2, key: 3}); // 命名参数，任意的顺序
    }
}
```

4. 解构赋值和多值返回

solidity 内部支持元组类型，可使用元组类型来接收多参数的函数返回：

```
pragma solidity ^0.4.16;

contract C {
    uint[] data;

    function f() public pure returns (uint, bool, uint) {
        return (7, true, 2);
    }

    function g() public {
        // 声明和分配变量。无法显式指定类型
        var (x, b, y) = f();
        // 分配给预先存在的变量
        (x, y) = (2, 7);
        // 值交换：不支持非 storage 类型的变量
        (x, y) = (y, x);
        // 组件可以省略（也可用于变量声明）
        // data.length 接收第一个返回的数据
        (data.length,) = f(); // 设置 length 的字段为 7
        // data[3] 接收最后一个返回的数据
        (,data[3]) = f(); // 设置 data[3] 为 2
        // 设置 x 为 1
        (x,) = (1,);
    }
}
```

对于类型是数组、结构体这样的非值类型的赋值：如果是状态变量，则创建一个独立的拷贝；如果是局部变量赋值，则只会对其元素进行独立拷贝，而不是对整个类型进行拷贝。例如，将一个数组（包括 bytes、string）、结构体的状态变量赋值给局部变量，该局部变量只是状态变量的一个引用，而没有在 memory 上拷贝所有数据；对该局部变量进行二次赋值，只会修改引用，而不会修改原始状态变量的数据；而对该局部变量的元素进行赋值，则会修改状态变量的值。下面的智能合约代码，可以更直观地展示上面的规则：

```
pragma solidity ^0.4.16;
contract Vote {
    struct Voter {
        uint
        weight; uint
        vote;
    }
    Voter voters1; // 定义状态变量
    Voter voters2 = voters1; // 将状态变量赋值给状态变量，执行拷贝操作

    function vote() public {
        // 状态变量赋值给局部变量，v 只是一个引用，没有拷贝操作
```

```
        Voter storage v = voters1;
        // 通过局部变量修改状态变量的成员
        v.weight = 1;

        // 修改 voters2 的成员，因为 voters1 和 voters2 是拷贝后的独立存储，
        // 因此不会修改 voters1 的成员值
        voters2.weight = 2;
        v = voters2; // 修改局部变量的引用值
        v.weight = 3; //voters2 的 weight 值被相应修改
    }
}
```

5. 局部变量的声明和作用域

局部变量的作用域类似于 JavaScript，无论在哪里声明，都是整个函数可见。示例代码如下：

```
pragma solidity ^0.4.0;

contract C {
    function foo() public pure returns (uint) {
        // baz 被隐含地初始化为 0
        uint bar = 5;
        if (true) {
            bar += baz;
        } else {
            uint baz = 10; // 永远不会执行初始化
        }
        uint baz = 10; // 非法代码，不允许第二次声明
        return bar; // returns 5
    }
}
```

比较特殊的是，函数中在变量显式声明之前使用该变量，会被隐含地初始化为 0，而永远不会执行显式初始化代码。

6. 错误处理：Assert、Require、Revert 和异常

solidity 使用异常状态恢复机制来处理错误。当一个异常发生时，撤销本次调用及子调用中对状态的所有修改，并通知调用者。assert 和 require 函数可用来检查指定条件是否满足，如果不满足则抛出异常。assert 和 require 函数的作用相同，但建议 assert 用于内部错误的检查，require 则用于输入参数、状态变量、外部合约调用返回等的检查。使用两个关键词来区分检查的内容主要是为了方便一些合约分析工具根据关键词测试合约：如果测试触发了 assert 断言失败，则表示该合约存在 bug，需要修复。

revert 函数常用于手动触发异常，并撤销本次调用对状态的所有修改。

revert 函数通过 send 函数调用其他合约函数发生异常时，会导致整个调用触发异常；通过 call、delegatecall 和 callcode 调用其他合约函数发生异常时，会返回 false 通知调用

函数。

assert 和 require 的使用举例代码如下：

```solidity
pragma solidity ^0.4.0;

contract Sharer {
    function sendHalf(address addr) public payable returns (uint balance) {
        require(msg.value % 2 == 0); // 只允许偶数的转账金额
        uint balanceBeforeTransfer = this.balance; // 记录转账前的余额
        addr.transfer(msg.value / 2);
        // 因为 transfer 执行失败时会抛出异常并且不会执行下面代码，
        // 如果继续执行下面的代码，则代表转账成功，下面 assert 断言不可能失败
        assert(this.balance == balanceBeforeTransfer - msg.value / 2);
        return this.balance;
    }
}
```

 注意 solidity 没有异常捕获机制。

assert 风格的异常场景包括如下内容。
- 访问数组和 bytesN 的索引非法：索引大于数组长度或小于 0。
- 除数和取模为 0：5 / 0 或 23 % 0。
- 位移为负数：2>>-1。
- 转换一个超出枚举类型范围的数或负数为枚举类型。
- 调用一个值为 0 的函数类型变量。
- 调用 assert 函数，检查条件为 false。

require 风格的异常场景包括如下内容。
- 调用 throw 函数。
- 调用 require 函数，检查条件为 false。
- 调用其他合约函数，若出现 Gas 耗尽、函数名未匹配，则函数抛出异常。
- 通过 new 创建合约，但是创建失败。
- 调用一个没有代码的 external 类型函数。
- 合约中没有加 payable 修饰符的 public 函数收到以太币。
- 合约的公共 Getter 函数收到以太币。
- 合约地址的成员函数 .transfer() 执行失败。

在以太坊虚拟机内部，对 require 风格的异常恢复操作指令码是 0xfd，对 assert 风格的异常恢复操作指令码是 0xfe。这两种情况都会导致 EVM 恢复对该状态所做的所有更改。

恢复对状态的所有修改的原因是没有安全的方法来继续执行，因为预期的结果没有发生，而为了保证交易的原子性，最安全的做法是恢复所有更改并使整个交易无效。

assert 风格的异常会消耗本次调用所有可用的 Gas，require 风格的异常则从 Metropolis 版本开始将不再消耗任何 Gas。

5.5.6 函数

1. 函数类型

（1）view 函数

使用 view 修饰的函数不允许函数内部修改状态变量，修改状态变量的场景包括以下几种。

- 函数中直接修改状态变量。
- 触发事件。
- 创建其他合约。
- 使用 selfdestruct 指令。
- 函数内通过调用方式发送以太币。
- 调用没有 view 或 pure 修饰的函数。
- 使用底层调用指令。
- 使用内建汇编指令，其中包含上述相关的指令。

constant 和 view 的效果一样，getter 函数被修饰为 view 函数。编译器不检查 view 函数是否修改状态变量。

```
pragma solidity ^0.4.16;
contract C {
    function f(uint a, uint b) public view returns (uint) {
        return a * (b + 42) + now;
    }
}
```

（2）pure 函数

使用 pure 修饰的函数不允许函数内部**读取和修改**状态变量，读取和修改状态变量的场景包含如下几种。

- 包括 view 函数涉及的情况。
- 读取状态变量。
- 访问 this.balance 或 <address>.balance。
- 访问 block、tx、msg 的成员，除了 msg.sig 和 msg.data。
- 调用任何 pure 修饰的函数。
- 使用内建汇编指令，其中包含上述相关的指令。

```
pragma solidity ^0.4.16;
contract C {
    function f(uint a, uint b) public pure returns (uint) {
```

```
        return a * (b + 42);
    }
}
```

编译器不检查 view 函数是否读取和修改状态变量。

(3) fallback 函数

合约可以有一个"隐藏"的函数，称为 fallback 函数。这个函数不能有参数，也不能返回任何东西。如果合约调用中没有其他函数与给定的函数标识符相匹配（或者根本没有提供数据），那么 fallback 函数将被执行。

此外，如果需要合约支持接收以太币，那么 fallback 函数必须标记为 payable，并在收到以太币后执行 fallback 函数。如果合约未定义该 fallback 函数，则无法通过正常交易接收以太币。

在这种情况下，函数调用通常只有很少的 Gas（准确地说是 2300 个 Gas），所以 fallback 函数应尽可能简单。请注意，调用 fallback 函数的交易（而不是内部呼叫）所需的 Gas 要高得多，因为每次交易都会额外收取 21,000Gas 或更多的费用，用于签名检查等事务。

特别是，相比于提供给 fallback 函数的 Gas，以下操作会消耗更多的 Gas。
- 写状态变量。
- 创建其他合约。
- 调用消耗大量 Gas 的外部函数。
- 发送以太币。

因此，在部署合约之前需要对 fallback 函数进行充分的测试，以确保执行成本低于 2300Gas。虽然 fallback 函数不能传入参数，但是通过 msg.data 还是可以调用执行传入的数据。若没有定义 fallback 的合约字节接收以太币（send or transfer），则会抛出异常。

2. 函数的可见性

函数调用包含如下两种方式：internal 内部和 external 外部，这种分类是针对合约来说的，内部调用是通过函数标签跳转调用其他函数，外部调用则是通过发送消息调用函数。

函数和状态变量的可见性包含 4 种类型。
- external：合约接口定义的一种属性。可以通过交易调用或被其他合约调用。external 函数不能被本合约函数直接调用，必须通过 this.f() 的方式调用。状态变量不允许有 external 类型。
- public：合约接口定义的一种属性。可以通过其他合约消息调用或被合约内部调用。对于状态变量，自动生成 getter 方法。函数的默认可见性类型为 public。
- internal：只有本合约和继承合约才能访问函数和状态变量。状态变量的默认可见性为 internal。
- private：只有本合约才能访问函数和状态变量。

上面的解释很容易混淆，通过下述例子可以理解得更清晰一些：

```
pragma solidity ^0.4.0;

contract C {
    uint public data;
    function x() public {
        data = 3; // 内部访问，data 解析为状态变量
        uint val = this.data(); // 外部访问，data 解析为 getter 函数
    }
}
```

编译器对所有 public 类型的状态变量自动生成一个 getter 函数，对于下面给出的合约，编译器将生成一个名为 data() 的函数，该函数不接受任何参数并返回 uint（状态变量数据的值）。状态变量的初始化在声明时完成：

```
pragma solidity ^0.4.0;

contract C {
    uint public data = 42;
}
contract Caller {
    C c = new C();
    function f() public {
        uint local = c.data();
    }
}
```

getter 函数具有外部可见性。如果符号是在内部访问的（即没有这个符号），则它是一个状态变量。如果它被外部访问（即用这个），则它是一个函数。

3. 函数修饰器

函数修饰器一般用来在执行函数之前检查一些条件是否满足，修饰器可以被继承，也可以在继承合约中重载。示例代码如下：

```
pragma solidity ^0.4.11;

contract owned {
    function owned() public { owner = msg.sender; }
    address owner;

    modifier onlyOwner {
        require(msg.sender == owner); _;
    }
}

contract mortal is owned {
    function close() public onlyOwner {
```

```
        selfdestruct(owner);
    }
}
```

onlyOwner 是一个函数修饰器，使用该修饰器的函数在执行之前先运行修饰器内的代码，onlyOwner 中的代码是 "require(msg.sender == owner);"，如果该行的断言成功，就会运行下面的 " _ " 部分，这里的 " _ " 代表被本修饰器修饰的函数体内地代码。mortal 合约继承自 owned 合约，也继承了修饰器，因此可以使用 onlyOwner 作为函数 close 的修饰器，如果 onlyOwner 断言成功，" _ " 部分的代码就会变成 "selfdestruct(owner);"。

4. 函数重载

一个合约中可以定义函数名相同但参数不一样的函数，该特性也适用于继承函数。下面的示例代码中，合约定义了同名函数 f，但是参数不同：

```
pragma solidity ^0.4.16;

contract A {
    function f(uint _in) public pure returns (uint out) {
        out = 1;
    }

    function f(uint _in, bytes32 _key) public pure returns (uint out) {
        out = 2;
    }
}
```

如果两个同名外部可见函数只是显式的参数类型不同，而内部的实际类型是一样时，那是不允许的，如下面的同名函数 f，类型 B 和 address 本质上是同一种内部类型 uint160：

```
pragma solidity ^0.4.16;

contract A {
    function f(B _in) public pure returns (B out) {
        out = _in;
    }

    function f(address _in) public pure returns (address out) {
        out = _in;
    }
}

contract B {
}
```

通过将当前作用域中的函数声明与函数调用中提供的参数进行匹配来选择重载函数。如果所有参数都可以隐式转换为预期类型，则函数被选为重载候选。如果最终没有确切的重载候选，则会产生重载失败（返回类型不作为重载选择的依据）。例如下面的合约函数 f：

```
pragma solidity ^0.4.16;

contract A {
    function f(uint8 _in) public pure returns (uint8 out) {
        out = _in;
    }
    function f(uint256 _in) public pure returns (uint256 out) {
        out = _in;
    }
}
```

调用 f（50）会产生一个类型错误，因为 250 可以同时隐式转换为 uint8 和 uint256 类型。但是，f（256）将只能解析为 f（uint256）过载，因为 256 不能隐式转换为 uint8，所以可以调用函数 f（uint256）。

5.5.7 常量状态变量

状态变量可以声明为 constant 类型，其值是在编译时根据表达式确定的，确定之后不能被修改。该表达式不能访问存储、区块链内部数据（now、this.balance、block.number）、执行数据（msg. gas）或者调用外部合约函数。常量状态变量只支持值类型和字符串。例如下面的常量定义：

```
pragma solidity ^0.4.0;

contract C {
    uint constant x = 32**22 + 8;
    string constant text = "abc";
    bytes32 constant myHash = keccak256("abc");
}
```

5.5.8 智能合约的事件

事件可用来记录智能合约函数被调用时的操作日志，前提是该函数中具有触发事件的代码，并且执行过程中没有触发 require、assert 和 revert 异常。在 DApp 中，事件通过 Web3 回调的方式进行监听。

调用事件时，它们将事件的参数永久存储在区块链的交易日志中。事件可以根据参数值进行过滤，支持最多三个参数的过滤，以方便监听事件时设置过滤条件。对需要过滤的参数添加关键字 indexed，外部 DApp 就可以根据过滤条件进行过滤。示例代码如下：

```
pragma solidity ^0.4.0;

contract ClientReceipt {
    event Deposit( // 定义一个事件
        address indexed _from, //_from 和 _id 支持索引化，监听时可以设置过滤条件
```

```solidity
        bytes32 indexed _id,
        uint _value
    );

    function deposit(bytes32 _id) public payable {
        // 触发一个事件，将参数传递给外界，并将该事件记录到链上
        Deposit(msg.sender, _id, msg.value);
    }
}
```

JavaScript API 中的用法如下所示：

```javascript
var abi = /* 编译器生成的智能合约 ABI 格式 */;
var ClientReceipt = web3.eth.contract(abi);
var clientReceipt = ClientReceipt.at("0x1234...ab67" /* 合约地址 */);
var event = clientReceipt.Deposit(); // 获取一个事件对象
// 监听事件
event.watch(function(error, result){
    // 返回的 result 包含了参数在内的数据
    if (!error)
        console.log(result);
});

// 或者直接通过回调来进行监听
var event = clientReceipt.Deposit(function(error, result) {
    if (!error)
        console.log(result);
});
```

其中，长十六进制数等于 Keccak-256（"Deposi（taddress，hash256，uint256）"）事件的签名。

5.5.9 智能合约的继承性

solidity 通过复制包括多态性的代码支持多重继承。智能合约的继承实际上是将所有被继承的合约代码复制到创建的合约中，部署时只部署这个复制后的智能合约。

❑ 关键字 is 表示合约的继承关系。
❑ 被继承的合约中函数可以被重载实现。

以下示例代码中给出了详细信息：

```solidity
pragma solidity ^0.4.16;

contract owned {
    function owned() { owner = msg.sender; }
    address owner;
}

// 关键字 `is` 表示 mortal 继承自 owned
// mortal 合约中可以访问 owned 合约中非私有的函数和状态变量
```

```
contract mortal is owned {
    function kill() {
        if (msg.sender == owner) selfdestruct(owner);
    }
}

// 智能合约支持多重继承，使用逗号隔开
contract named is owned, mortal {
    function kill() public {
        if (msg.sender == owner)
            { mortal.kill();
        }
    }
}
```

5.5.10 智能合约的创建

创建智能合约有如下 2 种方式。

1. 用户创建

若用户向以零账户（地址为 0 的账户）为目标的地址发起一个交易，并且 data 字段携带创建合约相关的数据（包括部署合约的字节码和合约字节码数据），则该交易表示创建新的合约。注意：普通交易的 data 字段是空。创建合约的同时生成该合约的账户地址，该地址和用户地址及其发送的交易次数（Nonce）有关。该交易的输出是存储在合约账户状态树中的合同的字节码。

2. 合约内部创建

智能合约可以使用特殊的操作码创建其他智能合约（而不是简单地发给零地址）。这些创建调用和正常消息调用之间唯一的区别在于执行有效的 data 字段，结果作为代码进行存储，调用者 / 创建者在堆栈上接收新合约的地址。

5.5.11 智能合约的销毁

从区块链中删除智能合约代码的唯一途径是当该地址的合约执行 SELFDESTRUCT 操作时，存储在该地址的剩余 Ether 被发送到指定的目标，然后合约的存储和代码将从区块上被删除。

需要注意如下两点内容。

- 即使合约的代码不包含 SELFDESTRUCT 操作码，它也仍然可以使用 DELEGATECALL 或 CALL 指令代码执行 SELFDESTRUCT 操作。
- 合约的存储和代码可以从区块上被删除。删除后新产生的区块将无法追踪到该数据，在删除之前，区块上的历史数据是无法删除的。

5.6 solidity 编程规范

本节主要介绍 solidity 官方建议的编写可靠性代码的编码约定。规定编程规范的主要目的是为了代码风格的一致性，以便于开发者快速阅读和理解。编程规范不是固定不变的，不同的智能合约项目，随着编程实践的持续积累，可以规定最适合本项目的编程规范。

5.6.1 代码布局

使用 4 个空格代表一个 tab 的代码缩进。

合约之间使用 2 个空行隔开，函数之间使用 1 个空行隔开，在文件最开始导入其他文件，并空 1 行，示例代码如下：

```
import "owned";

contract A {
    function spam() public { // 前面一个 tab
        ...
    }
    // 函数间空一行
    function ham() public {
        ...
    }
}


// 合约之间空 2 行
contract B {
    ...
}
```

函数名过长或参数较多时，每个参数另起一行，并使用一个缩进，示例代码如下：

```
thisFunctionCallIsReallyLong(
    longArgument1,
    longArgument2,
    longArgument3
);
thisIsALongNestedMapping[being][set][to_some_value]
    someFunction( argument1,
    argument2,
    argument3,
    argument4
);
```

事件的定义和调用方法，类似于函数的写法，示例代码如下：

```
event
    LongAndLotsOfArgs( adress
    sender, adress
    recipient, uint256
```

```
    publicKey, uint256
    amount, bytes32[]
    options
);

LongAndLotsOfArgs(
    sender,
    recipient,
    publicKey,
    amount,
    options
);
```

函数的定义顺序，根据函数类型，建议顺序如下：

```
contract A {
    function A() public {// 构造函数
        ...
    }

    function() public {// 转账默认执行函数
        ...
    }

    // External functions // 外部函数
    // ...

    // External functions that are constant // 外部 constant 函数
    // ...

    // Public functions // 公共函数
    // ...

    // Internal functions // 内部函数
    // ...

    // Private functions // 私有函数
    // ...
}
```

5.6.2 编码约定

1. 表达式中的空格和 {} 的位置

正确的例子：

```
spam(ham[1], Coin({name: "ham"}));
function spam(uint i, Coin coin) public;
x = 1;
x = 100 / 10;
```

```
x += 3 + 4;
x |= y && z;
long_variable = 3;
function increment(uint x) public pure returns (uint) {
    return x + 1;
}

function increment(uint x) public pure onlyowner returns (uint) {
    return x + 1;
}
if (x < 3) {
    x += 1;
} else if (x > 7) {
    x -= 1;
} else {
    x = 5;
}
if (x < 3)
    x += 1;
else
    x -= 1;
```

错误的例子：

```
spam( ham[ 1 ], Coin( { name: "ham" } ) );
function spam(uint i, Coin coin) public ;
x          = 1;
y          = 2;
long_variable = 3;
x=3;
x = 100/10;
x += 3+4;
x |= y&&z;
function increment(uint x) public pure returns (uint)
{
    return x + 1;
}

function increment(uint x) public pure returns
    (uint){ return x + 1;
}
if (x < 3) {
    x += 1;
}
else {
    x -= 1;
}
```

2. 修饰器和修饰符的位置，修饰函数要放在其他修饰器的后面

```
function kill() public onlyowner
```

```
    { selfdestruct(owner);
}
function
    thisFunctionNameIsReallyLong( address x,
    address y,
    address z,
)
    public // 参数和修饰符较多时,另起一行
    onlyowner
    priced
    returns (address)
{
    doSomething();
}
```

3. 函数返回参数较多时,也需要书写为每行一个返回参数的格式

```
function
    thisFunctionNameIsReallyLong( address a,
    address b,
    address c
)
    public
    returns (
        address someAddressName,
        uint256 LongArgument,
        uint256 Argument
    )
{
    doSomething()

    return (
        veryLongReturnArg1,
        veryLongReturnArg2,
        veryLongReturnArg3
    );
}
```

4. 对于合约继承的构造函数调用,每个父合约构造函数都另起一行

```
contract A is B, C, D {
    function A(uint param1, uint param2, uint param3, uint param4, uint param5)
        B(param1)
        C(param2, param3)
        D(param4)
        public
    {
        // do something with param5
    }
}
```

5.6.3 命名约定

这里给出的命名建议旨在提高可读性，因此它们不是规则，而是试图通过名称传达最多的帮助信息。

- 合约和库名字、事件名字、结构体名字、枚举类型。使用首字母大写的驼峰写法，例如 ImpleToken、SmartBank、CertificateHashRepository、Player。
- 函数名字、函数参数名字、局部变量名字、状态变量名字、修饰器名字。使用首字母小写的驼峰写法，例如 getBalance、initialSupply、totalSupply。
- 常量。大写加下划线，例如 TOKEN_TICKER、CONTRACT_VERSION。

5.7 本章小结

本章首先介绍了智能合约的基本概念，以及以太坊上智能合约的运行机制，并详细介绍了智能合约的编程语言 solidity 的语法以及编程规范，特别需要读者注意的是相对于一般编程语言，solidity 具有一些特殊的属性，比如合约创建/销毁、fallback 函数、Gas 使用限制等，相信通过本章的介绍，读者可以独立开发自己的智能合约项目。

第 6 章 Chapter 6

智能合约运行机制

通过第 5 章对智能合约开发的介绍，读者应该可以自行开发智能合约并在以太坊上发布。本章将在此基础上，进一步深入介绍智能合约的运行原理、实现细节等相关知识。

6.1 调用智能合约函数

部署在以太坊上的智能合约由函数和状态变量组成，其自身并不会自动执行任何代码，只有在被外界调用时才会执行，而智能合约对外的接口是以函数的形式展现的。对智能合约函数的调用本质上也是一笔交易，用户向合约账户发送一笔交易，并在交易结构中携带调用信息，从而实现对智能合约函数的调用和执行。

调用函数的交易也称为消息调用，分为外部消息调用和内部消息调用。每笔交易都包含一个外部消息调用，该调用中又可以创建更多的内部消息调用。这些内部消息调用可以是调用其他合约的函数，也可以是将以太币发送给非合约账户。消息调用与交易类似，因为它们具有发送者地址、接收者地址、发送数据、转账的以太币、Gas 上限和执行后返回的数据。

在智能合约函数中，执行调用的函数可以决定用于内部消息调用中使用的 Gas 数量，该 Gas 数量不能超过当前剩余的 Gas 数量。如果在内部消息调用中发生了 Gas 耗尽或任何其他异常，都会导致整个消息调用失败，并将本次交易的全部 Gas 无条件"奖励"给矿工。

在内部的消息调用中调用其他合约函数时，会新建一个称为"calldata"的内存存储空间，用来存放调用参数，被调用函数访问该 calldata 空间获取参数，执行完成后，将返回值也存储在 calldata 存储中，调用者可读取该返回数据。

合约函数的调用深度是 1024，因此对于比较复杂的操作，尽量不要使用递归调用，以防止栈溢出。

6.1.1 外部调用

外部调用是指通过智能合约外部发送交易的方式将调用的函数和参数发送给智能合约账户。为了方便开发者调用智能合约，以太坊官方提供了各个语言的 RPC 接口调用库，其中，比较知名的是 JavaScript 开发的 web3.js 的库，该库封装了所有区块链相关的 JavaScript 接口，其中智能合约函数的调用包含如下 3 种方式，代码如下：

```
contract.function.sendTransaction();
contract.function ();
contract.function.call();
```

这 3 种方式最终都是通过 JSON-RPC 接口（eth_sendTransaction 或 eth_call）实现对合约函数的调用，但在使用上，这 3 种调用方式还稍有差别，具体如下：

❑ `contract.function.sendTransaction()`

这种方式是对 eth_sendTransaction 的一个封装，会创建一个交易，该交易的 data 字段存放了函数声明的 Hash 和参数的 ABI 编码，交易发送到链上之后被广播到全网，并返回一个交易 Hash 值，DApp 根据该 Hash 在链上查询交易状态，交易被打包上链后，可根据该交易 receipt 的 status 值判断交易是否执行成功。

❑ `contract.function.call()`

这种方式是对 eth_call 的一个封装，eth_call 不会创建交易，是一个本地调用，即从所连接的节点上获取数据并返回函数定义的返回数据，而不是返回交易信息。因此也不会消耗 Gas。

❑ `contract.function ()`

该方式是对上述两种方式的一种整合。web3.js 会根据函数 function 的属性判断是一个交易还是本地调用。如果 function() 有 constant/view/pure 标识，则表示该函数不需要操作状态变量，web3.js 会执行 eth_call() 接口，否则会执行 sendTransaction() 操作。

下面来看一个具体的智能合约代码例子：

```
pragma solidity ^0.4.12;
contract Test {
    uint public testMem;

    function funcNoConstant() returns (string resMes){
        testMem++;
        resMes = "try to modify testMem,but has no constant label";
    }

    function funcWithConstant() constant returns (string
```

```
        resMes){
            testMem--;
            resMes = "try to modify testMem and has constant label";
    }
}
```

执行 Test 合约的 test.Instance.funcNoConstant() 函数，因为该函数没有 constant 修饰（注意：最新的智能合约规范已不再使用 constant 作为修饰符，而是使用 view），相当于执行 test.Instance.funcNoConstant.sendTransaction() 函数。而执行 test.Instance.funcWithConstant()，该函数带有 constant 修饰符，相当于执行 test.Instance.funcWithConstant.call()。

6.1.2 内部调用

内部消息调用是指合约内调用其他合约的函数。除了直接调用函数的方式之外，还可以通过执行 address 类型变量的成员函数来调用函数。address 类型包含 3 个成员函数，分别为 call、callcode、delegatecall。

它们的区别具体如下。

- CALL：是在**被调用者**的上下文中执行，只能修改**被调用者**的 storage。
- CALLCODE 和 DELEGATECALL：是在**调用者**的上下文中执行，可以修改调用者的 storage。
- CALLCODE：阻止 msg.sender 和 msg.value 传递，而 DELEGATECALL 则不阻止。

具体来说，在合约 A 的函数中执行合约 B.callcode（合约 C 的函数）：合约 C 看到 msg.sender 是 B；在合约 A 的函数中执行合约 B.delegatecall（合约 C 的函数）：合约 C 看到 msg.sender 是 A。

以下面的智能合约为例进行说明：

```
contract C {
    function foo(D _d, E _e, uint _n) {
        _d.delegatecallSetN(_e, _n);
    }
}
contract D {
    uint public n;
    address public sender;
    function callSetN(address _e, uint _n) {
            // E 的 storage 被修改 ,D 未修改
        _e.call(bytes4(sha3("setN(uint256)")), _n);
    }
    function callcodeSetN(address _e, uint _n) {
        // D 的 storage 被修改 , E 未修改
        _e.callcode(bytes4(sha3("setN(uint256)")), _n);
    }
    function delegatecallSetN(address _e, uint _n) {
        // D 的 storage 被修改 , E 未修改
        _e.delegatecall(bytes4(sha3("setN(uint256)")), _n);
```

```
        }
    }
    contract E {
        uint public n;
        address public sender;

        function setN(uint _n) {
            n = _n;
            sender = msg.sender;
            // D 通过 callcodeSetN 调用 setN, msg.sender 是 D。E 的 storage 不会更新
            // 调用 C 的 foo 函数, D 通过 delegatecall 函数调用 setN, msg.sender 是 C。E
的 storage 不会更新
        }
    }
```

（1）delegatecall 的调用举例

1）用户调用合约 C 的函数 foo，msg.sender 是用户地址。

2）foo 函数直接调用 D 合约的 delegatecallSetN 函数，此时切换执行上下文，切换 msg.sender 为合约 C 的地址。

3）D 合约的 delegatecallSetN 函数通过 delegatecall 的方式调用合约 E 的 setN 函数，不会切换执行上下文，在 setN 中，变量 sender 是合约 C 的地址，合约 E 的变量 n 不会被修改，合约 D 中的变量 n 将被修改。

（2）call 的调用举例

直接调用合约 D 的 callSetN 函数，此时切换执行上下文，切换 msg.sender 为合约 D 的地址，合约 E 的变量 n 则会被修改。

（3）callcode 的调用举例

直接调用合约 D 的 callcodeSetN 函数，此时不会切换执行上下文，切换 msg.sender 为合约 D 的地址，合约 E 的变量 n 不会被修改，合约 D 的变量 n 也不会被修改。

call、callcode、delegatecall 在调用函数的同时，还支持限定 Gas 使用上限和转账，使用方法如下：

```
// 指定被调用函数可用的 Gas 上限
namReg.call.gas(1000000)("register", "MyName");

// 调用函数的同时，进行转账
nameReg.call.value(1 ether)("register", "MyName");
nameReg.call.gas(1000000).value(1 ether)("register", "MyName");
```

6.2 以太坊 ABI 协议

ABI 全称 Application Binary Interface，表示应用程序二进制接口。ABI 协议定义了调用智能合约函数以及合约之间函数调用的消息编码格式，也可以理解为智能合约函数调用

的接口说明。类似于 Webservice 里的 SOAP 协议一样：定义操作函数签名、参数编码、返回结果编码等。

使用 ABI 协议时必须要求在编译时确定类型，即强类型相关。组装交易数据时，将生成的 ABI 编码数据存储在交易的 data 字段，当以太坊节点执行该交易时，检查 data 字段是否有数据，如果有，则解析该数据，找到函数入口，再执行该函数调用。

6.2.1 ABI 定义

当一个智能合约成功编译出来后，它的 ABI 定义就可以确定了。比如下面的智能合约：

```
contract myContract {
    event Log_lotus(bytes32 _id, bytes32[] users);
    uint k=0;
    function lotus(uint a, bytes32 b, bytes32[] c) public {
        k=a;
        Log_lotus(b,c);
    }
}
```

生成的 ABI 定义如下：

```
[
    {
        "constant": false, // 方法修饰符,false 表示函数内可以修改状态变量
        "inputs": [// 方法参数，是一个对应数组，数组里的每个对象都是一个参数说明
            {
                "name": "a",        // 第一个参数的名字
                "type": "uint256"   // 第一个参数的类型
            },
            {
                "name": "b", // 第二个参数的名字
                "type": "bytes32" // 第二个参数的类型
            },
            {
                "name": "c", // 第三个参数的名字
                "type": "bytes32[]" //// 第三个参数的类型
            }
        ],
        "name": "lotus", // 方法名
        "outputs": [], // 方法返回值，格式和 inputs 类型相同
        "payable": false,
        "stateMutability": "nonpayable",
        "type": "function" // 方法类型,function, constructor, fallback,event
    },
    {
        "anonymous": false,
        "inputs": [
            {
```

```
                "indexed": false,
                "name": "_id",
            "type": "bytes32"
        },
        {
            "indexed": false,
            "name": "users",
            "type": "bytes32[]"
        }
        ],
        "name": "Log_lotus",
        "type": "event"
    }
]
```

可以看出，生成 ABI 包含了 2 个定义：函数 lotus 和事件 Log_lotus，各个字段的含义请参见上文。根据该 ABI 定义，就可以生成调用该智能合约函数的 ABI 格式的数据了。

ABI 协议定义的编码格式可以简单表示为：函数选择器 + 参数编码。下面分别介绍这两种格式。

6.2.2 函数选择器

一个函数调用的 ABI 编码数据的前四个字节指定了要调用的函数 Hash。函数 Hash 的计算方式是使用 Keccak-256 函数对函数声明字符串进行 Hash，取 Hash 结果的前 4 个字节。示例代码如下：

```
bytes4(keccak256("foo(uint32,bool)"))
```

函数如果包含了多个参数则使用"，"隔开，注意：要去掉表达式中的所有空格。在 Geth 客户端，通过命令可以得到 Hash：

```
web3.sha3("foo(uint32,bool)")
"0xcc822237a37f9290b70dab4d640156d816bf8abdb959b5971d803a639dadef98"
```

截取前 4 个字节，即 0xcc822237。

6.2.3 参数编码

由于前面的函数 Hash 使用了四个字节，因此真正的参数数据将从第五个字节开始编码。ABI 编码规则根据参数类型的不同有所区别，分为固定长度编码和动态长度编码。具有固定长度的类型具体包含以下几种。

- `uint<M>`：M 为 integer 类型，代表 M 个字节，$0<M<=256$，$M\%8==0$，如 `uint32`、`uint8`、`uint256`。
- `int<M>`：同上。同为从 8 到 256 位的无符号整数。
- `uint` 和 `int`：整型，分别是 `uint256` 和 `int256` 的别名。注意：如果定义函数参

数类型是 uint，那么计算 Hash 时要转换成 uint256。
- address：地址，20 个字节，160 位长度。
- bool：布尔类型，1 个字节，true:1，false:0。
- bytes<M>：固定大小的字节数组，0<*M*<=32，其中 byte 都是 bytes1 的别名。

固定类型的数据编码固定长度为 32 字节，从左往右按照大端字节序存储数据，不足 32 字节长度的需要加 0 补足 32 字节。

动态长度类型的数据编码具体如下。
- bytes：动态分配大小的字节数组。该类型是一个引用类型，不是一个值类型。
- string：动态分配大小的 UTF-8 编码的字符串，该类型是一个引用类型，不是一个值类型。

动态长度的编码稍微有点复杂，我们在例子中详细介绍。

6.2.4　ABI 编码举例

（1）例子 1

该例子包含了简单类型的参数。

函数定义：function baz(uint32 x, bool y) public pure returns (bool r) { r = x > 32 || y; }。

调用方法：baz（69, true）。

生成的 ABI 编码数据如下：

0xcdcd77c000000000000000000000000000000000000000000000000000000000000000450000
00000000000000000000000000000000000000000000000000000000000001

下面将该编码数据拆成如下 3 段。
- 0xcdcd77c0：该数据是使用函数选择器生成的函数 ID。通过 bytes4(keccak256("baz(uint32,bool)")) 生成。
- 0x0000000000000000000000000000000000000000000000000000000000000045。该数据是第一个参数，uint32 位的值为 69，已补齐到 32 字节。
- 0x0000000000000000000000000000000000000000000000000000000000000001。该数据是第二个参数，boolean 类型值是 true。已补齐到 32 字节。

执行该函数后，返回结果是一个 bool 值，这里返回的是 false：
- 0x0000000000000000000000000000000000000000000000000000000000000000

（2）例子 2

该例子包含了动态长度和固定长度混合编码的参数。

函数定义：f(uint,uint32[],bytes10,bytes)。

调用方法：f(0x123, [0x456, 0x789], "1234567890", "Hello, world!")。

函数选择器：bytes4(sha3("f(uint256,uint32[],bytes10,bytes)"))

生成的 ABI 编码数据如下：

```
0x8be65246
0000000000000000000000000000000000000000000000000000000000000123
0000000000000000000000000000000000000000000000000000000000000080
3132333435363738393000000000000000000000000000000000000000000000
00000000000000000000000000000000000000000000000000000000000000e0
0000000000000000000000000000000000000000000000000000000000000002
0000000000000000000000000000000000000000000000000000000000000456
0000000000000000000000000000000000000000000000000000000000000789
000000000000000000000000000000000000000000000000000000000000000d
48656c6c6f2c20776f726c64210000000000000000000000000000000000000000
```

对于固定大小的类型值 uint256 和 bytes10，编码方法与上面的例子相同。对于动态内容类型值 uint32[] 和 bytes，我们需要先**编码偏移值**，偏移值是整个值编码的开始到真正存储这个数据的偏移值（这里不计算头四个用于表示函数选择器的字节）。

本例编码结果的格式是：

参数1数值	参数2偏移	参数3数值	参数4偏移	参数2数值	参数4数值

所以参数编码数据依次如下。

❑ 0x0000000000000000000000000000000000000000000000000000000000000123，该数据表示第一个参数数值，32 字节的 0x123。

❑ 0x0000000000000000000000000000000000000000000000000000000000000080，该段数据表示第二个参数的偏移值，偏移值为 0x80=4×32 字节。注意，第二个参数的具体数值编码被放在固定长度数据编码之后，因此，这个偏移值的计算方法为：第一个参数的数据长度（32 字节）+ 本偏移值长度（32 字节）+ 第三个参数的偏移值长度（32 字节）+ 第四个参数值长度（32 字节）。

❑ 0x3132333435363738393000000000000000000000000000000000000000000000，该数值表示第三个参数的编码（"1234567890"在右侧补 0 到 32 字节大小）。

❑ 0x00000000000000000000000000000000000000000000000000000000000000e0，该数值表示第四个参数的偏移 = 第一个动态参数的偏移值（4×32 字节）+ 第一个动态参数的大小（3×32 字节）。

接下来的数据首先是上面第二个参数 [0x456, 0x789] 编码。拆解如下：

❑ 0x0000000000000000000000000000000000000000000000000000000000000002，该数值表示整个数组的长度为 2。

❑ 0x0000000000000000000000000000000000000000000000000000000000000456，该数值表示第一个元素的数值为 0x456。

❑ 0x0000000000000000000000000000000000000000000000000000000000000789，该数值表示第二个元素的数值为 0x789。

最后是第三个参数"Hello, world!"的编码。拆解如下：

- 0x000000000000000000000000000000000000000000000000000000000000000d,该数值表示元素的字节长度为 13。
- 0x48656c6c6f2c20776f726c6421000000000000000000000000000000000000,该数值表示字符串"Hello, world!"按照 ASCII 编码补位到 32 字节。

6.3 交易的费用和计算

6.3.1 什么是 Gas 机制

在以太坊上执行任何一笔交易都会收取一定数量的执行费用。该费用不是固定的,是由 EVM 根据每笔交易中执行合约代码逻辑的多少动态计算出来的,计算该执行费用的方法称为 Gas 机制。

Gas 机制中有几个概念需要重点介绍一下。

- Gas。Gas 是计算交易执行费用的最基本单位,一次智能合约调用中,Gas 使用得越多,Gas 的价格就越高,该交易的费用也会越高。
- EVM 汇编指令的 Gas 消耗。在 EVM 的汇编指令中,以太坊针对不同的指令制定了不同的 Gas 消耗数量,单位是 Gas 的个数,例如,STORE 指令的 Gas 消耗是 20,000 个。这样做的好处是可以针对不同的指令复杂度和资源消耗程度灵活制定指令执行的成本,鼓励开发者开发成本较低的智能合约。
- Gas 价格。每笔交易中每个 Gas 的价格都可以由发送者指定,一笔交易的费用是 Gas 价格乘以该交易中所有指令消耗的 Gas 数量之和,矿工在挖矿时优先选择交易费用高的交易进行打包,这样,发送者如果希望交易被较快地写入区块,则可以通过提高 Gas 价格的方式,从而提高被矿工优先打包的概率。
- Gas 上限。在每笔交易中,不仅需要指定 Gas 的价格,还需要指定本次交易最多可以使用的 Gas 数量,该上限不能超过区块的 Gas 上限。原因很简单,如果超过的话,该交易将无法被打包到一个区块中。另一方面,Gas 上限必须超过实际 Gas 的使用消耗,当交易执行失败时,比如一些恶意的"垃圾"交易,将扣除发送者 Gas 上限指定的数量,以此增加攻击者的成本。

虽然 Gas 是可以被衡量的单位,但 Gas 并不是一种 token。也就是说,你不能拥有 1,000 个 Gas,Gas 只存在于 Ethereum 虚拟机的内部,作为执行多少工作的计算数量。在进行实际交易时,交易手续费将转换为一定数量的以太币作为奖励支付给矿工。

6.3.2 为什么需要 Gas 机制

使用 Gas 来衡量在一个具体计算中要求的费用单位。不仅能够保证交易费用的相对稳定性,还可以确保以太坊节点不会因为进行大量密集的工作而影响其他功能的正常运行。

以太坊通过这种经济手段解决了垃圾交易攻击的问题，是一种很巧妙的设计。

1. 保持交易费的相对稳定

由于以太币拥有快速变化的市场价格，因此如果交易费用直接使用以太币进行衡量，会使得交易费用频繁大幅波动，影响用户交易的体验，不利于以太坊生态发展。以太坊希望交易成本不应该随着以太币价格的变化而快速变化，所以将 Gas 计算的价格与以太币的价格分开，进行独立计价，每次以太币价格波动时，操作的成本基本上会保持不变。这种策略不同于比特币的交易费用策略，比特币交易费用仅基于交易的可执行字节数目。由于以太坊允许运行任意复杂的计算机代码，实际上很短的代码都可以导致大量的计算工作。因此，使用计算量来衡量交易费用非常重要，而不是仅仅根据交易或合约的长度来衡量费用。

2. 保证节点运行的安全性

以太坊使用计算量来衡量交易费用是一个动态计算的过程，除了保证交易费用计算的公平性，更重要的是出于安全考虑。

智能合约的代码一般需要存储状态数据，状态数据随着区块全网同步并永久存储，如果有恶意用户利用智能合约生成大量的垃圾存储，则会导致链上永久存储垃圾数据，并增加同步负担。为了防止这种攻击情况的出现，智能合约对于新建存储类型的数据的操作定义了一个相对比较"多"的 Gas 数量（通常为 20,000，一笔转账交易的 Gas 数量才 21,000）。

3. 限制执行智能合约函数所需的工作量

执行智能合约函数的每笔交易都需要设置一个 Gas 数量上限，以防止带有恶意逻辑的合约代码（例如死循环）无限制地执行，如果定义每个指令的执行都消耗一定的 Gas，那么当 Gas 消耗达到 Gas 数量的上限时，应无条件停止该合约代码的执行，以保护以太坊节点的正常运行。

6.3.3 交易费用计算法方法

上面已经提到交易费用的计算方法，本节将详细介绍交易执行过程中 Gas 的扣除流程。用户执行一笔交易时，首先需要从该用户账户预先扣除"足够的"以太币，数量为交易参数中预设的 Gas 数量上限 × Gas 价格（Gas 价格即每个 Gas 的价格，比如 1GWei）。如果交易成功执行后还剩余一些 Gas，那么它将被退还给发送用户，如图 6-1 所示。

如果预付的 Gas 在交易执行完成前被用完（即剩余 Gas 量小于 0），那么就会触发一个 out-of-gas 异常，并回滚当前虚拟机调用栈中对状态所做的所有修改，也就是说回滚之前该交易执行的所有修改，就像什么都没有发生一样。但是预付的全部 Gas 上限等价的以太币将被"奖励"给矿工，而不再退还给发送者，如图 6-2 所示。

第 6 章 智能合约运行机制

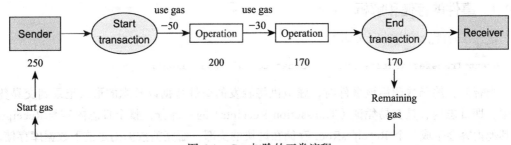

图 6-1 Gas 扣除的正常流程

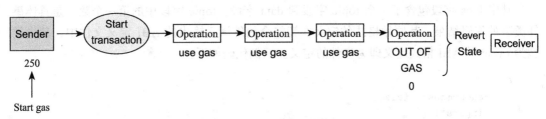

图 6-2 Gas 耗尽的流程

出现 Gas 异常的交易也会被矿工打包到区块，提交到链上，并且该矿工会获得交易发送者预支的以太币，这种交易返回的 status 值为 0。

6.3.4 交易费用的组成

Gas 费用包含下面三种类型。

1）智能合约代码执行的操作的固有费用：不同的指令具有不同的价格，增加 storage 存储也需要支付 Gas。

2）合约内执行创建新合约、调用其他合约函数的费用。对应的操作指令是 CREATE、CALL 和 CALLCODE。

3）如果增加了内存使用量，则可能需要支付 Gas。注意：这里的内存和存储是不同的概念，增加的意思是说如果上次函数执行时已经使用了部分内存空间，而且本次函数执行需要更多的存储空间，则需要付出多出部分的 Gas。详情请参见下面章节的介绍。

6.4 智能合约的事件

以太坊的智能合约执行环境是一个与外界完全隔离的"沙箱"，在智能合约内部无法访问外界的数据，但有一种方法可以将智能合约执行过程中的数据通知到外界，即通过智能合约的事件。

智能合约中的代码通过 LOG 指令将日志写入区块链中，这里的日志就是智能合约中定义的事件记录的数据。

6.4.1 事件的存储和解析

事件在智能合约中的定义如下：

`event Transfer(address from, address to, uint256 value);`

当智能合约函数调用该事件时，虚拟机将触发的事件数据以日志的形式记录到交易凭证中，即日志内容是交易凭证（Transaction Receipts）的一部分，整个日志内容与 Receipts 的其他内容会生成一个 ReceiptsRoot 存储在区块的头部，而完整数据则是链下数据库存储。日志在交易凭证中的数据如图 6-3 所示。

其中 logs 字段包含了一个 topic 字段和 data 字段。topic 字段中的第一个数据是具体事件类型的编码结果，其原始格式的定义在智能合约编译后输出的 ABI 定义文件中，其中类型为 event 的 ABI 格式定义即为事件的定义。示例代码如下：

```
{
    "anonymous": false,
    "inputs": [
        {
            "indexed": false,
            "name": "from",
            "type": "address"
        },
        {
            "indexed": false,
            "name": "to",
            "type": "address"
        },
        {
            "indexed": false,
            "name": "value",
            "type": "uint256"
        }
    ],
    "name": "Transfer",
    "type": "event"
}
```

topic 字段中的第一个数据是对该事件类型格式字符串进行 SHA-3 的 Hash 结果，例如，事件 Hello(uint256 worldId) 对应的数据是：

`sha3('Hello(uint256)')`

上面交易凭证中的 topic 数据实际上是 token 的 Transfer 事件编码：

```
> sha3('Transfer(address,address,uint256)')
ddf252ad1be2c89b69c2b068fc378daa952ba7f163c4a11628f55a4df523b3ef
```

```
{
    "blockHash": "0x5d9508a6243f657fced19a640f922cd3d107807c22a3cffa98c2622a27a7cd75",
    "blockNumber": "0x49f3e0",
    "contractAddress": null,
    "cumulativeGasUsed": "0x7388b3",
    "gasUsed": "0x10f03",
    "logs": [
        {
            "address": "0x06012c8cf97bead5deae237070f9587f8e7a266d",
            "blockHash": "0x5d9508a6243f657fced19a640f922cd3d107807c22a3cffa98c2622a27a7cd75",
            "blockNumber": "0x49f3e0",
            "data": "0x0000000000000000000000000035fc5208ef989c28d47e552e92b0c507d2b31800000000000000000000000000646985c36ad7bf4f3a91283f3ea6eda2af79fac6000000000000000000000000000000000000000000000001a4b0",
            "logIndex": "0x5b",
            "topics": [
                "0xddf252ad1be2c89b69c2b068fc378daa952ba7f163c4a11628f55a4df523b3ef"
            ],
            "transactionHash": "0x40f3f95fd8c70a76aad5776dc93cfcc8ee2efa0b6e187441af1a0e7b08ef1fd3",
            "transactionIndex": "0xcd",
            "transactionLogIndex": "0x0",
            "type": "mined"
        }
    ],
    "logsBloom": "0x00000000000000000000000000000000000000000000000000000000000000000000000000000000000000000000000000001000000800000000000000000000000000000000000000000000000000000000001000000000000000000000000000000000000000000000000000000000080000000000000000000000020000000000000000000000000000000000000000000000000000800000000000000000000",
    "root": null,
    "status": "0x1",
    "transactionHash": "0x40f3f95fd8c70a76aad5776dc93cfcc8ee2efa0b6e187441af1a0e7b08ef1fd3",
    "transactionIndex": "0xcd"
}
```

图 6-3 交易凭证中的日志

而 data 中的数据是 Transfer 事件的参数，是遵循 ABI 格式编码的数据，对该数据进行解码就可以得到参数的原始数据：

```
> values = eth_abi.decode_abi(types, log['data'])
(
'0xbc2095fa058886b35a1aa004a8934a3f86370a7c',
'0x535ad67403c2c09fdb3fa65399d6e9531b4ef956',
10200000000000000000
)
```

根据该事件的格式定义，可以将事件和数据结合起来，生成完整的事件数据：

```
{
'from': '0xbc2095fa058886b35a1aa004a8934a3f86370a7c',
'to': '0x535ad67403c2c09fdb3fa65399d6e9531b4ef956',
'value': 10200000000000000000
}
```

在智能合约的事件定义中，还有一个关键字：indexed。作用是方便将事件参数作为过滤条件，带有 indexed 的事件定义如下：

```
event Transfer(address indexed from, address indexed to, uint256 value);
```

使用 indexed 的事件参数不再编码到 data 字段中，而是保存在 topic 字段中，如图 6-4 所示。

```
{
    "blockHash": "0x8243343df08b9751f5ca0c5f8c9c0460d8a9b6351066fae0acbd4d3e776de8bb",
    "blockNumber": "0x429d3b",
    "contractAddress": null,
    "cumulativeGasUsed": "0x64b559",
    "gasUsed": "0xcaac",
    "logs": [
      {
        "address": "0xb59f67a8bff5d8cd03f6ac17265c550ed8f33907",
        "blockHash": "0x8243343df08b9751f5ca0c5f8c9c0460d8a9b6351066fae0acbd4d3e776de8bb",
        "blockNumber": "0x429d3b",
        "data": "0x0000000000000000000000000000000000000000000000000000012a05f200",
        "logIndex": "0x56",
        "topics": [
          "0xddf252ad1be2c89b69c2b068fc378daa952ba7f163c4a11628f55a4df523b3ef",
          "0x000000000000000000000000b46c2526e227482e2ebb8f4c69e4674d262e75",
          "0x00000000000000000000000054a2d42a40f51259dedd1978f6c118a0f0eff078"
        ],
        "transactionHash": "0xab059a62e22e230fe0f56d8555340a29b2e9532360368f810595453f6fdd213b",
        "transactionIndex": "0xac",
        "transactionLogIndex": "0x0",
        "type": "mined"
      }
    ],
    "logsBloom": "0x000000000400000000000000000000000000000000000000080000000100000000000000000000000004000000000000000000000000000000080000000000000000000000000000000000000000000000000020000000000000000000000000000200000000000000000002000000000000000000010000000000000000000000000000000000000001010000000000000000040000000000020000000000000000000000000000000000000000000000000000000000000000000000000000",
    "root": "0x3ccba97c7fcc7e1636ce2d44be1a806a8999df26eab80a928205714a878d5114",
    "status": null,
    "transactionHash": "0xab059a62e22e230fe0f56d8555340a29b2e9532360368f810595453f6fdd213b",
    "transactionIndex": "0xac"
}
```

图 6-4 交易凭证中带有 indexed 的日志

在 topic 字段中除了第一个是事件类型定义编码之外，后面 2 个都是 indexed 修饰的事件参数。

带有 indexed 修饰的事件类型 ABI 格式定义如下：

```
{
    "anonymous": false,
    "inputs": [
        {
            "indexed": true,
            "name": "from",
            "type": "address"
        },
        {
            "indexed": true,
            "name": "to",
            "type": "address"
        },
        {
            "indexed": false,
            "name": "value",
            "type": "uint256"
        }
    ],
    "name": "Transfer",
    "type": "event"
}
```

6.4.2 Logs 的底层接口

智能合约可以通过函数 log0、log1、log2、log3 和 log4 访问日志的底层接口。log$i$ 表示接受 i+1 个输入参数，参数类型为 bytes32。其中第一个参数保存到 logs 的 data 字段中，其他参数保存到 topic 字段中。6.4.1 节的事件调用可以按照如下这种方式执行：

```
pragma solidity ^0.4.10;

contract C {
    function f() public payable {
        bytes32 _id = sha3('Transfer(address,address,uint256)');
        log3(
            bytes32(msg.value),
            bytes32(0x646985c36ad7bf4f3a91283f3ea6eda2af79fac6),
            bytes32(msg.sender),
            _id
        );
    }
}
```

6.4.3 事件的查询

事件记录在智能合约函数被调用的交易凭证中，该交易凭证记录在某个高度的区块上，如果需要查询该记录，那么应如何快速定位到该交易和该事件数据呢？以太坊使用了 bloom 过滤器解决该问题。

首先，介绍一下 bloom 过滤器的特点。若位图中有待检查数据的索引，则代表**可能存在该数据的记录**，因为索引可能与其他数据索引重合。若位图中没有待检查数据的索引，则代表**肯定不存在该数据的记录**。

bloom 的生成方法具体如下。

1）对数据进行 SHA3 的 Hash。

2）取 Hash 结果的前 3 个双字，作为索引插入到位图中。

下面根据一个具体的例子看下 bloom 过滤器的用法：

```
// 生成 0f572e5295c57f15886f9b263e2f6d2d6c7b5ec6 的 bloom 位图
bloom(0f572e5295c57f15886f9b263e2f6d2d6c7b5ec6)
// 计算 Hash
sha3: bd2b01afcd27800b54d2179edc49e2bffde5078bb6d0b204694169b1643fb108
// 取前 3 个双字节
bd2b, 01af, cd27 --> 1323, 431, 1319
// 设置位图对应位置为 1
```

以太坊中的 bloom 过滤器是 2,048 位长度的位图，查询索引是智能合约的地址按照上面算法处理后的值。每个区块头中均有一个 bloom 位图字段。

6.4.4 事件查询过程

首先通过 eth_newFilter 接口注册一个事件过滤器,参数包括需要监视智能合约地址、起始和结束区块高度、事件过滤参数。参数是指编码后的 topic 字段,格式比较灵活,具体说明如下所示。

- [ ]:匹配任何字段。
- [A]:匹配第一个字段为 A,后面的字段匹配任何字段。
- [null, B]:第一个字段匹配任何字段,第二个字段匹配为 B,其他字段任意。
- [A, B]:匹配第一个字段为 A,匹配第二个字段为 B,其他字段任意。
- [[A, B], [A, B]]:匹配第一个字段为 A 或 B,匹配第二个字段为 A 或 B,其他字段任意。

外界调用 eth_getFilterChanges 函数检查事件是否触发,注意该函数会立即返回查询结果,因此需要定时调用。

eth_getFilterChanges 函数的说明具体如下。

1)会遍历指定要检查的所有区块,得到区块的 bloom 过滤器。

2)检查 bloom 过滤器是否有事件过滤器中要监视的智能合约地址,如果有,则表示该区块中的交易记录包含了该智能合约地址产生的事件。

3)遍历该区块中所有交易的凭证,取出 logs 字段,进行 topic 过滤匹配。

4)对匹配到的 topic 按照输出格式进行封装并返回。

6.5 库和链接原理

在 solidity 中,库是一种不同于一般智能合约类型的合约,它的特点具体如下。

- 代码可以被其他多个合约共享,普通智能合约引用同一个库,并在每个合约中复制库代码到本合约中实现共享。
- 库合约只需要在以太坊上部署一次,而不需要重新部署,相当于是一个不存储数据的公共代码。
- 库合约没有存储,但是可以定义状态变量,该状态变量属于引用该库的合约。
- 库合约地址不能作为合约账户,即不能拥有以太币。
- 库不支持可支付(payable)的函数,也没有 fallback 函数。

使用库的好处是可以节省大量的 gas,可以减少重复的代码"污染"区块链。因为同样的代码不需要一遍又一遍地部署,不同的合约可以依赖于相同的已经部署的库。

6.5.1 库的定义

库合约的定义如下:

```
library C {
    ...
}
```

库的调用方法是使用 address 类型的成员函数 DELEGATECALL，即不需要切换上下文。

在下面的例子中，调用合约 A 的 a() 函数，a() 函数中又调用了库 C 的 a() 函数，在该函数中，返回的是合约地址，而不是库的地址：

```
library C {
    function a() returns (address) {
        return address(this);
    }
}
contract A {
    function a() constant returns (address) {
        return C.a();
    }
}
```

6.5.2 库的使用

库函数可以修改链接该库的智能合约的状态变量，方法是在库函数中传递一个对 "storage" 类型的引用。有个语法糖：using，使用它可以声明库函数调用的第一个参数，在真正调用时，可以省略该参数。using 的用法举例如下：

```
library CounterLib {
    struct Counter { uint i; }; // 定义结构体 Counter
    // 函数 incremented 首个参数类型是 Counter，在使用 using 关键字后，可以省略该变量
    function incremented(Counter storage self) returns (uint) {
        return ++self.i;
    }
}
contract CounterContract {
    using CounterLib for CounterLib.Counter;
    CounterLib.Counter counter;
    function increment() returns (uint) {
        return counter.incremented(); // 库函数 incremented 传入的参数是 counter
    }
}
```

6.5.3 库的连接

在编译合约 A 的时候，生成的合约 A 的字节码中有一段特殊的数据：0073__browser/Untitled2.sol:C_____630dbe671f，这段特殊的数据指明了连接库的相关信息。

1）73 指令的含义是将接下来的 20 字节长度数据压入栈中；63 指令表示将接下来的 4 个字节压入栈中。

2）browser/Untitled2.sol 表示链接的库所在的文件。

3）C 表示链接的智能合约库的名字。

4）0dbe671f 表示函数 a() 的 Hash。

在执行库链接的时候，__browser/Untitled2.sol:C_____ 会替换为真实的库 C 的地址，长度为 20 字节。

6.5.4 库中的事件

库中可以定义事件，并且事件名字可以与链接合约相同。在触发库中的事件之后，与一般事件一样，需要在外部监听合约的事件才能捕获。库中的事件举例如下：

```
library EventEmitterLib {
        event Emit(string s); // 在库中定义事件
    function emit(string s) {
        Emit(s); // 触发该事件
    }
}
contract EventEmitterContract {
    using EventEmitterLib for string;
    function emit(string s) {
        s.emit();
    }
    event Emit(uint _value);
}
```

6.6 智能合约元数据

智能合约使用 solidity 编译器编译后可以指定输出一个 JSON 格式的合约元数据文件，其中包含所有当前智能合约的信息，包括编译器版本、源代码、ABI 定义和 NatSpec 文档。

编译器会将合约元数据文件的 Swarm Hash 追加到每个合约的字节码末尾（详细信息请参见下文），便于开发者可以通过认证的方式调用文件，而无须中心化数据服务器保存文件。当然，必须先将元数据文件和源文件发布到 Swarm 上，其他人才可以访问。

使用 solc--metadata 可以输出智能合约元数据文件，文件名为 ContractName_meta.json。

智能合约元数据文件包含如下内容。

1. 系统信息

```
// 必要字段：元数据格式的版本
version: "1",
// 必要字段：源码语言，通过 "sub-version" 字段进行选择
language: "Solidity",
```

```
// 必要字段：编译器信息，内容与具体语言相关
compiler: {
    // 必要字段：编译器版本
    version: "0.4.6+commit.2dabbdf0.Emscripten.clang",
    // 可选字段：输出本文件的编译器工具的 Hash 值，可用于校验编译器版本
    keccak256: "0x123..."
},
```

2. 源文件信息

```
// 必要字段：汇编源文件 /source units, 索引是文件名
sources:
{
    "myFile.sol": {
        // 必要字段：源文件的 Keccak-256 Hash
        "keccak256": "0x123...",
        // 必要字段：排序后的源文件 URL(s)，或者使用下面 "content" 字段指定源文件数据
        //URL 推荐为一个 Swarm URL
        "urls": [ "bzzr://56ab..." ]
    },
    "mortal": {
        // 必要字段：源文件的 Keccak-256 Hash
        "keccak256": "0x234...",
        // 必要字段：源文件文本，或者通过上面的 "urls" 字段指定源文件位置
        "content": "contract mortal is owned { function kill() { if (msg.sender == owner) selfdestruct(owner); } }"
    }
},
```

3. 编译器配置

```
// 必要字段：编译器选项
settings:
{
    //Solidity 编译器必要字段：排序后的重映射列表
    remappings: [ ":g/dir" ],
    // 可选字段：优化选项，默认关闭
    optimizer: {
        enabled: true,
        runs: 500
    },
    //Solidity 编译器必要字段：该元数据文件对应的合约文件名和合约名或库名
    compilationTarget: {
        "myFile.sol":
        "MyContract"
    },
    // Solidity 编译器必要字段：智能合约中使用的库地址列表
    libraries: {
        "MyLib": "0x123123..."
    }
},
```

4. 编译输出信息

```
// 必要字段：合约相关的信息
output:
{
    // 必要字段：合约的 ABI 定义
    abi: [ ... ],
    // 必要字段：合约的 NatSpec 用户文档
    userdoc: [ ... ],
    // 必要字段：合约的 NatSpec 开发者文档
    devdoc: [ ... ],
}
```

> **注意** ABI 定义没有固定的次序，不同的编译器版本生成的元数据次序可能不同。由于生成的智能合约的字节码包含元数据 Hash，因此对元数据的任何更改都会导致字节码的更改。此外，由于元数据包含所有使用源的 Hash，所以源代码中即使是单个空格变化也将导致不同的元数据，并随后产生不同的字节代码。

由于未来也会支持其他方式来存储元数据文件，因此为了统一编码格式，元数据 Hash{"bzzr0"：<Swarmhash>} 将被存储为 CBOR 编码。CBOR 编码即 RFC7049 草案，详见：https://tools.ietf.org/html/rfc7049。由于该编码没有标识起始位置的字段，因此将该编码数据的长度用 2 字节以大端编码的方式添加到编码数据的最后面，从而定位数据的起始位置。最终，solidity 编译器添加到部署的字节码末尾的数据如下：

```
0xa1 0x65 'b''z''z''r''0' 0x58 0x20 <32 字节群集哈希 > 0x00 0x29
```

如上所示，0xa1 0x65 是 CBOR 编码添加的数据，后面是 39 个字节的元 Hash 数据，一共 41 个字节，因此，最后加上 0x00 0x29 字节，标识长度为 41。为了检索数据，可以检查部署的字节码的末尾 2 个字节找到编码数据的起始位置，并使用 Swarm Hash 来检索文件。

元数据的使用方式如下：需要与合约交互的组件（例如 Mist）从该文件的 Swarm Hash 中检索出合约代码，然后调用合约的代码。Mist 可以使用 ABI 自动生成合约的交互接口。此外，在用户与合约进行交互时，Mist 可以使用元数据文件中的 userdoc 字段向用户显示相关的确认消息。

6.7 智能合约安全性分析

在 solidity 开发中，构建能够按预期工作的软件通常非常容易，但是保证在任何情况下都完全符合预期是很困难的。使用智能合约可以发行 token 或执行更有价值的逻辑，一旦发布就会无法更改，而智能合约的每一次执行都在公开场合进行，同时源代码通常也需要公开，以证明代码和执行逻辑的一致性。

本节将列出一些陷阱和一般安全性建议，但智能合约正在不断发展中，安全性问题也在不断地更新。注意，即使您的智能合约代码没有缺陷，编译器或平台本身也可能存在错误。可以在已知错误列表中找到编译器的一些公开已知的安全相关错误列表，这些错误也是机器可读的。

6.7.1　智能合约中的陷阱

所有智能合约中的数据都是可见的，甚至包括标志为 private 的状态变量和局部变量，当然这个私有状态变量和局部变量的可见性对于一般用户来说是无法实现的，而将可见的数据和具体的智能合约对应起来也是非常困难的。

- 智能合约不支持使用随机数。
- 函数重入。当一个合约的函数 func 向另一个合约转账时，会调用目标合约的 fallback 函数，如果目标合约的 fallback 函数在返回之前再次调用该合约的 func 函数，就形成了无限嵌套，例如：

```
pragma solidity ^0.4.0;
contract Fund {
    mapping(address => uint) shares;
    function withdraw() public {
        if (msg.sender.call.value(shares[msg.sender])())
            shares[msg.sender] = 0;
    }
}
```

上面 msg.sender 是合约地址，调用 call 函数转账以太币，默认调用 msg.sender 的 fallback 函数，fallback 再调用 withdraw 函数，使得 send 函数多次被执行，资金被转移多次。可以执行的次数受限于执行 withdraw 函数时的剩余 Gas 数量以及虚拟机栈深度（1024）。

使用 send 函数可以在一定程度上减少重入风险，它对 Gas 的使用数量进行了限制，使得 fallback 函数中不能执行更多的逻辑：

```
msg.sender.send(shares[msg.sender])
```

上面防止重入的解决办法是先清零转账金额，再转账，以保证下次执行时转账数为 0：

```
function withdraw() public {
    var share = shares[msg.sender];
    shares[msg.sender] = 0;
    msg.sender.transfer(share);
}
```

- Gas 限制和循环。需要小心使用没有固定迭代次数的循环，因为很可能会在不确定执行多少次的情况下耗尽本次交易的 Gas 上限，导致交易失败。循环的迭代次数最好是一个常量。

- 发送和接收以太币。合约和个人账户都不能阻止别人向自己发送以太币,但是合约地址可以接收也可以拒绝这笔转账。通过非调用方式向一个地址转账的途径有 2 个:1)作为矿工成功挖到一个区块并上链;2)合约销毁时指定一个账户地址,将合约持有的所有以太币发送给该账户。

如果一个合约直接收到一笔以太币的转账,则默认调用合约的 fallback 函数;如果没有定义 fallback 函数则会抛出异常,导致转账失败。注意:fallback 函数默认只有 2,300 数量的 Gas 可以使用,不足以访问一个状态变量。因此,转账前需要指定 fallback 函数中可用的 Gas 数量。

合约中通过地址向其他账户转账的方式为:addr.call.value(x)() 或 addr.transfer(x),这种方式允许本次调用中使用的 GAS 数量为当前所有的 GAS 剩余数量。

- 调用栈的深度

当外部函数的调用深度超过 1024 时将抛出异常,从而交易失败。恶意攻击者可以在与正常的智能合约交互之前,通过递归调用等手段使得调用深度处于临界值,然后再调用智能合约函数,制造栈溢出的攻击。

> **注意** 因为 address 类型的 send 函数在执行失败时不会抛出异常,即使是栈溢出也只是返回 false,函数 call()、callcode() 和 delegatecall() 也同样。

- tx.origin

在验证合约函数的发送者时,不要使用 tx.origin 变量,而是要用 msg.sender 变量。我们看一下下面的钱包合约的例子:

```
pragma solidity ^0.4.11;

// 注意:本合约中含有 bug,不可以用于实际部署
contract TxUserWallet {
    address owner;

    function TxUserWallet() public {
        owner = msg.sender;
    }

    function transferTo(address dest, uint amount) public {
        require(tx.origin == owner); // 这里判断调用者是否为钱包的持有者
        dest.transfer(amount);
    }
}
```

上面的合约代表一个钱包,这个合约有一个函数 transferTo,用来向指定的目标账户发送以太币。创建这个合约的账户拥有这个合约,即 owner,只有 owner 才有资格转账。

如果现在有人编写了下面这个 TxAttackWallet 钱包，欺骗你将以太币发送到这个钱包地址，前提是你必须用上面定义的 TxUserWallet 钱包向这个攻击者钱包转账：

```
pragma solidity ^0.4.11;

interface TxUserWallet {
    function transferTo(address dest, uint amount) public;
}

contract TxAttackWallet {
    address owner;

    function TxAttackWallet() public {
        owner = msg.sender;
    }

    function() public {
        TxUserWallet(msg.sender).transferTo(owner, msg.sender.balance);
    }
}
```

在 TxAttackWallet 合约收到你的转账后，会执行 fallback 函数，其会调用你的 TxUserWallet 钱包的 transferTo 函数来进行再一次的转账，如 TxUserWallet 中 transferTo 函数所示，transferTo 函数中检查 tx.origin 是否为 owner，这个检查结果是 true，因为 tx.origin 代表的是最原始的发起交易的账户，因此，TxAttackWallet 就可以成功地将你的钱包中的所有余额全部转走（msg.sender.balance）。所以"require（tx.origin == owner）"语句需要修改为"require（msg.sender == owner）"，按照智能合约的设计，msg.sender 已经被修改为最后调用者的地址，即 TxAttackWallet 的合约地址，而不是原始调用者的地址，这样在 transferTo 的 require 检查中就会判断为 false，使得攻击无法成功。

6.7.2 建议

1. 编译器告警

在编译智能合约时，如果编译器生成一些警告，那么最好是将它消除。即使你不认为这个特定的警告具有安全意义，也可能会有另一个隐藏在其下面的问题。任何编译器警告都可以通过对代码的轻微更改来进行消除。

2. 限制以太币的数量

限制可以存储在智能合约中的以太币（或其他代币）数量。防止源代码、编译器或平台有错误，导致无法追回这部分资金，从而将损失降至最小。

3. 智能合约代码越少越好并模块化

保持合约代码和执行逻辑尽量简洁。将无关的功能放到其他智能合约或库中进行调用。

并遵守源代码规范的一般性建议：限制局部变量的数量、函数的长度等。

4. 使用"检查–更新–交互"模式

大多数函数首先会执行一些检查（谁调用了函数，检查参数的有效性，他们是否发送了足够多的以太币，检查代币的余额等）。

如果所有检查都通过了，则可以对当前智能合约的状态变量进行更新。如果需要与其他合约进行交互，那么推荐放在任何功能的最后一步。

早期的一些智能合约设计中，首先会等待外部函数调用以非错误状态返回，最后才更新状态变量。由于上述流程可能存在重入问题，因此这通常是一个严重的错误。

请注意，对已知合约的调用也可能导致对未知合约的调用，所以最好始终应用此模式。

5. 形式化验证

使用形式化验证，可以执行自动化的数学证明，证明源代码符合特定的正式规范。规范仍然是正式的（就像源代码一样），但通常要简单得多。

请注意，形式化验证本身只能帮助你理解你所做的事情（规范）和你如何做（实际实现）之间的差异。你仍然需要检查业务逻辑是否如你所设计的，并且确保你没有错过任何意想不到的效果。

6.7.3 案例分析：资金回退流程

当智能合约中涉及资金转账/回退时，需要特别注意安全问题，特别是当 msg.sender 是智能合约账户时，下面就来分析一个资金回退有风险的例子：

```
pragma solidity ^0.4.11;
contract SendContract {
    address public
    richest; uint public
    mostSent;

    function SendContract() public payable {
        richest = msg.sender;
        mostSent = msg.value;
    }
    function becomeRichest() public payable returns (bool) {
        if (msg.value > mostSent) {
            // 这一行的 transfer 存在一个 bug，下面会进行详细分析
            richest.transfer(msg.value);
            richest = msg.sender;
            mostSent = msg.value;
            return true;
        } else {
            return false;
        }
    }
}
```

当调用 becomeRichest() 的账户是一个合约账户时，该合约账户的 fallback 函数被设计为永远失败。richest 变为该合约账户地址后，当其他账户再次调用 becomeRichest() 时，将永远失败，因为 richest.transfer 将永远无法被正确返回，这个合约将永远失效。

正确的做法是：函数 becomeRichest() 中只记录相关的数据记录，不进行资金回退操作，再提供一个 withdraw() 函数，由资金的所有人调用该函数来撤回属于他的资金。这样，他没有理由让资金撤回操作失败，示例代码如下所示：

```
pragma solidity ^0.4.11;

contract WithdrawalContract {
    address public richest;
    uint public mostSent;

    mapping (address => uint) pendingWithdrawals;

    function WithdrawalContract() public payable {
        richest = msg.sender;
        mostSent = msg.value;
    }
    function becomeRichest() public payable returns (bool) {
        if (msg.value > mostSent) {
            pendingWithdrawals[richest] += msg.value;
            richest = msg.sender;
            mostSent = msg.value;
            return true;
        } else {
            return false;
        }
    }

    function withdraw() public {
        uint amount = pendingWithdrawals[msg.sender];
        // 在发送以太币之前先清零，防止重入攻击
        pendingWithdrawals[msg.sender] = 0;
        msg.sender.transfer(amount);
    }
}
```

6.8 智能合约与外界的通信

部署在以太坊上的智能合约适合用来对状态数据的逻辑进行运算和处理。状态数据与外界是隔离的，相当于它们处于一个安全的"沙盒"之中，外界无法直接修改，但是这样也存在一个弊端，无法从合约中直接向外发起一个网络请求，获取外界的数据。更深层次的原因，是以太坊智能合约的设计原则：任何智能合约函数的执行都是可验证的，即相同

的输入必须得到相同的输出，这样才能在全网节点验证这笔交易的有效性时得到一个正确的结果。试想，如果智能合约支持直接访问外界的数据，那么在一个节点上执行智能合约时，它获得的外界数据是 DataA，执行完智能合约函数时修改状态数据结果为 R，当这笔交易在另一个节点进行验证时，执行相同的智能合约代码，它从相同的外部链接获取的数据为 DataB，以太坊本身没有任何手段保证 DataB 等于 DataA，从而也就无法验证该笔交易的有效性。

6.8.1　oracle 介绍

但是在一些业务场景中，在智能合约中获取外界的数据是很有必要的，真正有趣的复杂合约都需要来自区块链以外的数据。例如，当区块链执行远期合约时，就需要获取合约到期日的比特币/美元汇率。但是也必须满足以太坊交易的设计原则—— 保证每笔交易的一致性。这只能通过一个变通的办法来解决：通过链下的服务程序**监视区块链的事件**，并根据事件类型做出相应的**响应**，把响应结果**返回给合约**，通过这种方式，合约可以与链下世界进行交互，这种办法将一个交易的动作拆成了 2 个交易，以太坊对这种方式定义了一个专有的概念—— oracle。注意，此 oracle 非数据库供应商 oracle 公司，而是取它的本意：预言机。

oracle 中的这 2 个交易各自保证交易本身的有效性，同时将智能合约中的数据传入到智能合约中使用：第一个交易只负责通知外界需要传入的数据，全网节点执行该交易时向外界传递的事件参数是一致的；第二个交易是外界作为代理替智能合约获取外部数据后作为调用智能合约函数的参数传入智能合约内，在全网节点上也是有效的。

6.8.2　oracle 需要解决的问题

通过 oracle 这种方式解决智能合约获取外部数据的问题，本身也需要解决几个问题，才能较好地提供服务。

因为要监听智能合约事件的链下服务是一个中心化的服务，而要求一个去中心化的合约信任一个中心化的服务去获取单个外部数据源，其中必然存在信任问题，因为如果该服务受到攻击无法提供数据，或者被挟持后提供了假的数据，将会导致业务无法完成或生成错误的交易。可以通过多个独立的 oracle 对同一个请求进行响应，最终达成一个共识的办法来解决。外部数据源的有效性问题，如果需要获取的数据来自于一个单一的数据源，但该数据源某段时间暂停提供服务时，将会导致 oracle 无法继续提供服务，这将是致命的，会严重影响智能合约执行的及时性。这种情况下，oracle 机制本身无法从根本上解决该问题，只有常规的办法可用于临时解决：比如通过增加数据源的方式增加数据的可靠性。如果需要彻底解决，那么需要考虑使用与 oracle 不一样的方式来解决该问题，这将在 6.8.3 节中介绍。

6.8.3 数据商店

6.8.2 节提到了 oracle 对于单一数据源没有很好的解决办法来确保其有效性的问题。

一方面，通过链下服务主动获取的方式比较被动，在获取前无法保证数据源的有效性，并且即使无效也没有其他补救的办法；另一方面，这些数据是免费的，提供商没有义务一直提供服务，但是如果数据具有经济价值的话，那么数据提供商必然会很乐意来提供数据。

那么，我们可以提供这样的一个平台，也可以称之为"数据商店"，这个"数据商店"部署在以太坊上，数据提供商将数据上传到"数据商店"，数据本身不对外公开，成本是交易手续费，可以对每个数据进行标价，并保证数据的有效性和及时性（定期或不定期刷新），具有数据需求的客户向该数据提供商转账相应的价格就可以得到该数据，即使数据未被及时更新，那也只是得到一个较旧的数据，而不会出现无法获取的情况。当然，这里只讨论了数据商店的一个雏形，涉及的问题也很多，比如服务商上传数据和客户获取数据的标准化接口，对提供给虚假数据的惩罚机制等。

6.9 智能合约的动态升级

6.9.1 solidity 是一个受限的语言

以太坊对区块链技术最大的创新是加入了智能合约，智能合约使得在区块链上可以运行各种各样的应用（DApp），即任何账户都可以部署自己的智能合约。然而受限于区块链的技术特点，智能合约一旦部署后就会无法修改。然而，对于一个使用编程语言编写的软件应用来说，其无法避免不存在 bug，即使目前有形式化验证这种比较复杂的技术来保证智能合约的"零缺陷"，也总是会有升级智能合约业务逻辑的需求。除了业务逻辑升级的需求，还存在很多智能合约库，如 math 库，实际上只需要单独部署一次，供其他智能合约调用即可，而不需要在每个智能合约各自部署一个相关的库，那样做不仅浪费 Gas 成本，还会导致链上代码冗余。在满足以太坊交易的设计原则的前提下，有没有一种办法既可以实现智能合约的动态升级，还能降低智能合约的部署成本呢？答案是肯定的。

6.9.2 动态升级的实现

本节将介绍如何实现智能合约的动态升级。为了支持动态升级，还需要部署几个辅助的智能合约，位置是在主合约和库合约之间，如图 6-5 所示。

支持智能合约动态升级的方案将智能合约分为以下几个部分。

- 主合约。主合约提供用户操作的接口，假定该合约的函数接口定义是不需要修改的，而且接口对应的业务逻辑是通过应用库合约来实现的，那么，该合约将作为一个正常的普通智能合约部署到链上。如图 6-5 所示，主合约 token 的一个接口函数 getSupply()，其引用了合约库 tokenLib 中的合约实现 getSupply() 函数的功能。

❏ 分发合约。图 6-5 中主合约在进行正常的智能合约部署时是需要与对应的库进行链接的，链接后，在调用库函数时，从主代码合约库中寻找对应的函数，如果找到，则执行该函数。由于该链接的工作是在部署主合约时就完成了，无法修改，因此要实现合约动态升级，必须在部署主合约时，不直接与已部署的库的地址相关联，而是链接到"dispatcher"合约，这是允许的，因为链接地址是一个有效的合约地址，它包含合约字节码。这也意味着在执行主合约的函数 getSupply() 时，它将在"dispatcher"合约中查找 totalSupply 这个库函数，虽然 dispatcher 没有实现库的任何方法。

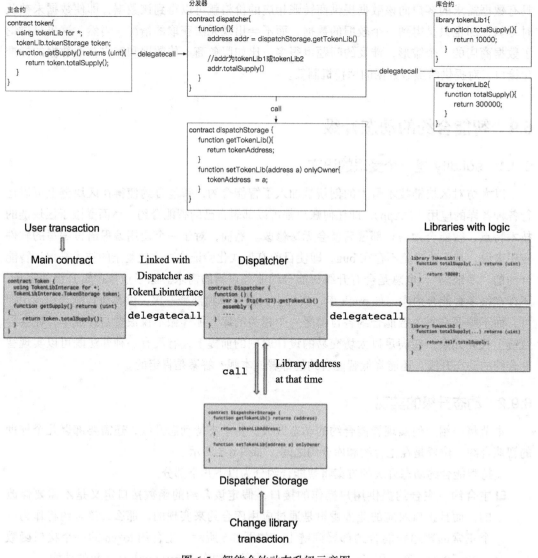

图 6-5　智能合约动态升级示意图

那么问题来了，在 dispatcher 合约中找不到 totalSupply 这个函数时该怎么办？这里涉及以太坊智能合约的一个设计特性，调用智能合约的函数时，如果在合约内找不到对应的函数，那么将执行该合约的 fallback 函数。fallback 函数是一个没有函数名和参数的默认函数，可以由用户自定义实现。这为实现合约动态升级提供了便利，因为最终调用哪个函数可以由代码逻辑来进行选择。

- 分发存储合约。该合约是用来保存库函数和对应实现的一个映射关系，在 dispatcher 合约中，根据输入参数（参数中的前4个字节）通过查询 dispatcher storage 中的映射，找到最终的合约库函数。而分发存储合约则可以通过接口更新库函数和对应实现的映射，最终实现库合约的动态更新。实际上，旧的库合约还在链上，只是将地址重新映射到新部署的合约库上了。
- 合约库。合约库是真正实现合约业务逻辑的地方，由于以太坊智能合约对于库的定义是不能有真正的存储空间，因此所有数据都需要保存在主合约中，这是智能合约动态升级的一个限制。

6.10 智能合约的数据存储

6.10.1 存储

每个账户都有一个称为存储的永久存储区。存储区的数据是以键值对的形式存储在状态树上的，即默克尔帕特里夏树，存储区中的数据更新会随着区块同步到全网节点，因此也具有无法篡改的特性。存储区数据的键值长度都是 256 位字。

智能合约无法通过遍历的方式读取存储区的所有数据，读取本智能合约相关的数据也需要花费一定的 Gas，而修改和新建存储数据的费用则更贵。除了智能合约自身之外，智能合约不能读取或写入任何其他智能合约的存储数据。

为了鼓励节约使用存储，除了在新建存储时需要支付高昂的费用，对于删除存储的操作也有相应的 Gas 费用奖励，原则是应尽量减少一些区块链的数据存储。

6.10.2 内存

第二个保存数据的地方称为内存，内存可用来存储智能合约执行过程（智能合约函数调用）中的临时数据，每次合约函数调用前都会清空内存并首先创建可以放下数据的长度空间。内存的寻址单位是字节，但是可以直接读取和写入 32 字节（256 位）的数据块。当然，内存使用空间越大，其成本就越高（它会按比例进行调整）。

开辟新内存需要支付 Gas 费用，但是如果在之前的合约函数调用中已经开辟过一定大小的内存空间，并且本次合约函数调用使用的内存大小小于上次已开辟的大小，则本次调用不需要开辟新空间，使用之前已开辟的空间即可。如果本次使用的内存空间超过了上次已开辟的空间，则需要追加开辟内存空间，支付的 Gas 费用是追加开辟内存空间的费用。开辟内存空间的最小单位是 32 字节，计算费用也是以字节为单位进行的。

6.10.3 栈

EVM 不是基于寄存器的虚拟机，而是基于栈的虚拟机，因此所有计算都在称为栈的区域上执行。EVM 的栈的大小是 1024 个单元，每个单元的尺寸是 256 位的字。

栈的特点是数据先进后出，操作指令使用的数据都是从栈顶获取，但也有例外。下面的指令可以直接访问非栈顶数据。

- 复制。可以将栈顶向下最多 16 个单元中的一个复制到栈顶。
- 交换。可以将栈顶向下最多 16 个单元中的一个与栈顶数据进行交换。

所有其他指令的操作都是从栈中获取栈顶的两个（也可以是一个或多个，这取决于操作）单元，并将结果再压入栈中。当然，可以将栈顶数据移动到存储或内存中，但不可能直接访问除栈顶之外的其他单元。

6.11 本章小结

本章深入介绍了智能合约相关的运行与实现原理，不仅包括调用与执行智能合约的相关协议及其实现，还对智能合约中比较难以理解的主题比如安全性、外接的通信、动态升级和数据存储等一一进行了详细介绍，相信本章内容对于开发一个安全高效的智能合约有一定的帮助。

第 7 章 Chapter 7

智能合约字节码与汇编

本章将在第 6 章的基础上深入介绍运行智能合约的以太坊虚拟机：EVM（ethereum virtualmathine）。重点分析虚拟机的运行原理、智能合约字节码解析，以及智能合约状态数据在 merkle 树中的存储实现。

7.1 智能合约汇编指令集

智能合约使用 solidity、LLL、Serpent 或 Mutan 等高级语言编写，编写完成后使用各自的编译器（例如 solidity 的编译器是 solc）进行编译，编译成功输出字节码、ABI 定义等数据。其中字节码是一串十六进制数字编码的字节数组。比如像下面这样：

6060604052600436106030f576000357c0100...

字节码是虚拟机运行时的输入数据，虚拟机以字节为单位"挨个"读入字节码数据，并根据其含义执行相应的动作。虚拟机必须将读入的字节码翻译成对应的"汇编指令"才能理解字节码的含义，这些"汇编指令"就是 EVM 的指令集。

EVM 的指令集除了以最小规模为原则进行设计之外，还需要尽可能地避免可能导致共识问题的错误实现。指令数据的长度单位是 256 位长度，所有的指令都是针对这个基本的数据类型的操作。EVM 指令集除了具备常用的算术、位、逻辑和比较等操作之外，还可以做到有条件和无条件跳转。此外，指令还可以访问当前区块的相关属性，比如它的区块高度和时间戳等。

EVM 对字节码的解析是以一个字节为单位，每个字节都表示一个 EVM 指令或一个数据，例如，上面的起始字节 60，对应的指令是 push0。因此，字节码 606060405260043610…起始部分的数据翻译出来的含义具体如下。

1）第一个字节是"60"，从操作码映射数据 opcodes[] 中找到操作码是" PUSH1"，表示向栈中压入 1 个字节长度的数据：该字节就是接下来的"60"。

2）上面消耗了 2 个字节，继续获取第 3 个字节，还是"60"，还是表示向栈中压入数据"40"。

3）压入数据完成后，又消耗了 2 个字节，取出接下来的数据"52"，对应的指令是"MSTORE"，"MSTORE"的含义是从栈中弹出 2 个数据，分别为 s0(=0x40)、s1(=0x60)，并在内存堆中以 s0 为偏移起始地址，申请 32 字节长度的内存空间，再将 s1 的值保存到该内存空间内，存储是从该空间的最右边开始存起，若不足 32 字节长度，则补足 0。

4）"MSTORE"指令没有压入数据，所以继续取出下一个数据，取出来的是"60"，继续压入"04"。

5）取出数据"36"，该字节的含义是 CALLDATASIZE，继续执行该指令，如此直到执行全部指令或遇到"stop"指令。

从上面的处理流程可以看出，字节码和汇编指令是一一对应的。完整的 EVM 指令具体可见表 7-1 至表 7-12。

表 7-1 暂停执行

汇编指令	操作码	操作个数	返回个数	含 义
STOP	0x00	0	3	停止执行

表 7-2 算术运算

汇编指令	操作码	操作个数	返回个数	含 义
ADD	0x01	2	1	加法操作
MUL	0x02	2	1	乘法操作
SUB	0x03	2	1	减法操作
DIV	0x04	2	1	除法操作
SDIV	0x05	2	1	有符号除法
MOD	0x06	2	1	求模操作
SMOD	0x07	2	1	有符号求模操作
ADDMOD	0x08	3	1	先加再求模
MULMOD	0x09	3	1	先乘再求模
EXP	0x0a	2	1	指数运算
SIGNEXTEND	0x0b	2	1	扩展有符号整数的长度

表 7-3 按位逻辑与比较运算

汇编指令	操作码	操作个数	返回个数	含 义
LT	0x10	2	1	小于操作
GT	0x11	2	1	大于操作

汇编指令	操作码	操作个数	返回个数	含义
SLT	0x12	2	1	有符号小于操作
SGT	0x13	2	1	有符号大于操作
EQ	0x14	2	1	等于操作
ISZERO	0x15	1	1	否定操作
AND	0x16	2	1	按位与运算
OR	0x17	2	1	按位或运算
XOR	0x18	2	1	按位异或运算
NOT	0x19	1	1	按位非运算
BYTE	0x1a	2	1	检索单个字节

表 7-4　加密操作

汇编指令	操作码	操作个数	返回个数	含义
SHA3	0x20	2	1	计算 SHA-3 散列

表 7-5　环境信息

汇编指令	操作码	操作个数	返回个数	含义
ADDRESS	0x30	0	1	获取当前执行账户的地址
BALANCE	0x31	1	1	获取给定账户的余额
ORIGIN	0x32	0	1	获取执行起始地址
CALLER	0x33	0	1	获取调用者地址
CALLVALUE	0x34	0	1	通过负责此执行的指令 / 事务获存储值
CALLDATALOAD	0x35	1	1	获取当前环境的输入数据
CALLDATASIZE	0x36	0	1	获取当前环境中输入数据的大小
CALLDATACOPY	0x37	3	0	将当前环境中的输入数据复制到内存
CODESIZE	0x38	0	1	获取在当前环境中运行的代码的大小
CODECOPY	0x39	3	0	将当前环境中运行的代码复制到内存
GASPRICE	0x3a	0	1	获取当前环境中的 Gas 价格
EXTCODESIZE	0x3b	1	1	获取在当前环境中使用给定偏移量运行的代码大小
EXTCODECOPY	0x3c	4	0	将在当前环境中运行的代码复制到具有给定偏移量的内存中

表 7-6　块信息

汇编指令	操作码	操作个数	返回个数	含义
BLOCKHASH	0x40	1	1	获取最近完成块的 Hash 值
COINBASE	0x41	0	1	获取块的硬币基地址
TIMESTAMP	0x42	0	1	获取块的时间戳
NUMBER	0x43	0	1	获取块的编号
DIFFICULTY	0x44	0	1	获得块的难度
GASLIMIT	0x45	0	1	获取块的 Gas 值限制

表 7-7 内存、存储和流操作

汇编指令	操作码	操作个数	返回个数	含义
POP	0x50	1	0	出栈
MLOAD	0x51	1	1	从内存加载字
MSTORE	0x52	2	0	将 word 保存到内存
MSTORE8	0x53	2	0	将 byte 保存到存储器
SLOAD	0x54	1	1	从存储器加载
SSTORE	0x55	2	0	将 word 保存到存储
JUMP	0x56	1	0	跳转
JUMPI	0x57	2	0	有条件跳转
PC	0x58	0	1	获取程序计数器
MSIZE	0x59	0	1	获取活动内存的大小
GAS	0x5a	0	1	获取可用 Gas 的量
JUMPDEST	0x5b	0	0	无操作

表 7-8 Push 操作

汇编指令	操作码	操作个数	返回个数	含义
PUSHn	0x60 ~ 0c7f	0	1	将 n 字节项放在堆栈上 n=1 ~ 32

表 7-9 从堆栈复制第 n 个项目

汇编指令	操作码	操作个数	返回个数	含义
DUPn	0x80 ~ 0x8f	n	n+1	在堆栈上复制第 n 条数据 n=1 ~ 16

表 7-10 使用顶部数据交换堆栈中的第 n 项数据

汇编指令	操作码	操作个数	返回个数	含义
SWAPn	0x90 ~ 0x9f	1+n	1+n	堆栈的顶部数据和第 n 项数据交换 n=1 ~ 16

表 7-11 使用 0..n 标记记录一些地址的一些数据

汇编指令	操作码	操作个数	返回个数	含义
LOG0	0xa0	2	0	写日志
LOG1	0xa1	3	0	写日志
LOG2	0xa2	4	0	写日志
LOG3	0xa3	5	0	写日志
LOG4	0xa4	6	0	写日志

表 7-12 系统操作

汇编指令	操作码	操作个数	返回个数	含义
CREATE	0xf0	3	1	创建具有关联代码的新账户
CALL	0xf1	7	1	消息呼叫到账户（发送消息给账户）
CALLCODE	0xf2	7	1	调用自己，但是从 TO 中获取参数而不是从自己的地址获取代码
RETURN	0xf3	2	0	暂停执行并返回输现数据
DELEGATECALL	0xf4	6	1	在理念上类似于 CALLCODE，唯一不同的是它将发送者和值从父作用域传播到子作用域
SUICIDE	0xff	1	0	暂停执行并注册账户以便稍后删除

7.2 智能合约字节码解析

本节将以一个简单的智能合约为例,完整分析与该智能合约编译出来的字节码对应的汇编指令是如何工作的。

智能合约示例代码如下:

```
pragma solidity ^0.4.19;
contract C {
    uint256 a;
    function C() public {
        a = 1;
    }
    function Foo(uint256 _in) public {
        a = _in;
    }
}
```

在该智能合约中,首先定义了一个状态变量 a,长度为 32 字节,该状态变量的值会永久保存在链上。还定义了一个函数 C,该函数的名字与合约名字相同,是一个特殊的函数,称为构造函数,在部署该智能合约时会自动执行该构造函数,public 是函数修饰符,表示该函数对所有账户可见(注意:构造函数不可以被单独调用)。再定义一个接口函数 Foo,输入参数是 "_in",对其使用 public 修饰符表示所有用户都有权限执行该函数,该函数的代码逻辑是将输入参数保存到状态变量 a 上。

该智能合约通过 remix 等工具编译后会生成汇编指令,限于篇幅,以及为了便于读者理解,这里将每一行指令的含义以注释的方式放于指令后面。在注释中详细说明每一行指令的操作,包括对数据的操作,如栈、存储、内存等空间的数据更新。

全部指令和注释如下所示:

```
// 这部分是创建智能合约时执行的汇编指令,等智能合约部署完成后,将不会再被执行
.code
    PUSH 80         // 压入 0x80 stack=[0x80],stack 表示当前虚拟机运行环境中的栈,下同
    PUSH 40         // 压入 0x40 stack=[0x80,0x40], 0x40 即 64
    MSTORE          // 在 memory 空间中偏移 64×32 的位置写入值 0x80, 实际上意味着开辟
2KB 的存储空间, stack=[]

    //CALLVALUE 表示压入创建该智能合约的这笔交易携带的 eth 数量,没有携带就压入 0, stack=
[value] CALLVALUE

    //ISZERO 先弹出 stack 中的一个数据(当前是 value),判断 value 是否为 0,如果是 0 就压
入 1,否则压入 0: stack=[0x1/0x0]
    ISZERO
    // 压入 tag1 stack=[0x1/0x0,tag1], tag1 是标签
    PUSH [tag] 1

    //JUMPI 会弹出 2 个数据,判断第二个弹出数据是 true 还是 false,如果是 true,则表示没有
```

value,跳转到 tag1；否则，继续往下执行 stack=[]
        JUMPI

        PUSH 0   //stack=[0]
        DUP1   // 复制栈顶的一个数据并压入 stack, stack=[0,0]
        //REVERT 弹出 stack 的 2 个数据，作为地址和 size。该指令返回 memory 地址 =0,size=0
中的数据 stack=[]。该指令是 metropolis hardfork 之后才支持的
        REVERT

        // 这里是没有携带 value 的部署智能合约交易的执行入口，实际上就是构造函数的执行代码
        tag 1
        JUMPDEST   // 没有含义，表示跳转的目标位置
        PUSH 1   //stack=[0x1]
        PUSH 0   //stack=[0x1,0x0]
        DUP2   //stack=[0x1,0x0,0x1]
        SWAP1   //stack=[0x1,0x1,0x0]
        SSTORE   // 弹出 2 个数据，将 memory=0 的位置写入数据 1。0 地址处是状态变量 a
        POP   // 以上都是构造函数中执行代码 a=1 的汇编指令，关于变量 a 的地址的详细分
析见下文

        // 压入本智能合约字节码中 .data 段的长度，.data 段是智能合约真正的字节码，stack=
[len]。#[$] 是特殊符号
        PUSH #[$] 0000000000000000000000000000000000000000000000000000000000000000

        DUP1   //stack=[len,len]
        // 压入 .data 段在本字节码中的偏移地址 stack=[len,len,offset]
        PUSH [$] 0000000000000000000000000000000000000000000000000000000000000000
        PUSH 0 // 压入智能合约字节码复制到 memory 的起始地址，即 0, stack=[len,len,offset,0]

        // 根据 len 和 offset 复制下面从 .data 开始的字节码到 0 地址开始的 memory 内存中
        CODECOPY
        PUSH 0 // stack=[len,0]
        RETURN // 将 memory 的空间扩展到 len(如果之前不足的话) 并返回部署后的字节码，
stack=[]
    .data   // 这部分开始智能合约内容的汇编指令
        0:
            .code
                PUSH 80
                PUSH 40
                MSTORE   // 同上分析，开辟 2KB 的 memory 空间
                PUSH 4   //stack=[4]
                CALLDATASIZE // 压入交易携带的 calldata 的数据长度 stack=[4,size]

                // 检查 size 是否小于 4,若小于则压入 1,若不小于则压入 0, stack=[0]
                // 为什么要和 4 进行比较？因为函数 Hash 长度是 4,如果小于 4,则表示非智能合约函
数调用 LT
                PUSH [tag] 1 //stack=[0, tag1]
                JUMPI   //size 小于 4, 跳转到 tag1, 否则继续
                PUSH 0   //stack=[0]
                CALLDATALOAD // 加载 calldata 中的前 32 字节 stack=[calldata[0:32]]
                PUSH 100000000000000000000000000000000000000000000000000000000

```
        SWAP1            //stack=[1000000..., calldata[0:32]]
        DIV              //calldata[0:32]/1000000... 表示取 calldata[0:32] 的前 4 字节
        PUSH FFFFFFFF    // stack=[calldata[0:4], FFFFFFFF]
        AND              // 确保 calldata[0:4] 的前 28(32-4) 字节是 0 stack=[calldata[0:4]]
        DUP1             //stack=[calldata[0:4],calldata[0:4]]
        // 压入 Foo(uint256) 的 Hash 数据
        PUSH 1176BD96    //stack=[calldata[0:4],calldata[0:4],1176BD96]
        EQ               // 比较是否相等，若相等则压入 1；若不相等则压入 0
        PUSH [tag] 2     //stack=[calldata[0:4],1,tag2]
        JUMPI            // 如果相等，则跳转到 tag2，否则继续，stack=[calldata[0:4]]
        // 注意：如果智能合约定义了多个函数，则会重复上面的流程，逐个比较 Hash 值，直到找到 Hash
    tag 1                // 智能合约函数调用时，calldata 的长度小于 4
        JUMPDEST         // 表示该地址是一个目标跳转地址
        PUSH 0
        DUP1
        REVERT           // 在虚拟机的处理流程中，对于 revert 指令，会回滚所有之前对状态数据的修改
    tag 2                // 函数 Foo(uint256 _in) 的参数检查
        JUMPDEST
        CALLVALUE        //stack=[calldata[0:4],value]，压入转账金额
        ISZERO           // 检查 value 是否为 0, stack=[calldata[0:4],0]
        PUSH [tag] 3     //stack=[calldata[0:4],0, tag3]
        JUMPI            // 如果参数非 0，则跳转到 tag3 stack=[calldata[0:4]]
        PUSH 0           // 否则返回，撤销操作
        DUP1             //stack=[calldata[0:4],0,0]
        REVERT
    tag 3                // 函数 Foo(uint256 _in) 的代码实现，中间的指令貌似有一些冗余
        JUMPDEST
        PUSH [tag] 4     //stack=[calldata[0:4],tag4]
        PUSH 4           //stack=[calldata[0:4],tag4,4]
        DUP1             //stack=[calldata[0:4],tag4,4,4]
        DUP1             //stack=[calldata[0:4],tag4,4,4,4]
        CALLDATALOAD     //stack=[calldata[0:4],tag4,4,4,calldata[4:36]]
        SWAP1            //stack=[calldata[0:4],tag4,4,calldata[4:36],4]
        PUSH 20          //stack=[calldata[0:4],tag4,4,calldata[32:64],4,32]
        ADD              //stack=[calldata[0:4],tag4,4,calldata[32:64],0]
        SWAP1            //stack=[calldata[0:4],tag4,4,0,calldata[32:64]]
        SWAP2            //stack=[calldata[0:4],tag4,calldata[32:64],0,4]
        SWAP1            //stack=[calldata[0:4],tag4,calldata[32:64],4,0]
        POP              //stack=[calldata[0:4],tag4,calldata[32:64],4]
        POP              //stack=[calldata[0:4],tag4,calldata[32:64]]
        PUSH [tag] 5     //stack=[calldata[0:4],tag4,calldata[32:64],tag5]
        JUMP             // 跳转到 tag5 stack=[calldata[0:4],tag4,calldata[32:64]]
    tag 4
        JUMPDEST
        STOP
    tag 5                // 函数 Foo(uint256 _in) 的最终执行代码
```

```
            JUMPDEST
            DUP1            //stack=[calldata[0:4],tag4,calldata[32:64], calldata
[32:64]]
            PUSH 0          //stack=[calldata[0:4],tag4,calldata[32:64], calldata
[32:64],0]
            DUP2            //stack=[calldata[0:4],tag4,calldata[32:64], calldata
[32:64],0,calldata[32:64]]
            SWAP1           //stack=[calldata[0:4],tag4,calldata[32:64],
calldata[32:64],calld ata[32:64],0]
            SSTORE          // 写输入参数到 memory 地址为 0 的位置：stack=[calldata [0:4],
tag4, ca lldata[32:64],calldata[32:64]]
            POP             //stack=[calldata[0:4],tag4,calldata[32:64]]
            POP             //stack=[calldata[0:4],tag4]
            JUMP [out]// 执行成功，退出
        .data
```

7.3 状态变量的存储

在以太坊上，所有状态变量都以 key-value 的形式存储在帕特里夏 – 默克尔树中。对于不同的数据类型，存储方案会有些差异，下面就来介绍各种数据类型的存储方法。

7.3.1 普通状态变量的存储

普通状态变量包括布尔型和整型等长度固定的类型。存储的单元长度是 32 字节，每个存储单元称为一个槽（slot），每个槽的地址（从 0 开始编号）均作为帕特里夏 – 默克尔树的查询键值 key，变量值作为 value。例如下面的状态变量定义：

```
contract C {
    uint a=1;
    uint b=3;
        ......
}
```

变量 a 占用第一个槽位，因此它的存储 key=0，value=1；变量 b 占用第二个槽位，因此它的存储 key=1，value=3。

首先来看一下整型变量 a=1 这条指令对应的操作实现：

```
PUSH 1
PUSH 0
DUP2
SWAP1
SSTORE
POP
```

代码解析具体如下。

1）压入 1：stack:[0x1]；

2）压入 0：stack:[0x1,0x0]；

3）复制栈中第二个数据到栈顶：stack:[0x1,0x0,0x1]。

4）交换栈顶的 2 个数据：stack:[0x1,0x1,0x0]。

5）将值 1 存储在 storage 地址槽 0 地址处：stack:[0x1]store:{0x0=>0x1}。

6）丢弃栈顶的数据：stack[]。

上述代码的执行结果是指在 storage 地址 0 处写入值 1，也就是说地址 0 代表的是 *a* 的值。

实际上，上述代码可以精简为：

```
PUSH 1
PUSH 0
SSTORE
```

如果是代码"*a*=1；*b*=3"，则对应的代码是：

```
PUSH 1
PUSH 0
SSTORE
PUSH 3
PUSH 1
SSTORE
```

在 storage 地址槽 1 处写入值 3，也就是说地址槽 1 代表的是 *b* 的值。

上面 storage 中的地址长度是 32 字节，称为一个槽（slot）。也就是说，地址 0 和地址 1 总共占用了 2 个槽，共 64 字节。这样做很浪费存储空间，其实这是有优化空间的。为了优化存储，对于显式定义变量长度的数据可进行"压缩"存储：

```
uint8 `a=1;
uint128 b=3`;
```

编译器会将 *a*、*b* 数据存储到同一个地址槽 slot 中：

```
PUSH 1       //stack=[1]
PUSH 0       //stack=[1,0]
DUP1         //stack=[1,0,0]
PUSH 100     //stack=[1,0,0,0x100]
EXP          //stack=[1,0,1]
DUP2         //stack=[1,0,1,0]
SLOAD        //stack=[1,0,1,a]，加载 a 的值 =0, 地址 =0
DUP2         //stack=[1,0,1,a,1]
PUSH FF      //stack=[1,0,1,a,1,0xff]
MUL          //stack=[1,0,1,a,0xff]
NOT          //stack=[1,0,1,a,0xffff...00] 对栈顶按位取反
AND          //stack=[1,0,1,0]
SWAP1        //stack=[1,0,0,1]
DUP4         //stack=[1,0,0,1,1]
PUSH FF      //stack=[1,0,0,1,1,0xff]
AND          //stack=[1,0,0,1,1]
```

```
MUL           //stack=[1,0,1,1]
OR            //stack=[1,0,1]
SWAP1         //stack=[1,1,0]
SSTORE        //stack=[1] 向 0 地址写入值 1
POP           //stack=[]

PUSH 3        //stack=[3]
PUSH 0        //stack=[3,0]
PUSH 1        //stack=[3,0,1]
PUSH 100      //stack=[3,0,1,0x100]
EXP           //stack=[3,0,0x100]
DUP2          //stack=[3,0,0x100,0]
SLOAD         //stack=[3,0,0x100,1] 取 0 地址位置的数据，即 a 的值
DUP2          //stack=[3,0,0x100,1,0x100]
PUSH FFFFFFFFFFFFFFFFFFFFFFFFFFFFFFFF    //stack=[3,0,0x100,1,0x100,0x00..ff...]
MUL           //stack=[3,0,0x100,1,0x00..ff...00]
NOT           //stack=[3,0,0x100,1,0xff..00...ff]
AND           //stack=[3,0,0x100,1]
SWAP1         //stack=[3,0,1,0x100]
DUP4          //stack=[3,0,1,0x100,3]
PUSH FFFFFFFFFFFFFFFFFFFFFFFFFFFFFFFF    //stack=[3,0,1,0x100,3,0x00..ff...]
AND           //stack=[3,0,1,0x100,3]
MUL           //stack=[3,0,1,0x300]
OR            //stack=[3,0,0x301]
SWAP1         //stack=[3,0x301,0]
SSTORE        //stack=[3] 向地址 0 存入数据 0x301
POP           //stack=[]
```

上面使用的 2 个 SSTORE 指令，再加上其他冗余的指令，使得这个简单的赋值操作变得非常复杂。实际上可以进一步优化该指令流程：先将数据组装好，再进行一次 SSTORE 就好。

其实编译器是支持该优化的：为编译器加上 optimize 选项可以达到该目的。优化不仅可以减少指令数量，还可以提高执行效率。

SSTORE 指令的执行成本比较高，具体花费如下。

❑ SSTORE 指令第一次写入一个新位置需要花费 20,000 Gas。
❑ SSTORE 指令后续写入一个已存在的位置需要花费 5000 Gas。
❑ SLOAD 指令的成本是 500 Gas。
❑ 而其他大多数的指令成本是 3 ～ 10 Gas。

这里还有一个需要注意的地方：智能合约中如果只定义状态变量，则不需要任何花费，只需占用 slot 即可，执行赋值操作时才需要花费 Gas。

7.3.2 动态数据的 storage 存储

动态数据类型的 storage 存储要比固定长度类型的存储更复杂。动态类型包含以下 3 种。
❑ 映射（Mappings）：如 mapping(bytes32 => uint256)，mapping(address => string)。
❑ 数组（Arrays）：如 []uint256，[]byte。

❏ 字节数组（Byte arrays）：包括 string、bytes。

1. map 的存储

下面还是通过一个具体的智能合约来看一下 map 的存储，以下面的智能合约为例：

```
pragma solidity ^0.4.19;
contract C {
    mapping(uint256=> uint256) balance1;
        mapping(uint256=> uint256) balance2;
    function D() public {
        balance1[123] =
        456;
    }
}
```

编译成汇编指令后，操作"balance[123]=456"；相关的指令如下：

```
PUSH 1C8    //压入赋值的数据 stack:[456]
PUSH 0      //压入 balance 变量的地址 stack:[456,0]
DUP1        //复制栈顶数据 stack:[456,0,0]
PUSH 7B     //压入索引 stack:[456,0,0,123]
DUP2        //stack:[456,0,0,123,0]
MSTORE      //存储 memory 中 0 地址的数据为 123，即数据内容 stack:[456,0,0]
PUSH 20     //stack:[456,0,0,32]
ADD         //stack:[456,0,32]
SWAP1       //stack:[456,32,0]
DUP2        //stack:[456,32,0,32]
MSTORE      //存储 memory 中 32 地址的数据为 0，即数据的 position=0 stack:[456,32]
PUSH 20     //stack:[456,32,32]
ADD         //stack:[456,64]
PUSH 0      //stack:[456,64,0]
KECCAK256   //计算地址 0 开始的 64 字节数据的 Hash，并压入结果 stack:[456, a2b43a3fe...]
DUP2        //stack:[456,a2b43a3fe...,456]
SWAP1       //stack:[456,456,a2b43a3fe...]
SSTORE      //存储 456 到 store 上，key=a2b43a3fe... stack:[456]
POP         //弹出最后一个数据 stack:[]
```

上面的处理过程中包含如下几个关键点。

1）计算存储的 key，计算方法为 keccak256(bytes32(key)+bytes32(position))，例如：

```
balance1[123] = 456: key= keccak256( bytes32(123) + bytes32(0)).
```

2）如果继续存储一个变量 balance1[223]=666：key=keccak256(bytes32(223)+bytes32(1))，则需要注意 position 是 1。

3）上面的存储位置不是状态变量内的偏移位置，而是全局的，是按照操作顺序进行排列的 position。例如，即使为 balance2 赋值，position 也是 1：

```
balance2[333] = 777: key= keccak256( bytes32(333) + bytes32(1) )
```

再看一个更复杂一点的例子，将 map 映射到一个结构体：

```
pragma solidity ^0.4.19;
contract C {
    mapping(uint256 => Struct) balance;
    struct Struct {
        uint256 a;
        uint256 b;
        uint256 c;
    }
    function D() public {
        balance[123].a = 456;
        balance[123].b = 556;
        balance[123].c = 666;
    }
}
```

首先，存储的 key 的计算方法是一样的：key=keccak256(bytes32(123)+bytes32(0))。其次，结构体中的每个成员的位置是按照存储槽的规则进行存储的：a 的 key=key+0，b 的 key=key+1，c 的 key=key+2。

最后，还有一个特点：map 中的 struct 字段不会进行优化存储，即每个字段最少占用 32 字节，即使定义为 uint8 也不行。

2. array 的存储

数组本质上也是 map。例如 []uint256 类型，它本质上与 mapping(uint256=>uint256) 是一样的。因此它在 storage 上不是连续的存储。数组除了具有 map 的特征之外，还具有额外的特性，使得它更像数组，具体如下。

- 每个数组均具有 length 属性，表示一共有多少个元素。
- 边界检查，当读取或写入时的索引值大于 length 就会报错。
- 当数组变小时，自动清除未使用的存储槽。
- 数组除了存储数据之外，还需要存储数组长度。

像如下这样存储 3 个元素的数组，实际上占用了 4 个存储槽：

```
uint256[] chunks;
    uint256 a = 1;
    uint256 b = 2;
  function C() {
      chunks.push(0xAA
      );
      chunks.push(0xBB);
      chunks.push(0xCC);
  }
```

```
key: 0x0000000000000000000000000000000000000000000000000000000000000002
value: 0x0000000000000000000000000000000000000000000000000000000000000003
key: 0x290decd9548b62a8d60345a988386fc84ba6bc95484008f6362f93160ef3e563
value: 0x00000000000000000000000000000000000000000000000000000000000000aa
key: 0x290decd9548b62a8d60345a988386fc84ba6bc95484008f6362f93160ef3e564
```

```
value: 0x00000000000000000000000000000000000000000000000000000000000000bb
key:   0x290decd9548b62a8d60345a988386fc84ba6bc95484008f6362f93160ef3e565
value: 0x00000000000000000000000000000000000000000000000000000000000000cc
```

第一个 key 是 chunks 的 position，因为前面已定义了 2 个状态变量，所以 key 值是 2，存储的是当前数组的长度。

后面的 3 个存储槽和 map 的存储规则相同，数据'0xAA'的 key=Keccak-256(bytes 32(2))；后面数据的 key 依次递增。注意：计算 Hash 只用了 position，未用数组 index+position。

3. 字节数组的存储

字节数组是在数组的基础上进行了一些优化。例如，如果数组的存储长度小于 31 字节，则只需要 1 个存储槽来存储整个数组。注意：这个存储槽需要预留 1 字节用于存储字符串长度（实际上是半字节长度），因此一个槽位最多可存储 31 字节长度的数据。例如，bytess="abcde"；存储如下：

```
key:   0x0000000000000000000000000000000000000000000000000000000000000000
value: 0x`60`6162636400000000000000000000000000000000000000000000000000000a
```

key 为存储槽编号；value 的前半部分存储数据，最后一个字节存储的值为该字符串的长度 ×2。

string 和 bytes 的存储规则完全一样。如果数据的长度大于 31 字节，则字节数组就与 [] byte 一样，存储槽 0 用于存储编码长度。

7.3.3 总结

- storage 中的数据都存储在 trie 树中，存储形式都是 key/value。
- storage 中的数据存储以存储槽为单位，一个存储槽为 32 字节。
- 对于整型、整型结构体、定长数组的存储，key 是该变量在智能合约中首次操作的 position。
- 对于 map 类型，key 是 SHA-3(map 的 key+position)，然后递增。
- 对于数组，key 是 SHA-3(position)，然后递增。

7.4 solidity 内嵌汇编

solidity 的汇编指令既可以单独使用，也可以内嵌到 solidity 源码中，下面将分别介绍这两种汇编指令的用法。

7.4.1 内嵌汇编指令

为了更细粒度地进行控制，特别是对于一些智能合约库的编写，可以将汇编语言内嵌到 solidity 语句中。由于 EVM 是堆栈机，因此通常很难根据当前栈的使用情况来为堆栈上的操作码提供正确的参数。为了方便编写汇编代码，solidity 提供了丰富的内嵌汇编语法，使得开发者不需要关心虚拟机内部的数据存储。这里主要介绍一下内嵌汇编指令的基本操作，以最新的规范——官方文档为准。

函数化的操作码：比如用"mul(1,add(2,3))"来替换"push13push12addpush11mul；"指令。

汇编指令内部定义本地变量，代码如下：

```
let x := add(2, 3)
let y := mload(0x40)
x := add(x, y)
```

支持函数定义，代码如下：

```
function f(x) -> y {
    switch x
        case 0 {
            y := 1
        }
        default {
            y := mul(x, f(sub(x, 1)))
        }
}
```

直接访问外部变量代码如下：

```
function f(uint x) public {
    assembly {
        x := sub(x, 1)
    }
}
```

支持标签和跳转，其中 jumpi 是条件跳转，jump 是无条件跳转，代码如下：

```
{
    let n := calldataload(4)
    let a := 1
    let b := a
loop:
    jumpi(loopend, eq(n, 0))
    a add swap1
    n := sub(n, 1)
    jump(loop)
loopend:
    mstore(0, a)
    return(0, 0x20)
}
```

支持循环，代码如下：

```
{
    let x := 0
    let i := 0
    for { } lt(i, 0x100) { } {    // while(i < 0x100)
        x := add(x, mload(i))
        i := add(i, 0x20)
    }
}
```

支持 if 语句，代码如下：

```
if slt(x, 0) {
    x := sub(0, x)
}
```

支持 switch 语句，代码如下：

```
switch x
    case 0 {
        y := mul(x, 2)
    }
    default {
        y := 0
    }
```

7.4.2 单独使用汇编指令

上面介绍的内嵌汇编指令也可以单独使用。实际上，如果单独使用则应将其用作 solidity 编译器的中间语言，这样做的好处具体如下。

❑ 由 solidity 的编译器生成的代码也是可读的。
❑ 可以更加直观地看出从汇编语言到字节码的翻译。
❑ 使得代码流程易于检测，以帮助进行形式验证和优化。

与内嵌汇编指令一样，单独使用的汇编指令程序也提供了高级结构，如循环、if、switch 和函数调用。可以编写非明确的 SWAP、DUP、JUMP 和 JUMPI 语句的汇编程序，因为 SWAP、DUP 模糊了数据流，而 JUMP 和 JUMPI 则混淆了控制流。此外，形式为"mul（add（x，y），7）"的函数语句优于纯操作码语句，如"7 y x add mul"，因为通过第一种形式更容易查看哪个操作数用于哪个操作码。

下面来看一下将使用 solidity 编写的智能合约"翻译"成高级汇编指令编写的代码是怎么样的。智能合约代码如下：

```
pragma solidity ^0.4.16;
contract C {
    function f(uint x) public pure returns (uint y) {
        y = 1;
        for (uint i = 0; i < x; i++)
```

```
        y = 2 * y;
    }
}
```

生成的高级汇编指令如下:

```
{
    mstore(0x40, 0x60)
    // 函数分发器
    switch div(calldataload(0), exp(2, 224))
    case 0xb3de648b {
        let r := f(calldataload(4))
        let ret := $allocate(0x20)
        mstore(ret, r)
        return(ret, 0x20)
    }
    default { revert(0, 0) }
    // 内存分配器
    function $allocate(size) -> pos {
        pos := mload(0x40)
        mstore(0x40, add(pos, size))
    }
    // 合约函数
    function f(x) -> y {
        y := 1
        for { let i := 0 } lt(i, x) { i := add(i, 1) } {
            y := mul(2, y)
        }
    }
}
```

上述代码的执行具体如下。

1）首先在内存中偏移量为 0x64*32 的位置写入一个数据 0x60（表示开辟了 2KB 内存空间）。

2）加载函数调用输入参数的前 32 字节数据，并取出前 4 字节（函数接口的 Hash 值）。

3）根据该 Hash 值走不同的分支，并执行对应的函数，获取执行结果并返回。

4）除了定义已有函数的分支，还需要定义一个 fallback 函数的 default 分支，如果 solidity 合约没有实现该函数，那么默认代码是通知外界执行回滚操作。

7.5　本章小结

本章详细分析了智能合约编译后生成的字节码的含义，以及其在虚拟机中的执行过程，并介绍了在 solidity 语言中内嵌汇编语言的方法，详细分析了智能合约中的状态变量的存储机制。相信读者对于虚拟机的原理甚至如何设计一个智能合约虚拟机有了更进一步的理解。

第 8 章 Chapter 8

开发者工具

随着区块链技术在全球的兴起，特别是在 2017 年，围绕以太坊区块链技术，全球掀起了一股了解和学习以太坊网络和技术的热潮。广大以太坊爱好者、社区和公司相继开发了大量促进以太坊技术普及和使用的工具，这些工具在为开发者在开发活动中带来便利的同时，也加快了以太坊生态影响力的扩大，为以太坊的良性发展做出了很大的贡献。

工欲善其事，必先利其器。对于开发以太坊上的软件元件和应用来说，借助一些好的工具将会事半功倍。本章将重点介绍以太坊开发活动中经常使用的软件和软件环境，通过这些软件，我们可以更快地将我们的构想，在基于以太坊的去中心化的网络上实现。

8.1 MetaMask

事实证明，与以太坊区块链互动并不直观或者说并不友好。普通网页浏览器无法写入区块链，像 Mist 这样的区块链浏览器，对于刚接触以太坊网络的人来说，使用起来可能会很不习惯。而这里介绍的 MetaMask 可能是使用起来最简单的 Ethereum DApps 了。

MetaMask 是一个 Ether 钱包，它还允许用户在 DApp 之间，通过智能合约进行交互。MetaMask 无须下载区块链或安装任何软件，只需将其安装为 Google Chrome 或者 Fire Box 的扩展程序即可。

8.1.1 MetaMask 安装

MetaMask 作为一个浏览器插件，可以集成在浏览器之中使用。以 Chrome 浏览器为例，可以从 ChromeStore 中下载插件，如图 8-1 所示。

图 8-1　下载 Chrome 浏览器的 MetaMask 插件

如图 8-2 所示，单击"添加扩展名"确认并添加 MetaMask，这之后，在 Chrome 浏览器右上角显示的小狐狸图标，就是在 Chrome 上集成的 MetaMask 插件。

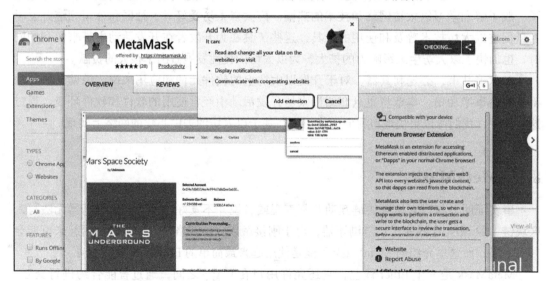

图 8-2　安装 MetaMask 插件

8.1.2　MetaMask 作为 Web 钱包

MetaMask 可以作为 Web 端轻量级钱包，用于管理以太坊上的全部资产，包括以太币和 ERC20 的代币。到目前为止，MetaMask 已被证明是相当安全的，还没有因黑客攻击导致数字资产损失的情况出现。该软件使用一个称为 Den 的安全系统，它可以对所有本地密钥进行加密，以便那些有害的 DApps 或攻击者无法访问它们。当然，MetaMask 不提供任何防范网络钓鱼及将私钥交给有恶意的人的功能。因此，MetaMask 与其他任何加密货币钱包一样，使用时应该尽量小心。

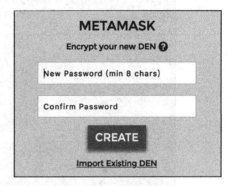

首先，设置钱包的加密密码，该密码是资产所有者登录该钱包的口令，如图 8-3 所示。

输入密码后，MetaMask 会生成 12 个英文单词作为钱包的助记词，妥善保管这 12 个单词，后续可以通过这 12 个助记词和密码还原出钱包。

图 8-3　设置钱包密码

进入钱包之后，MetaMask 默认会创建一个以太坊账户，使用者也可以根据需要创建不同的以太坊账户。这些账户可以通过 QRcode 二维码的形式呈现账户地址，还可以用 exportaccount 导出账户的私钥，在其他钱包中导入私钥以还原出账户，如图 8-4 所示。

可以自由切换账户，每个账户都有独立的资产显示和操作。除了以太币之外，还可以管理其他 ERC20 的代币。因为以太坊下的 ERC20 的代币很多，因此可以通过添加 Token，指定代币的合约地址、代币名称和货币精度，在以太网络中展示代币资产。

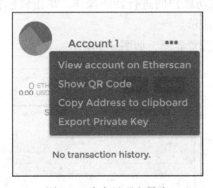

图 8-4　账户呈现和导出

图 8-5　添加以太坊 Token

8.1.3　MetaMask 作为 DApp 客户端

MetaMask 内置了一个模拟的 web3js 库，通过 HTTP 的 RPC 接口来链接以太坊兼容网络，如图 8-6 所示。除了主网络之外，还有 Ropsten、Kovan 等公共测试网络，甚至是本地的私有网络。

MetaMask 对接的以太坊，完成的操作主要还是与数字资产相关的操作。单击钱包中间的"DEPOSIT"按钮，进入购买 ETH 的页面，如图 8-7 所示。

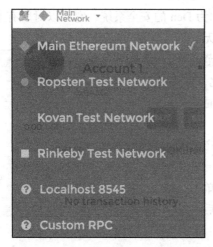

图 8-6 MetaMask 链接的以太坊网络

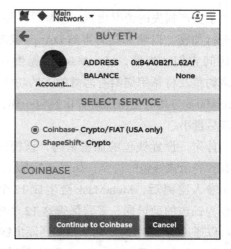

图 8-7 购买以太币

MetaMask 支持两种购买 ETH 的方式，一种是从 Coinbase 中购买，一种是通过 ShapeShift 购买。Coinbase 是美国第一家持有正规牌照的比特币交易所，可以用美元购买比特币，但是只对美国人开放；ShapeShift 是一个无须账户的数字货币兑换平台，可以将你自己的虚拟货币直接兑换为 ETH。ShapeShift 支持将 BTC、1ST、BTS 等多种虚拟货币兑换成 ETH。

除了购买比特币之外，还可以在不同的以太坊账户间进行转账操作。单击钱包首页的 "Send" 按钮，进入发送 ETH 的页面，如图 8-8 所示。

设置收款方和转账数目，然后就会进入 Gas 设置界面，如图 8-9 所示。

图 8-8 以太币转账

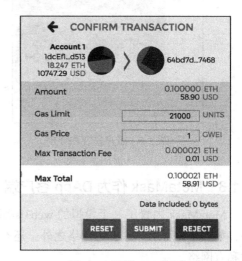

图 8-9 设置 Gas 费用

8.2 以太坊测试网络

目前以太坊官方提供了两种网络，一种是生产环境网络，即以太坊主网 MainNet；另外一种称为以太坊公共测试网络 TestNet。主网一般支持全球访问，性能和安全性较高，但是交易时需要消耗真金白银，不适合开发者频繁进行测试验证；而测试网部署范围相对较小，消耗的以太币可以从测试网官方申请使用，没有实际的应用成本。

以太坊公开的测试网络原来共有 4 个，到当前仍在运行的还有 3 个。每个网络都有自己的创世区块、名字及运行的共识算法，按网络开始运行时间的早晚，有 Modren、Ropsten、Kovan、Rinkeby。这些公共测试网络向广大的以太坊区块链爱好者，在开发合约和熟悉以太坊基础知识方面提供了便利的运行环境，是以太坊开发者的福音。

除了公共的测试网络之外，开发者也可以在自己的主机上搭建一个拥有几个节点的私有的以太坊网络，甚至是拥有一个节点的以太坊运行环境。

8.2.1 Morden

Morden 是以太坊官方最早提供的测试网络，从 2015 年 7 月开始运行，到 2016 年 11 月 20 日，因为难度炸弹严重影响出块速度，最终分叉退役。Morden 的共识机制为 PoW，除了下面的参数之外，配置基本上与主网一样。

下面是 Morden 配置文件的信息片段：

Network Name:Morden

- Network Identity: 2
- genesis.json (given below);
- Initial Account Nonce (IAN) is 2^20 (instead of 0 in all previous networks).
  - o All accounts in the state trie have nonce >= IAN.
  - oWhenever an account is inserted into the state trie it is initialised with nonce=IAN.
- Genesis generic block hash:

  0cd786a2425d16f152c658316c423e6ce1181e15c3295826d7c9904cba9ce303

- Genesis generic state root:

  f3f4696bbf3b3b07775128eb7a3763279a394e382130f27c21e70233e04946a9

在以太坊产生的初期，有关 Morden 与主网络之间的重放攻击可通过添加 Nonce 的偏移量来解决，所有 Morden 上的账号使用初始 Nonce2^20 而不是 0，从而保证了在 1 条链上的合法交易在另一条链上不合法。

8.2.2 Ropsten

以太坊官方为了解决 Morden 难度炸弹问题，重新分叉启动了一条新的公共测试区块链，命名为 Ropsten。它目前仍在运行，共识机制为 PoW。测试网络上的以太币并无实际价值，因此 Ropsten 的挖矿难度很低，目前在 755MB 左右，仅为主网络的 0.07%。这样低的难度使得一台普通笔记本电脑的 CPU 也可以挖出区块，获得测试网络上的以太币，从而方便开发人员测试软件，但是却不能阻止攻击。

PoW 共识机制要求有足够强大的算力以保证没有人可以随意生成区块，这种共识机制只有在具有实际价值的主网络中才会有效。测试网络上的以太币没有价值，因此也就不会有强大的算力投入来维护测试网络的安全，这就导致了测试网络的挖矿难度很低，即使几块普通的显卡，也足以进行一次 51% 攻击，或者用垃圾交易阻塞区块链，攻击的成本极其低廉。

除此之外，这个网络因为计算量低，很容易遭到 DDoS 攻击、网络分叉及其他的干扰。Ropsten 在 2017 年 2 月 24 日遭到了一次针对测试网络的无 Gas 的 DDoS 攻击，攻击者发送了千万级的垃圾交易，之后 Ropsten 逐渐将区块 Gas 的上限从正常的 4,700,000 提高到了 90,000,000,000，从而导致在一段时间内影响了测试网络的运行，测试区块链功能也因此失效。

Ropsten 测试所用的 Eth 可以从 http://faucet.ropsten.be:3001/ 地址下申请获取。

8.2.3　Kovan

在 Ropsten 因遭受攻击而瘫痪之后，多家以太坊公司合议决定共同推出最新的以太坊测试网络 Kovan，该测试网络采用由以太坊钱包 Parity 开发团队首创的权威证明（Proof of Authority，PoA）的共识引擎。

在原来的测试网络的工作量证明机制（PoW）中出现了一个基本博弈论问题：GPU 挖矿的唯一重要经济激励就是收获大量的可用于垃圾邮件攻击的测试网络以太币，一些不怀好意的破坏者利用这些 Eth，可以发起针对测试网络的垃圾交易攻击。

以太币在以太坊平台中用于支付 EVM 中执行指令消耗的 Gas，如果可以无限制产生，就会出现恶意用户用无限制的以太币换取无限制的 Gas，从而在 EVM 中执行超多的指令，并逐渐抬高区块 Gas 上限的问题。EVM 中的指令要在每一个以太坊节点中执行，这种攻击一旦出现，对网络将会产生很大的影响，所以测试网络中的以太币必须针对每个开发者限量供应。不过这个限量对正常的开发测试来说，几乎不会造成任何影响。

而 Kovan 测试网络通过一种由多名成员公司联合控制的"水龙头"服务，阻止了恶意分子获得大量的以太币，并且只提供给合法的开发者，从而解决了上述的攻击问题。PoA 同样还为一种对开发者更加友好的环境带来了更短的和可预测的区块时间。

PoA 是由若干个权威节点生成的区块，其他节点无权生成，这样也就不再需要挖矿。由于测试网络上的以太币并无价值，权威节点也仅仅是用来防止区块被随意生成，避免造成测试网络拥堵，其完全是义务劳动，不存在作恶的动机，因此这种机制在测试网络上是可行的。

Kovan 与主网络使用的共识机制不同，其影响的仅仅是谁有权来生成区块，以及验证区块是否有效，权威节点可以根据开发人员的申请生成以太币，并不会影响开发者测试智能合约和其他功能。

Kovan 测试所用的 Eth 可以从 https://gitter.im/kovan-testnet/faucet 地址处申请获取。

8.2.4　Rinkeby

Rinkeby 也是以太坊官方提供的测试网络，不过其使用的是 Clique PoA 共识机制（https://github.com/ethereum/EIPs/issues/225）。与 Kovan 不同的是，以太坊团队提供了 Rinkeby 的 PoA 共识机制说明文档，理论上任何以太坊钱包都可以根据这个说明文档来支持 Rinkeby 测试网络。Rinkeby 测试网络上的矿工按照 PoA 共识机别选举产生，并按照可配置的时间片轮流产生区块，一般是使用 Go 语言开发的 Geth 客户端作为节点运行软件。

Rinkeby 提供了一个 dashboard（https://www.rinkeby.io/#stats），可以呈现测试网络的基本情况，如图 8-10 所示。

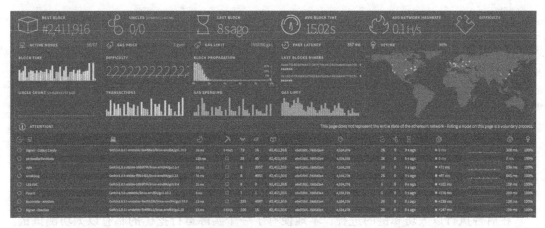

图 8-10　Rinkeby 网络情况

Rinkeby 测试所用的 ETH 可以从地址 https://faucet.rinkeby.io/ 处申请获取。

8.2.5　本地以太坊私链

严格来说，本地以太坊私链没有 P2P 网络，只是构建了一个单节点的以太坊运行环境，所有智能合约执行和网络 API 均与实际的以太坊一致。对于开发者来说，本地以太坊私链更容易部署和测试，而且功能齐备。

首先，下载 Geth 客户端并安装（以 Ubuntu 为例），示例代码如下：

```
sudo apt-get update
sudo apt-get installsoftware-properties-common
sudo add-apt-repository -yppa:ethereum/ethereum
```

```
sudo add-apt-repository -yppa:ethereum/ethereum-dev
sudo apt-get update
sudo apt-get install ethereum
```

接着,创建并配置创世区块文件 genesis.json,输入如下内容并保存:

```
{
    "nonce":"0x0000000000000042",
    "mixhash":"0x0000000000000000000000000000000000000000000000000000000000000000",
    "difficulty":"0x4000",
    "alloc": {
"0x03b506a980ac8dcdc1ea13501076bd88de09ceff": {
    "balance":"0x2000000000000000000000000000000000000000000000000000000000000000"
    }
},
    "coinbase":"0x03b506a980ac8dcdc1ea13501076bd88de09ceff",
    "timestamp":"0x00",
    "parentHash":"x0000000000000000000000000000000000000000000000000000000000000000",
    "extraData":"my private ethereum",
    "gasLimit":"0xffffffff"
}
```

为了后续测试方便,通过 alloc 为事先准备的账户 0x03b506a980ac8dcdc1ea13501076bd88de09ceff 配置足够的以太坊币,测试时可以根据需要从这个账户转账获取。

根据创世区块文件,初始化区块链数据如下:

```
geth --datadir ~/eth/data init genesis.json
```

最后,运行下面的命令行启动 Geth,本地便有了实际的私有以太坊区块链。

```
geth --identity "myEthereum"    --rpc   --rpccorsdomain "*" --datadir "~/eth/data"
--port "30303"    --rpcport 48543 --rpcapi "admin,db,eth,debug,miner,net,shh,txpool,
pe rsonal,web3" --networkid 66666 --nodiscover --maxpeers "0" --mine --minerthreads
"1" >    eth.log2>&1&
```

在后台执行以太坊私链的进程,本地便有了一个实际运行挖矿的私有以太坊测试链。可以通过 gethattachhttp://localhost:48543 链接到 Geth 的控制台,进行区块的状态查看和交易操作。

8.2.6 连接测试网络

无论是以太坊的真实主网、官方的公共测试网络,还是本地的私有测试网的节点,都会启动一个 Web3 的模块,外部应用都可以通过 RPC 接口连接到该节点上,通过内置的 Web3 命令进行交互。

DApp 或钱包实际与上述原理相似,只是对各自的应用进行了封装,例如,通过 MetaMask 连接测试网络,如图 8-11 所示。

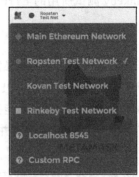

图 8-11 MetaMask 连接以太坊测试网络

8.3 Remix

Remix 是以太坊平台下开发测试智能合约的环境工具，以前称为 Browser Solidity，是一款基于 Web 浏览器的 IDE，允许你编写 Solidity 智能合约，然后部署和运行智能合约。Remix 提供了两种方式的 IDE 智能合约开发环境，一种是本地部署 Remix；另外一种更简单，直接使用官方在线的 Remix。

8.3.1 本地安装 Remix

若想使用本地 Remix，则需要预先安装 nodejs 软件，然后再下载安装 Remix，相关命令如下：

```
git clone https://github.com/ethereum/remix-ide.git
cd remix-ide
npm install
npm run setupremix
```

下面运行 npmstart 启动本地服务，如图 8-12 所示。

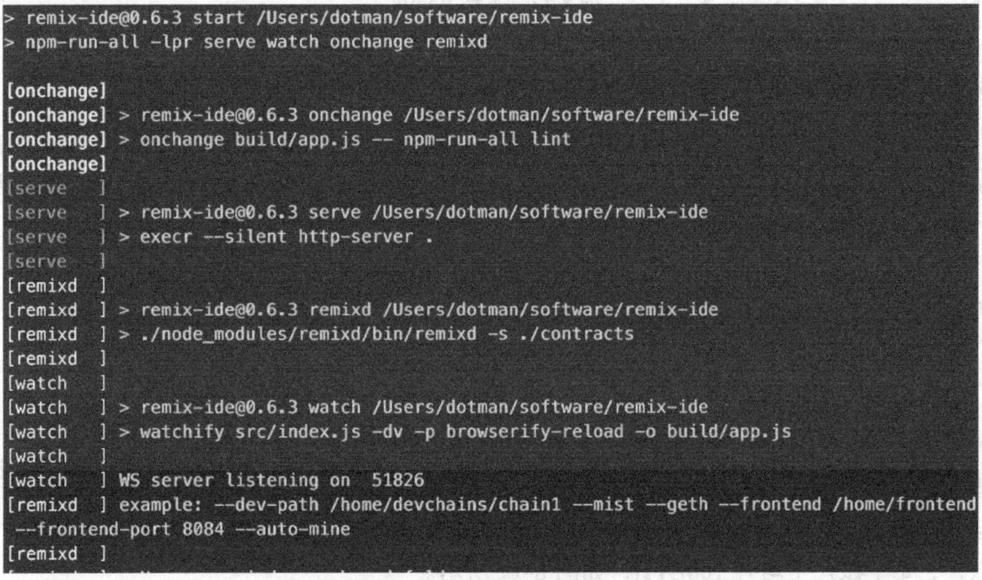

图 8-12 启动本地 remix-ide

访问 http://127.0.0.1wwm8080 可以进入 Web 模式的 IDE，如图 8-13 所示。

图 8-13　本地 Remix

8.3.2　在线 Remix

Remix 官方提供在线的 Web IDE 使用环境，使用方法与本地 Remix 是一致的。打开 http://remix.ethereum.org/，进入在线的 IDE。其界面左侧提供合约浏览，可以增减目录和合约文件，如图 8-14 所示。

界面中间是合约编辑区，可以查看和开发以 solidity 语言为基础的以太坊合约，如图 8-15 所示。

界面右边是工具配置菜单，可对智能合约进行编译、运行、安全检查、分析检查和调试，如图 8-16 所示。

其中，Run 菜单可以配置连接以太坊节点；Environment 选项中的 JavaScript VM 是 Remix 提供的一个内存虚拟机，

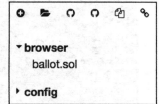

图 8-14　合约目录管理目录

在这个虚拟机中可以对创建和编译的合约进行测试或运行，这个虚拟机环境会提供 5 个虚拟账户，每个账户中均有 100ETH，如图 8-17 所示。

除了本地环境，还可以通过 Web3 连接实际的以太坊网络。在 Environment 中选择 Injected Web3，Remix 会自动连接 MetaMask，如图 8-18 所示。

在本地编辑和编译合约，可以将合约通过 MetaMask 连接的公共测试网络和账户部署到测试以太坊网络上。

另外，Remix 也可以通过 web3.js 直接连接以太坊节点，包括搭建的私钥网络和本地测试网络。Environment 选择 Web3 Provider，如图 8-19 所示。

```
browser/ballot.sol
pragma solidity ^0.4.0;
contract Ballot {

    struct Voter {
        uint weight;
        bool voted;
        uint8 vote;
        address delegate;
    }
    struct Proposal {
        uint voteCount;
    }

    address chairperson;
    mapping(address => Voter) voters;
    Proposal[] proposals;

    /// Create a new ballot with $(_numProposals) different proposals.
    function Ballot(uint8 _numProposals) public {
        chairperson = msg.sender;
        voters[chairperson].weight = 1;
        proposals.length = _numProposals;
    }

    /// Give $(toVoter) the right to vote on this ballot.
    /// May only be called by $(chairperson).
    function giveRightToVote(address toVoter) public {
```

图 8-15　合约编辑区

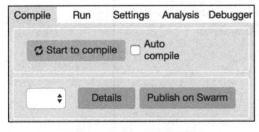

图 8-16　Remix 配置菜单

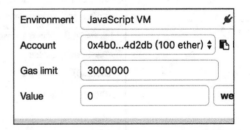

图 8-17　Remix 集成一个合约执行虚拟机

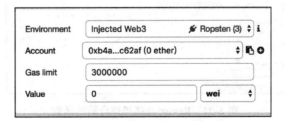

图 8-18　Remix 通过 MetaMask 连接测试网络

连接以太坊节点之后，通过合约部署地址，按图 8-20 所示进行输入。

Remix 会连接到该合约，并根据合约 ABI 解析出可以操作的全部函数，包括写入和读取的函数，然后在 IDE 中直接操作，如图 8-21 所示。

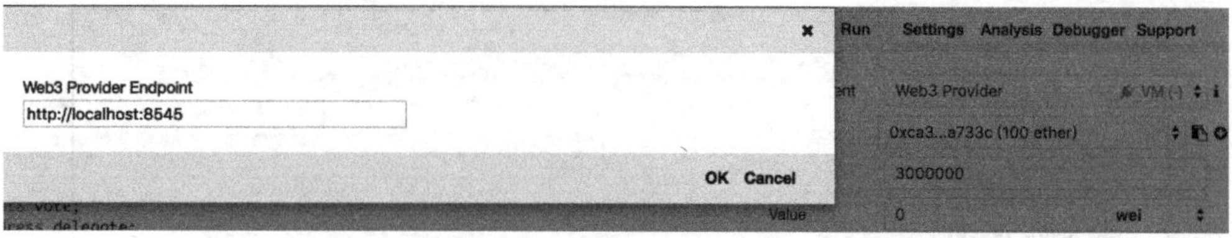

图 8-19 Remix 通过 Web3Provider 连接以太坊节点

图 8-20 Remix 通过地址连接实际环境的合约

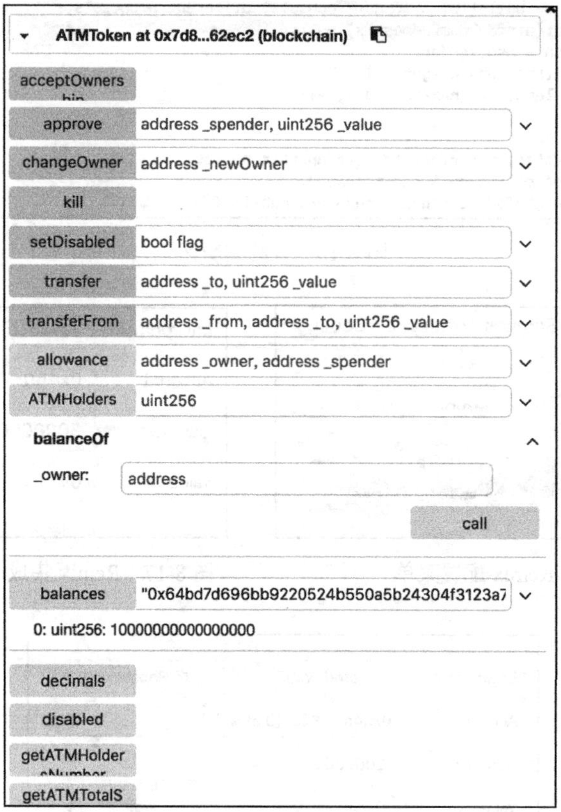

图 8-21 Remix 直接操作合约的函数

8.4 truffle

truffle 是一个使用 JavaScript 开发的开源框架,用于开发、测试以太坊的框架和数字资产通道，旨在使以太坊开发人员更方便和轻松地开发智能合约。使用 truffle，可以实现如下功能。

- 内置智能合约编译、连接、部署和二进制管理。
- 快速开发的智能合约和测试。
- 编写脚本可扩展、部署和移植的框架。
- 网络管理和部署合约到以太公网或者私有网络。
- 采用 ERC190 标准，使用 EthPM 和 NPM 进行包装管理。
- 交互式控制台，用于直接操作智能合约。
- 可配置和构建流水线，支持持续集成。
- 外部脚本运行器，用于在 truffle 环境中执行脚本。

对于以太坊开发者来说，truffle 提供了一套工具集，可以方便地开发测试、持续集成、构建软件迭代开发流水线，是一个提升开发效率的利器。

8.4.1 安装 truffle

通过 npm 安装 truffle 很简单，全局模块可按如下方式安装：

```
npm install -g truffle
```

安装完成后，启动 truffle，会发现其提供了很多命令参数：

```
truffle
Truffle v4.1.11 - a development framework for Ethereum

Usage: truffle <command> [options]

Commands:
    init       Initialize new and empty Ethereum project
    compile    Compile contract source files
    migrate    Run migrations to deploy contracts
    deploy     (alias for migrate)
    build      Execute build pipeline (if configuration present)
    test       Run JavaScript and Solidity tests
    debug      Interactively debug any transaction on the blockchain (experimental)
    opcode     Print the compiled opcodes for a given contract
    console    Run a console with contract abstractions and commands available
    develop    Open a console with a local development blockchain
    create     Helper to create new contracts, migrations and tests
    install    Install a package from the Ethereum Package Registry
    publish    Publish a package to the Ethereum Package Registry
    networks   Show addresses for deployed contracts on each network
    watch      Watch filesystem for changes and rebuild the project automatically
    serve      Serve the build directory on localhost and watch for changes
    exec       Execute a JS module within this Truffle environment
    unbox      Download a Truffle Box, a pre-built Truffle project
    version    Show version number and exit
```

8.4.2 构建应用项目

首先,新建一个项目目录,作为项目根路径,方法如下:

```
mkdir truffleDemo
```

然后,用 truffle 工具初始化该目录,创建 truffle 的依赖框架目录和文件,方法如下:

```
cd truffleDemo
truffle init
```

初始化完成后,在项目根路径下创建如下的目录和文件:

```
├── contracts
│   └── migrations.sol
├── migrations
│   └── 1_initial_migration.js
├── test
├── truffle-config.js
└── truffle.js
```

各文件描述如下。
- contracts:用于存放智能合约文件。
- migrations:用于存放和部署脚本文件。
- test:用于存放应用和智能合约的测试文件。
- truffle-config.js 为 Windows 下的 truffle 配置文件。

truffle.jsTruffle 的配置文件是 JavaScript 文件,支持通过执行代码来创建相关配置。其必须导出一个对象,来代表项目配置。

下面是配置的一个实例,包含了 build、rpc 和网络的配置项,示例代码如下:

```
module.exports = {
    build: {
        "index.html": "index.html",
        "app.js": [
            "javascripts/app.js"
        ],
        "app.css":
        [ "stylesheets/app.css"
            ],
        "images/": "images/"
    },
    rpc: {
        host: "localhost",
        port: 7545
    },
    networks: {
        "ganache":
        { network_id:
```

```
            "*",
            //network_id: 1, // Ethereum public network
            // optional config values
            // host - defaults to "localhost"
            // port - defaults to 8545
            // gas
            // gasPrice
            // from - default address to use for any transaction Truffle makes
               during migrations
            host: "127.0.0.1",
            port: 7545,
            from: "0x71a3139A33A3f2752113A2a21E483e43b5c67052"
        }
    }
};
```

代码说明具体如下。

- build：前端的构建配置，不配置 build 的情况下调用默认构建器。
- rpc：配置连接的以太坊环境，测试网络可以配置为本地私链 testRPC 或 ganache。
- host：指向以太坊客户端的地址。在本机上进行开发时，一般为 localhost。
- port：以太坊客户端接收请求的端口，默认是 8545。
- gas：部署时的 Gas 限制，默认是 4,712,388。
- gasPrice：部署时的 Gas 价格，默认是 100,000,000,000(100 Shannon)。
- from：移植时使用的源地址。如果没有指定，则默认是以太坊客户端第一个可用的账户。
- Network：指定在移植（Migration）时使用哪个网络。当在某个特定的网络上编译或运行移植时，会将智能合约放入缓存以方便后续使用。每当智能合约抽象层检测到某个网络上的连接时，它就会使用这个网络上原有的缓存智能合约来简化部署流程。网络通过以太坊的 RPC 调用中的 net_version 来进行标识。

8.4.3 demo 合约实践

编写一个 HelloWorld 智能合约，并使用 truffle 来测试验证。

在 contracts 目录下新建一个 HelloWorld.sol 文件，注意智能合约名应与文件名保持一致，示例代码如下：

```
pragma solidity ^0.4.18;
contract HelloWorld {
    // metadata
    address owner;
    string info;
    // constructor
    constructor(string _info) public {
        info = _info;
```

```
        owner = msg.sender;
    }
    function hello() constant public returns (string) { return info; }
    function setHello(string _info) public {
        info = _info;
    }
    function kill() public {
        if (msg.sender == owner)
        selfdestruct(owner); // kills this contract and sends remaining funds back to owner
    }
}
```

这个智能合约很简单，只设置了输出信息，并在调用 hello 时输出信息。保存智能合约文本后，开始编译，命令如下：

```
Truffle compile
```

编译会输出错误或告警，完全通过编译会给出如下提示信息：

```
Compiling ./contracts/HelloWorld.sol...
Writing artifacts to ./build/contracts
```

在 build/contracts 下面会生成刚才智能合约的 ABI 描述文件 HelloWorld.json。

接下来，再将编译好的智能合约部署到测试环境中去。为了验证方便，可以使用本地模拟的以太坊环境，truffle 团队提供了 testRPC 的升级版本 ganache，该版本可提供直观的 GUI，如图 8-22 所示。

图 8-22　truffle 的 ganache 模拟环境

在 migrations 路径下增加一个部署 HelloWorld 智能合约的脚本文件 2_deploy_HelloWorld.js，文件包含如下内容：

```
var HelloWorld = artifacts.require("./HelloWorld.sol");
module.exports = function(deployer) {
    // deployment steps
    deployer.deploy(HelloWorld,"your are a good boy!");
};
```

运行 truffle migrate --network ganache –reset，开始在 ganache 上部署 HelloWorld 智能合约：

```
Running migration: 1_initial_migration.js
    Replacing Migrations...
    ... 0x62404ecf5ef395b9a8a8533515e4c7bf65a01e7348de0e10b895fa2340e7f64e
    Migrations: 0xd1d89208d0b3a1e7359b71b7b7122d14959becd6
Saving successful migration to network...
    ... 0x4f7717ddbe6681d03e1a75177685956bcfa922ab8879929102a36e4d75f993de
Saving artifacts...
Running migration: 2_deploy_hellworld.js
    Deploying HelloWorld...
    ... 0xcd78bf4cd6b0431614a99a945a34d1fc20b64ac3d53e5f0b43ad22ac85b28423
    HelloWorld: 0xadfa1e756d677abdce9f3cbc3d67075e8853373f
Saving successful migration to network...
    ... 0x719828d196d9779c3833246c07d571bd88078603a89cd701a9d80a916c337baf
Saving artifacts...
```

部署后智能合约的地址为：0xadfa1e756d677abdce9f3cbc3d67075e8853373f。

8.4.4 智能合约测试和验证

在 truffle 下启动控制台 console，输入如下命令：

```
truffle console --network ganache
```

出现控制台：

```
truffle(ganache)>
```

在控制台里面，可以输入如下命令，获取 HelloWorld 合约部署时传入的初始参数"your are a good boy！"：

```
truffle(ganache)> HelloWorld.at("0xadfa1e756d677abdce9f3cbc3d67075e8853373f").hello.call();
'your are a good boy!'
```

也可以重新设置 hello 函数的信息，然后尝试输出：

```
truffle(ganache)> HelloWorld.at("0xadfa1e756d677abdce9f3cbc3d67075e8853373f").setHello("she is a pretty girl!");
```

```
{ tx: '0xbff47369d9a0e73525210a20ac9282e2d43db45df84319f0bbd813580d845601',
  receipt:
   { transactionHash: '0xbff47369d9a0e73525210a20ac9282e2d43db45df84319f0bbd813
580d845601',
     transactionIndex: 0,
     blockHash:
'0x3fa1eb7331242c192e52ecba9dbcdcfa28a9d624a68a0820c792727045f6b115',
     blockNumber: 15,
     gasUsed: 34136,
     cumulativeGasUsed: 34136,
     contractAddress: null,
     logs: [],
     status: '0x01',
     logsBloom: '0x000000000000000000000000000000000000000000000000000000000
0000000000000000000000000000000000000000000000000000000000000000000000000000
0000000000000000000000000000000000000000000000000000000000000000000000000000
0000000000000000000000000000000000000000000000000000000000000000000000000000
0000000000000000000000000000000000000000000000000000000000000000000000000000
0000000000000000000000000000000000000000000000000000000000000000000000000000
00000000000000000000000000000000' },
  logs: [] }
```

再次查看 hello 函数的输出结果：

```
truffle(ganache)> HelloWorld.at("0xadfa1e756d677abdce9f3cbc3d67075e8853373f").
hello.call();
'she is a pretty girl!'
```

8.5 myetherwallet

myetherwallet 是一款开源的 Web 页面版本的以太坊钱包，它与 MetaMask 具有相似的功能，但也有不同的地方。myetherwallet 支持的主要功能具体如下。

❑ 创建钱包。
❑ 在线发送 ETH 和 ERC 代币。
❑ 离线发送 ETH 和 ERC 代币。
❑ ETH 及代币，BTC 互换。
❑ 智能合约交互。
❑ 以太坊域名。

myetherwallet 提供了一个工具导航。使用 myetherwallet 时，站点服务端不会保存和知悉使用者的私钥及 Keystore 文件的密码，所有涉及钱包私钥和密码的加载和解析过程都是从服务端下载或缓存相应的 js 代码，再在本地浏览器执行相应的密码学逻辑。另外，myetherwallet 代码都是开源的，因此使用者在对本地的钱包私钥和信息进行保存时，对它的使用安全性可以放心。

myetherwallet 最大的特点是可以操作智能合约，包括发布智能合约。

8.5.1 创建钱包

首先登录 myetherwallet，官方入口为 https://www.myetherwallet.com/，myetherwallet 中提供了一个创建新钱包的功能。输入密码并保存，单击"生成钱包"，会在本地生成钱包的相关文件，该密码是加密钱包文件的秘钥，如图 8-23 所示。

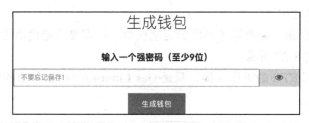

图 8-23　myetherwallet 创建钱包

接着保存钱包的 Keystore 文件，该文件是一个 JSON 格式的钱包描述文件，该文件可以实现只有输入解密密码才能够还原出秘钥的功能。单击"I understand. Continue."继续，之后会呈现私钥，提醒你妥善保存，如图 8-24 所示。

图 8-24　myetherwallet 保存钱包文件和私钥

后面在需要进行钱包验证的地方，例如在"查看钱包信息"的功能菜单里面，可以通过输入私钥或者加载 Keystore 文件激活钱包。

8.5.2 在线发送 ETH 和代币

在在线发送 ETH 和代币之前，必须考虑以太坊的环境因素，包括使用多大的 gasPrice 来进行交易、连接的公网的入口在哪里。如图 8-25 所示，这里可以设置一些 myetherwallet 的基本参数，其中就包括了以太坊环境的参数。

图 8-25 myetherwallet 参数设置

单击"发送以太币/发送代币"时，要求先加载钱包，然后选择 Keystore 文件并输入钱包密码后，进入转账页面。图 8-26 所示为转账 ETH，输入对方的地址和转账 ETH 的数目，默认的 Gas Limit 的数量 21,000 可以保持不变，单击"生成交易"会生成交易的细节，确认后会发送到网络之中。

发送 ERC20 的代币，需要添加对应的定制代币，还需要设定代币的智能合约地址、代币名称和精度，如图 8-27 所示。

转账代币和转账 ETH 的操作一样，只是 Gas Limit 需要根据代币的智能合约设置消耗的 Gas 的大概数目。

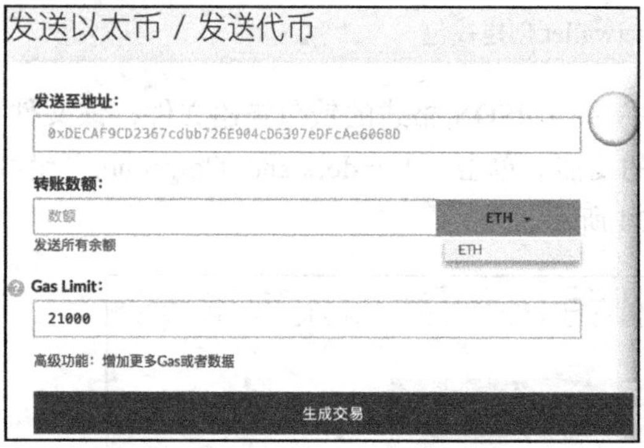

图 8-26 myetherwallet 转账 ETH

图 8-27 myetherwallet 设置转账 ERC20 代币

8.5.3 离线发送 ETH 和代币

离线是指在其他工具上，先对要进行转账的 ETH 或者 ERC20 代币的交易进行签名，如图 8-28 所示。在 myetherwallet 上将签好名的交易发送到网络之中，如图 8-29 所示。这里的过程实际上是使用 myetherwallet 连接的以太网调用 sendRawTransaction，并发送原生交易。

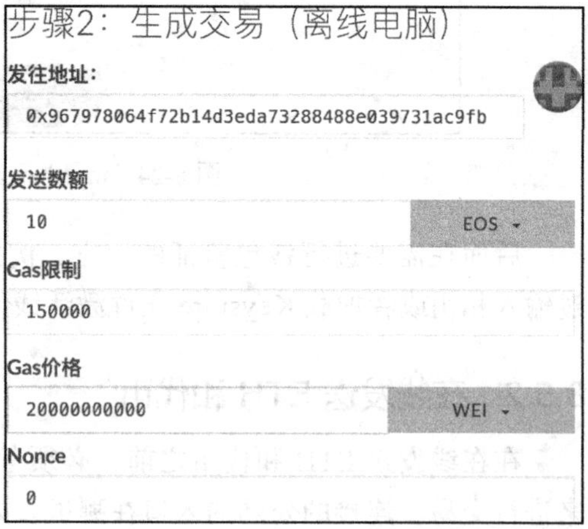

离线签名可以用于安全要求比较高，而且签名和交易分离的场景。可以在一个隔离的、无法连接网络的环境中对交易进行签名，然后向另外一个环境发送交易，从而保

图 8-28 myetherwallet 离线签名

证不会有泄漏私钥的安全风险。

图 8-29　myetherwallet 发送离线签名

8.5.4　币间互换

myetherwallet 通过 bitY 提供了一个 ETH、BTC 和 REP 之间的实时汇率，根据汇率，以太坊代币、ETH、BTC 及其他代币之间可以进行资产互换，如图 8-30 所示。

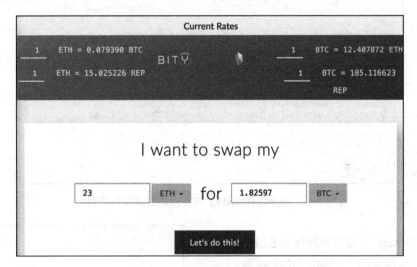

图 8-30　myetherwallet 币交换

myetherwallet 实际上提供了一个转换交易的平台入口，其先将你转换的 ETH、BTC 或代币转给中介，中介确认之后，再将转换后的资产转账给你指定的地址，如图 8-31 所示。

图 8-31 myetherwallet 币间交换的过程

8.5.5 智能合约操作

myetherwallet 通过导入智能合约的 ABI，解析智能合约的函数，实现与智能合约的交互。可以选择已经在以太坊一些机构中注册的智能合约，例如，EOS 的 ICO 智能合约等，也可以自己输入定制的智能合约地址和 ABI 的 JSON 内容，通过智能合约地址和 ABI 解析以太坊公网上的智能合约。图 8-32 所示的是对 EOS 众筹智能合约的访问。

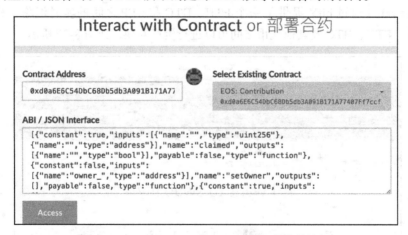

图 8-32 myetherwallet 的 EOS 众筹智能合约访问

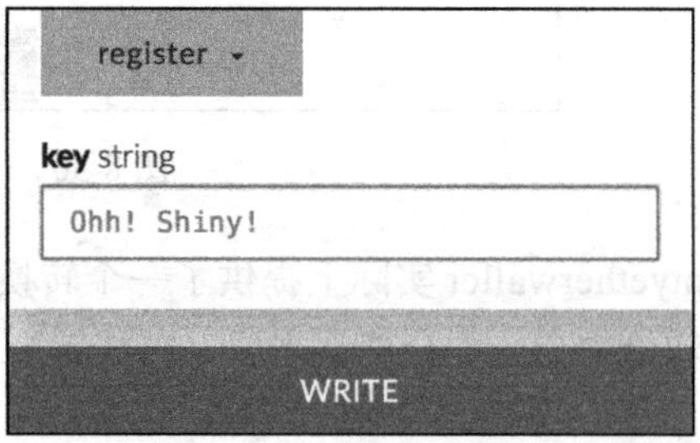

单击"access"，会出现操作函数的列表框"select a function"，选择"register"。register 就是 EOSIO 提供的将以太坊 EOS 代币映射到 EOS 实际网络钱包公钥的函数，如图 8-33 所示。

单击图 8-33 中所示的"write"之后生成交易，对于写操作，其会改写智能

图 8-33 EOS 以太坊代币映射实际网络的钱包公钥

合约的状态，也需要消耗 Gas，需要设置 Gas Limit；对于读操作，其不需要修改状态，也不需要消耗 Gas。

8.5.6 以太坊域名服务

ENS 即以太坊名称服务，它是一个基于以太坊区块链的分布式、开放和可扩展的命名系统，ENS 可以用来为各种资源命名。

ENS 主要用于将诸如 myname.eth 等人类可读的名称解析为机器可读的标识符，包括以太坊地址、Swarm、IPFS 内容 Hash 及其他标识符。另外，其还可用于提供有关名称的元数据，例如，合同的 ABI 及用户的 whois 信息。

基于以太坊区块链提供的功能和限制，ENS 与 DNS（互联网域名服务）的功能类似，但两者具有明显不同的架构。与 DNS 类似，ENS 在一个由点分隔的名称为域的分层名称的系统上运行，域的所有者完全控制子域的分布。

诸如".eth"和".test"之类的顶级域名由智能合约（称为注册商）拥有，该智能合约指定了管理其子域分配的规则。任何人都可以按照这些注册商合同中的规则获得二级域名的所有权以供自己使用。

ENS 中的资源表示为 32 字节 Hash，而不是纯文本。这简化了处理和存储过程，同时允许使用任意长度的域名，并保留链上名称的隐私。用于将域名转换为 Hash 的算法称为 namehash，namehash 在 EIP137 中有定义。

如图 8-34 所示，myetherwallet 提供了 ENS 查询功能。

图 8-34　在 myetherwallet 上进行 ENS 查询

8.6 Etherscan

Etherscan 作为区块链以太坊领域大名鼎鼎的信息查看平台，基本上是每个以太坊开发测试人员和爱好者都必定会使用的工具。

首先，Etherscan 作为以太坊网络的区块浏览器，其提供了一个搜索引擎，允许用户查找、确认和验证在以太坊区块链上发生的交易。另外，Etherscan 还提供一组负载均衡的强大 API 服务，可用于构建中心化应用程序或用于以太坊区块链信息的数据馈送。

Etherscan 更是信息平台，提供了对以太坊上进行的交易、资源和相关信息的统计。

8.6.1 以太坊浏览器

Etherscan 可提供非常全面的以太坊信息查询功能，只要输入账户或者合约地址、区块、交易 Hash、代币名词、ENS 名等，就能找到相关信息。

登录网站主页 https://etherscan.io，就可以看到以太坊网络当前最基本的信息，包括区块高度、Hash 率、当前网络 TPS、最近两周的历史交易量统计，如图 8-35 所示。区块里面还包含了挖该区块的矿工、区块的生成时间、区块里面的交易等。

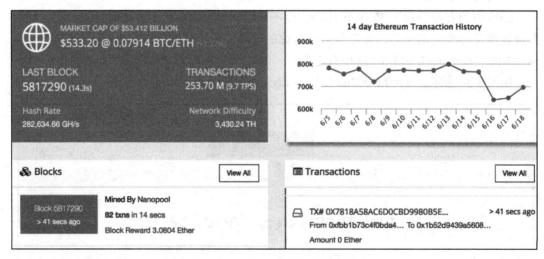

图 8-35　Etherscan 基本信息呈现

在 search 中输入一个账号地址，便可以查询出该账号下全部输入和输出的交易列表，单击每一笔交易，即可以查看交易的详细信息，如图 8-36 和图 8-37 所示。

图 8-36 Etherscan 按账号地址查询

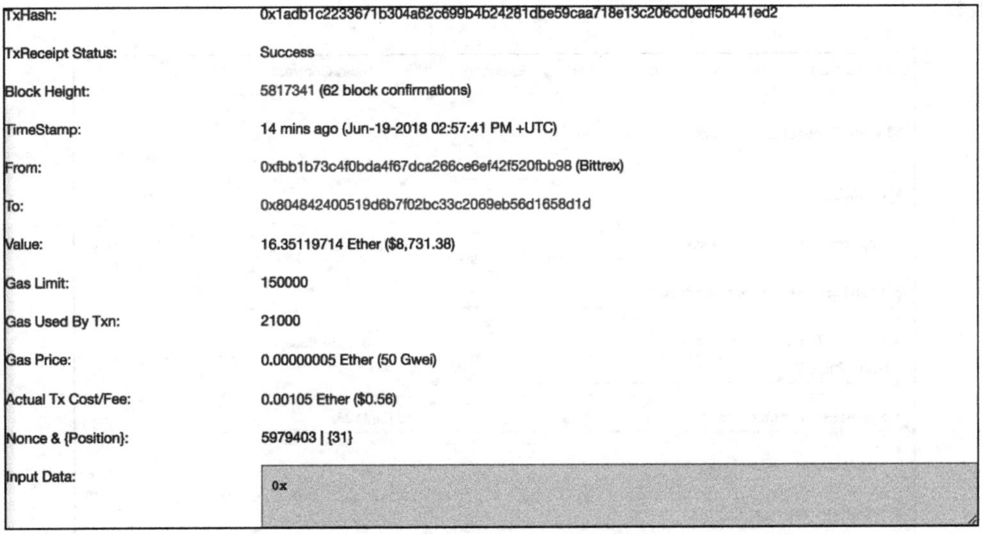

图 8-37 Etherscan 交易详情

8.6.2　智能合约操作

　　Etherscan 也提供了智能合约的读操作。在 search 编辑框中输入代币合约或者地址,可以查询到该合约的相关信息,包括代币的名称、发行总量、持币用户数、精度,甚至是当前市场的代币价格。我们更关注的是 Etherscan 提供的读取合约的函数。图 8-38 所示便是

EOS 以太坊代币的读取函数，例如获取 balanceOf 可以读取某个用户的 EOS 代币数量。

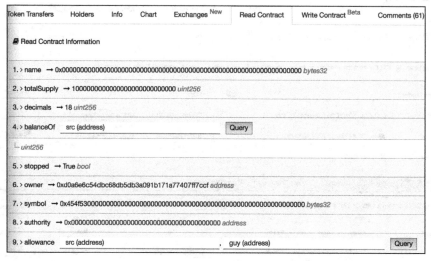

图 8-38　Etherscan 代币合约读取函数

通过连接 MetaMask 也可以写合约，如图 8-39 所示，图中展示了操作 EOS 代币的写操作函数。

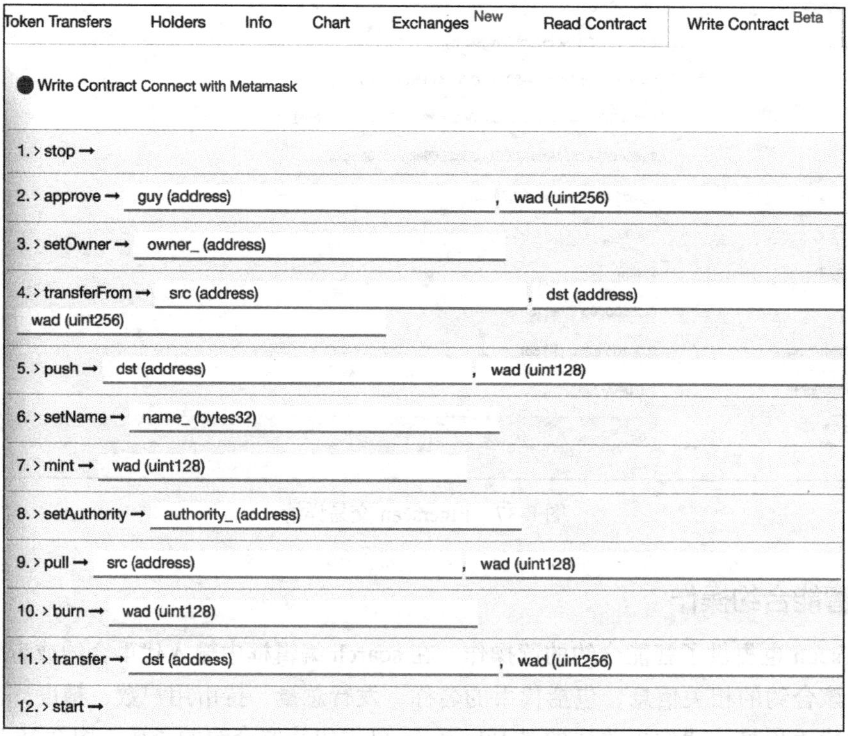

图 8-39　Etherscan 代币合约写函数

8.6.3 以太坊统计图表

Etherscan 针对以太坊网络提供了不同视角的统计并以图表的形式呈现，非常清晰和直观。在 blockchain 菜单列表中单击 chars，会出现各种统计数据制作的图表，如图 8-40 所示。

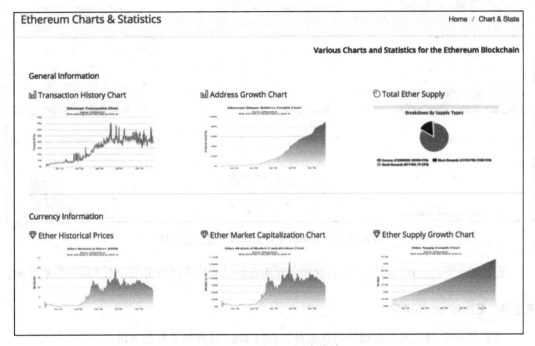

图 8-40 Etherscan 图表统计

这里的图表可分为如下几类。

- 总体以太坊信息图表：这类图表中包括交易的历史曲线、以太坊地址的增长曲线、以太币 ETH 总供应和市场资本总额。
- 当前以太坊信息图表：包括以太币 ETH 价格走势、市场资本流通量及供应增长情况。
- 以太坊网络情况图表：包括以太坊网络 Hash 率统计、困难系数增长情况、pending 交易统计，交易 Gas 消耗及交易所交易量饼图。
- 区块情况统计图表：这类图表对以太坊区块链区块信息统计得比较全面和详实，如图 8-41 所示。包括区块数、奖励、平均区块大小、平均出块时间、平均 GasPrice、平均 Gas Limit、以太坊每天总 Gas 消耗、以太坊每天区块奖励及 Geth 客户端快速同步的增长情况。
- ENS 注册统计。
- 以太坊挖矿统计图表：包括按区块统计不同矿工挖矿份额占比饼图及区块挖矿矿工占比饼图。

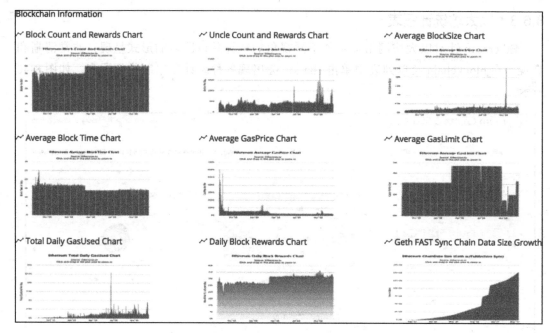

图 8-41　Etherscan 中以太坊区块链信息统计

通过这些图表，我们可以非常直观和全面地看到以太坊的网络情况和以太币的发展状况。

8.6.4　Etherscan API

除了在 Web 网站上呈现相关信息之外，Etherscan 还提供了开放 API。

EtherscanAPI 是作为社区服务提供的，对访问速率进行了限制，其支持 GET/POST 访问请求和 5 个请求/秒的速率限制（若超过则会被阻止）。

要使用 API 服务，需要在 Etherscan 站点注册并创建一个免费的 Api-Key 令牌 Token，然后才可以使用所有的 API 请求。

这些 API 包括如图 8-42 所示的几个类别，包括账户的、合约的、交易的、区块的、事件日志的、Geth 或者 Parity 客户代理的、Websocket 通知异步交互的、代币相关的、统计的及其他工具相关的。

下面以两种 API 为例，来看看对区块链读写的详细请求和响应是什么样的。

1. 查看账户的 ETH 余额

请求：

```
curl -s https://api.etherscan.io/api?module=account&action=balance&address=0xb4814aaE751165d391e7c85C5e0dAa0a457540D6&tag=latest&apikey=YourApiKeyTokencurl
```

返回：

```
{"status":"1","message":"OK","result":"197809968750000"}
```

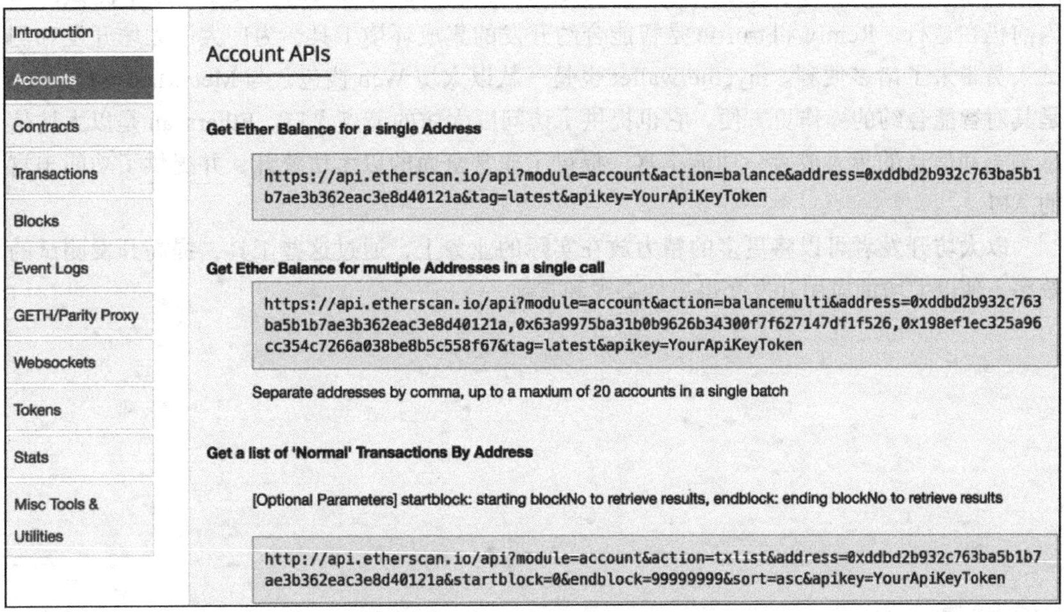

图 8-42　Etherscan 提供的 API

2. 发送签名交易

请求：

```
curl -s http://api.etherscan.io/api?module=proxy&action=eth_sendRawTransaction&h
ex=0xf8aa7b850ba43b740083013880949b11efcaaa1890f6ee52c6bb7cf8153ac5d7413980b844a9059
cbb000000000000000000000000009b11efcaaa1890f6ee52c6bb7cf8153ac5d741390000000000000000
00000000000000000000000000000000000000000000000001443fd001ba035bc829cfb9ee65863a14b9fb8220ef0a
acde66fb61d306a63e08937b9bb77d4a036beee5113128ba56fed43a7665baccd956f20cf2bdbb761f06
f81a66c29e33b&apikey=YourApiKeyToken
```

返回：

```
{"jsonrpc":"2.0","id":1,"message":"ok"}
```

8.7　本章小结

本章主要介绍了以太坊领域的工具，包括钱包、测试网络及信息整合的平台。MetaMask 是一个可以集成在浏览器作为插件使用的以太坊 Web 钱包，通过 MetaMask 可以管理以太坊数字资产，还可以连接测试网络和公网转移资产。以太坊实际的主网对每笔交易都要消耗 Gas，需要花费真金白银，不适合开发者频繁的测试验证。测试网络部署范围相对较小，消耗的以太币可以从测试官网上申请，没有实际的应用成本。以太坊公开的测试网络原来共有 4 个，包括 Modren、Ropsten、Kovan、Rinkeby，其中后 3 个测试网络当前仍在运行。Remix 和 truffle 是智能合约开发的集成环境工具，为广大以太坊开发和测试人员带来了诸多便利。myetherwallet 也是一款以太坊 Web 钱包，与 MetaMask 相似，但是其对智能合约的操作更方便，它也提供了访问以太坊的节点入口。Etherscan 是以太坊信息浏览和信息的集大成者，功能丰富，提供了非常全面的以太坊统计，并提供了功能丰富的 API。

以太坊开发者可以将更多的精力放在实际的业务上，通过这些工具，提高开发测试的效率，使以太坊的应用开发变得更加直观和有趣。

第 9 章 企业以太坊

企业以太坊是借助以太坊技术来解决区块链企业级应用的整体方案。本章首先介绍企业以太坊联盟（EEA）的成立背景，然后深入解释企业应用场景下的以太坊技术框架以及标准化工作的最新进展。读者通过阅读本章可以了解到以太坊技术在企业应用方面的优势，也能够看到目前的发展瓶颈和待解决的问题。

9.1 联盟成立

在过去两年内，区块链企业级应用迎来了前所未有的高速发展。从最初的比特币实验的出现、资深银行家辞职创业，到以太坊横空出世、区块链企业联盟成立，这一切都充分表明：区块链技术已成为 IT 领域发展的代表。

区块链已经度过了早期的技术构建阶段，完成了市场孵化，逐步渗透至应用期。主流 IT 机构不再是单纯地学习和使用区块链技术，而是以面向新应用场景为导向来推进该技术的发展。客户越来越关注最简可行产品（MVP）的开发，而不再仅停留在概念验证（POC）上。借助这股应用的"东风"，以太坊作为目前企业开发最常用的区块链技术，正在显露出成为平台级框架的潜在实力。据估计，全球有超过 20,000 名开发者工作在这个由众多开发工具构成的开源生态链上，整条公链的估值已达数百亿美元。埃森哲公司调研后得出评价：每一个创新实验室都在运行或尝试运行以太坊。微软、RedHat、Cloud Foundry 等知名云服务商也将以太坊作为区块链服务的首选框架。

以太坊协议是能够在全球虚拟机上运行的、具有图灵完备性的正式规范。从长达 3 年多的稳定运行时间和海量交易数据的安全保证中可以看出，以太坊协议具有很强的健壮性。

以太坊是通用的，也是易于编程的：全栈开发者可以在数日内开发出初具规模的应用程序。它的参考资料相当丰富，比如代码实例、部署框架和培训课程。在供应链追溯、支付、数据保密、合规性和付款标记等领域，我们可以看到私有以太坊网络已经应用于生产和金融服务。

同时，企业在应用的过程中也面临一些挑战，具体如下。

- 以太坊最初的设计意图是针对不需要信任的交易场景，而不是绝对的交易性能，所以现有的共识算法（PoW）不是很适合满足由互信的用户构成的高吞吐量的应用场景。
- 尽管以太坊确实允许在智能合约层和网络层实现许可控制，但它不易与传统的企业安全和身份架构兼容。
- 以太坊发展路线主要由公有链主导，企业IT需求的优先级被降低。

因此，许多实施私有以太坊网络的企业已经开始通过修改源码来满足应用需求，或者依靠专业的供应商来提供部署服务，比如摩根大通的Quorum平台、雷电网络、Parity和Hydra Chain。事实证明，这种方式取得了不错的效果，但缺点也很明显。ConsenSys的办公室主任Jeremy Millar列举了企业在采用以太坊时所面临的挑战：公有区块链从定义上就限制了对隐私和许可的需求。虽然以太坊的确允许在智能合约和网络层上实现授权，但是在与传统企业安全和身份架构以及数据隐私需求的兼容上，以太坊尚未达到"开箱即可用"的程度。由于这些已被感知的差距的存在，一些企业实现了自身版本的以太坊。Millar预测了这些以太坊具有的潜在问题：缺乏移植性、代码库碎片化以及局限于特定的零售商。

在一定程度上，企业以太坊与其他重要的平台技术，诸如TCP/IP和HTTP是相似的，从软件的角度来看，其与Java、Hadoop更为贴近。Java从来没有打算成为一个企业发展的全方位工具；实际上，它一开始是为交互式电视开发的（尤其是机顶盒和智能卡）。然而Java在网络数据库后端开发上具有很多优势：全面的网络和数据库API、简单的句法、快速发展的生态系统、跨平台和面向对象的数据结构。事实上，Java的企业版并不是来自Sun公司，而是由大胆的新兴公司（Web Logic）和一群企业客户、服务提供商开发的。

以太坊与Java有着类似的发展轨迹。这些企业用户将以太坊区块链技术整合在当前的技术栈中，已经开发出了各种各样的不能融入以太坊协议框架的应用。这些应用覆盖了用户和交易隐私、可扩展计算和网络连接等多个方面。例如，当用户希望发送只允许指定用户组具有查看权限的交易时，可以考虑使用Quorum项目。当发送的消息通过公共许可的Quorum节点网络时，会触发执行一个安全通信的交易，并触发所有指定的私有成员对其私有数据库进行更新。以太坊企业应用的使用者、支持者和的开发者联合起来，不仅能够提供技术服务平台，而且还能推出一套治理手段并创造企业以太坊的标准。

企业以太坊协议和以太坊协议难以融合的主要原因具体如下。

- 大部分核心的以太坊协议属于硬分叉，当它们改变时，需要经过整个以太坊社区的审议、讨论、协商，最终达成一致才能通过。

- 基于私有许可的以太坊网络没有明确的支持隐私保护和网络连接差异，无法直接利用以太坊公有链。
- 以太坊并不确定会支持多种共识机制，如 PoW、PoS 和 PoA，来解决扩展问题。

以上这些理由充分说明了，在企业应用范畴内扩展以太坊协议与当前社区关注的共识机制和硬分叉有比较大的差异。

2016 年 12 月 15 日，一群初创企业负责人和世界顶级金融机构代表在纽约会面并讨论以太坊建立企业应用时遇到的问题，这些讨论最终促成了由企业技术提供商、核心企业用户和以太坊协议领导者们组成的企业以太坊联盟（Enterprise Ethereum Alliance，EEA）的正式成立。联盟将在同一框架下确定路线图、法律架构、管理方法和初始技术。Millar 认为，企业以太坊联盟可以解决私有区块链这一企业关注问题，也可以为以太坊公有链做出贡献：企业以太坊是基于当前的以太坊扩展路线图构建的，保持了与公有以太坊间的兼容性和互操作性。事实上，通过联盟的成立，企业以太坊将对以太坊的整体发展做出很大贡献。

企业以太坊联盟是基于以太坊建立的一个新的区块链联盟。联盟成员来自摩根大通、微软、芝加哥大学、ING 和 BNY Mellon 的专家，以及 Nuco 和 ConsenSys 这样的初创公司，首批加入企业以太坊联盟的企业完整名单如图 9-1 所示。整个联盟尽量保持去中心化的运作方式，采用循环的董事会等手段来最小化单个成员的影响。该联盟的使命在于：研究当前在生产环境中实际运行的区块链，构建仅支持智能合约的区块链，定义符合企业业务发展需求的企业级软件，以用于处理那些最为复杂且要求最高的应用。

图 9-1　企业以太坊联盟创始成员

作为一家密码工作室、孵化器和投资商，StringLabs 也加入了联盟。他们近期在一篇博客文章中探讨了加入企业以太坊联盟的重要性，认为首个联盟建立的意义巨大。联盟关注公有和私有以太坊区块链的共享设计问题，给出了生态系统中各方应实现互操作的原因，以及这种互操作是如何使联盟中各方受益的。

经过核心成员企业与联盟技术委员会 18 个月的紧密合作，企业以太网客户端规范于 2018 年 5 月 17 日正式对外发布，新的规范将更有效地取代之前定义的多协议方法。客户规范 1.0 版本的推出将有助于促进大规模的技术落地。无论从深度还是广度上，这在单个公司的内部都是无法实现的。企业以太坊联盟在几个月内发布了第二次标准化，这也是联盟在 2018 年恢复活力的有力证据。

企业以太坊客户端规范 1.0 适用于高性能、跨平台的企业区块链。通过这一重大举措，欧洲经济区确定了一个现代化的分层架构，旨在为全球企业界提供高性能、跨平台的解决方案和生态系统，其中包括了世界上的各大公司和最具创新力的初创企业。

通过使用混合体系架构，客户端规范 1.0 能够帮助解决一般的以太坊开发问题，比如，可扩展性、隐私性，以及许可网络和公有以太网络的安全性。

欧洲经济区正计划引入一个测试网络，以进一步探索和测试其成员项目的互操作性。此外，即将推出的认证计划将最终确保解决方案符合所开发的标准。以电信行业的会员为例，他们计划建立一个全球性的测试网。这个测试网将让所有的电信供应商在世界的任何地方都能够被访问。这样就可以直接在用户购买的手机或附件中加入供应商，通过区块链技术和这些供应商进行直接合作。他们可以通过使用测试网来证明概念是否可行，甚至还能够对事物的工作方式进行新的测试。行业成员已经认识到拥有以太坊公共网络的好处是能够成为一个游戏规则的制定者。欧洲经济区的主要工作在于联合各家公司制定出主网的解决方案。相比于越过防火墙同时保持隐私和安全，使用连接私有网络访问世界各地用户的方案，使用公共网络无疑是一种更好的选择。

客户端规范代表了企业以一种新的无缝方式，利用以太坊来开发创新的、基于区块链的解决方案。欧洲经济区将参与创建一个新的行业标准，支持金融服务业继续采用区块链技术。欧洲经济区有 500 多个成员组织，包括世界上一些著名的金融和技术公司。

9.2 技术框架

企业以太坊联盟的技术目标可以概括如下。
- 成为以太坊公链的超集。
- 在保密性、可扩展性、可授权方面涵盖企业需求。
- 专注标准的制定，而不拘泥于产品的开发。

从 2017 年开始，企业以太坊联盟提出建立标准协议的目标，基于协议完成 Python 客户端的原型开发，完成基准测试和验证测试，同时制定出以太坊企业版 2.0 路线图。以太坊企业版标准客户端将建立在 Pyethapp 项目基础之上，融合私有链 Quorum 建立数据隐私保护模块，参考 BFT 算法建立共识模块。其中隐私保护能力将更多地参考 Quorum 实现。因为作为多链（multi-chain）解决方案，现阶段 Quorum 具有一定的先进性，从长远来看可能还会有更多的选择。可插拔的共识属于技术框架的基础特性，通过定义微服务架构、迭代开发来实现去耦合，从而逐步达到最终目标——支持 BFT、PoW 和 PoS。权限模型框架实现对应用、数据、网络的权限控制，限制企业链的授权访问，内置类似当前企业中成熟的授权、认证、基于角色的权限控制解决方案。从整体性能评估方面考虑，提升以太坊协议的健壮性及性能，基于客户端、合约执行、网络、扩展性等资源的组件化或特性化，基于已有的数据重放交易数据，挖掘已存在的公链网络数据的价值。图 9-2 对企业以太坊核心技术特性进行了归纳总结。图 9-3 阐述了基于 Quorom 参考实现的核心协议栈。

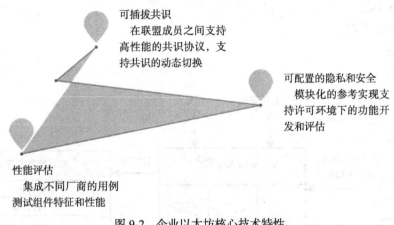

图 9-2　企业以太坊核心技术特性

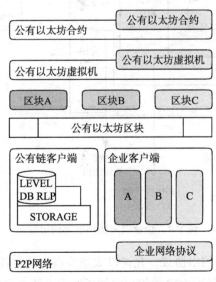

图 9-3　企业以太坊核心协议栈

从长远发展来看，企业以太坊联盟的终极目标是实现模块化，即可根据自己的场景动态组合以满足所有用例，尽可能趋同公链和企业应用链的路线图，从数据反馈、数据管理、基础设施建设方面实现更深层次的突破。

9.2.1 分层设计

企业以太网客户端规范 1.0 中进一步优化了顶层结构（见图 9-4），结合了以太坊基金会开发的组件对分层功能进行了细化（见图 9-5）。此次宣布的新规范旨在为全球企业以太坊的开发人员提供一个统一的、开源的、跨平台的标准框架，以加快交易处理性能，建立可信的合约执行环境，同时创建更高效的业务模型。分层架构包含如下五个层级。

- 网络层。
- 区块核心层。
- 隐私和扩展层。
- 工具层。
- 引用层。

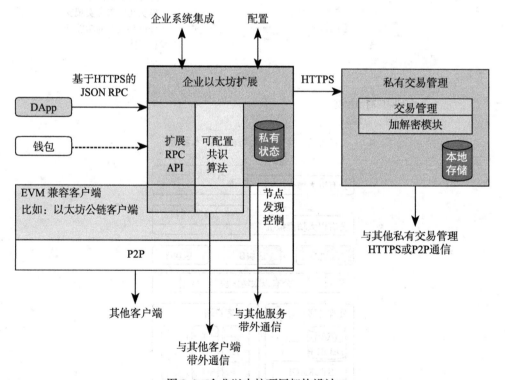

图 9-4 企业以太坊顶层架构设计

网络层实现了 DEVP2P 网络协议，允许以太坊节点与其他各种协议在 DEVP2P 连接基础之上实现通信。企业以太坊的 P2P 协议可以用于实现支持上层功能，比如共识算法。

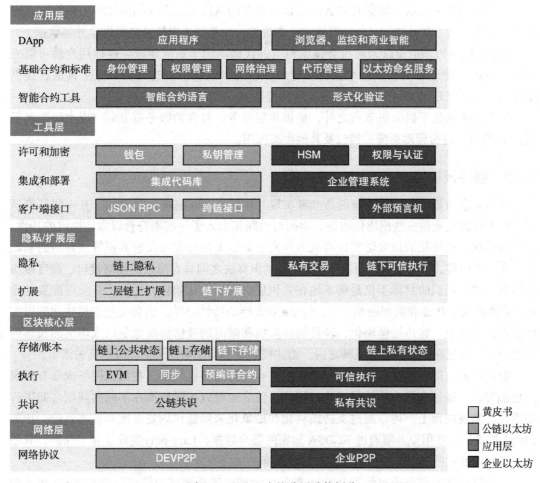

图 9-5　企业以太坊分层功能划分

区块核心层包含了以太坊节点之间共识协议的建立。公有链的共识算法（比如 PoW）预计很快会退出历史舞台，将由新的共识算法代替，目前呼声较高的是 PoS。企业以太坊还将提供私有链的共识算法供联盟内部使用（比如 Istanbul BFT 和 Raft）。执行子层在以太坊内部实现了 EVM 或 eWASM 虚拟机，虚拟机提供了足够的指令集和计算能力。在区块核心层内部，存储和账本子层负责保存状态，比如用于执行智能合约的代码。该子层遵循安全的原则，可以引入 Hash 树、UTXO 和加密 KV 等模型。

隐私和扩展层实现了必要的隐私和扩展功能，且可用于企业级的应用。扩展的方式包含链上扩展（Layer 2 Scaling 或 On-Chain Scaling）和链下扩展（Off-Chain Scaling）。链上隐私保护算法也在研究之中，零知识证明是可选项之一。企业以太坊还提出了对私有交易的支持，通过设置可信执行环境（Trusted Execution Environment）支持代码执行过程的隐私保护。

工具层包含了与以太坊交互的API接口。主要的API形式是JSON-RPC，调用API可以实现交易提交、交易执行、合约部署和状态设置。工具层还支持跨链操作、外部数据Oracle的API。企业以太坊也会提供相应的代码库用于系统集成，这样用户就可以方便地通过账户管理系统和钱包来获得相应的授权与以太坊节点进行交互。工具层还提供solidity语言或LLL的编译、形式化验证等服务。

应用层往往处于以太坊节点之外，提供顶层服务，包含的服务有ENS（以太坊域名系统）、浏览器、身份管理系统、钱包及其他生态应用。

9.2.2 组件模块化

目前大多数以太坊实现（特别是参考实现）并没有遵循模块化的架构。有一些厂商试图对以太坊的实现做一些模块化改进，但同时也间接引入了一些不符合以太坊协议的特性。一个通用的、模块化的以太坊实现将成为开发企业以太坊标准和联盟共识算法评估的基础代码库。可插拔共识的实现需要基于EVM和共识算法之间具有清晰的网络接口、高度模块化的客户端。我们的目标不仅是简单地在共识层实现模块化架构，比如，开发可配置的隐私（兼顾授权、认证和数据隐私），与其他将要支持的特性一样，也会受益于模块化的以太坊实现。实际上，客户端模块化、轻量级虚拟机和精简的通信协议也是以太坊更加长远的底层目标。只是在企业以太坊范畴之内，组建模块化的问题被视为优先级更高的需求。

企业以太坊的目标是能够支持与公链协议有差异的协议规则，在测试网络或私有实现上更加容易，通过交换合约代码或执行硬分叉使企业可以按照标准在不同的规则之间进行切换。在实现层面上，可以通过支持模块化和抽象化来降低代码复杂度和攻击风险。比如EIP86描述了一些用户希望通过ECDSA加密的账户数据，Lamport实现了量子保护，其还使用了特定形式的、私有的、行业的或国家标准的加密方式。

企业以太坊联盟将通过使用Python版的以太坊实现来测试和搭建原型并与Go版本的结果进行对比。通常来说，Python实现了包含以太坊特性的原型，相对其他客户端来说其更加模块化，Python语言也因在原型开发方面的便捷性得到了众多开发者的青睐。

9.2.3 可插拔共识

以太坊协议明确了节点会为最长的链选择符合工作量证明原则的区块，工作量证明表示从时间、电力和内存等方面，投机取巧是不可能的。工作量证明机制在以太坊网络不断走向成熟的过程中起到了很有效的推进作用，但这也意味着目前的以太坊只能以每10秒一次的速度将区块信息记录到链上，这也限制了每个区块可以接受的交易数量。考虑到现有服务系统往往要求同时支持上亿的用户访问量，所以以太坊协议需要通过扩展来支持企业应用。一种减少区块生成时间的方式是降低工作量证明计算的复杂度，修改配置以减少因以太坊网络区块生成而消耗的资源。对于攻击者而言，提交一个无效的区块需要价值几百万美元的电力和计算成本。

为了改进可扩展性，工作量证明的替代方案着力通过使用不同的区块链属性来达到区块共识。比如，代理权益证明（DPoS）和 Ouroboros 都依托于权益证明（PoS）来根据权益值的占比选择区块，权威证明（PoA）则依托于通过授权节点选择区块。这些方式与网络层的关联不大。更进一步地，还可以对共识协议的实现位置进行分类，比如 Casper 就是一种在智能合约中体现 PoS 共识的协议。

以太坊共识协议需要实现对状态的顺序变化以处理网络中其他节点的原子广播，这可能会遇到拜占庭错误。以太坊建议的共识算法包括 Honey Badger、Hydra Chain 和 Tendermint，它们都是网络通信故障下 PBFT 算法的变种。Hydra Chain 和 Ethermint 将区块和网络共识协议结合起来考虑。Ethermint 基于 Tendermint 的区块和网络共识算法，同时增加了 Cosmos 规范定义多个区块链之间如何交互。其他用于解决工作量证明问题的方式还有分片、并行计算和状态管道。状态管道通过执行多方链下的快速操作来提高交易的吞吐量，对不必要的 Gas 消耗进行优化；状态管道是首个完整实现链下交易上链的解决方案。

企业以太坊不应该成为一种算法的规定，而应该允许根据不用的用例来实现可插拔共识。企业以太坊也将引领共识算法的研究和评估工作发展方向，特别是在性能、容错和恶意攻击方面，并以此为联盟成员提供参考。

企业以太坊考虑的共识算法都是很新的，将会快速拓展到各种企业用例。目前的工作量证明是基于没有分布式 Hash 表功能的 Kademlia 算法，它是与 P2P 通信协议绑定在一起的。重要的是，如果能将共识算法从网络层中抽象出来，就允许共识可以与除目前 P2P 方式之外的多种通信协议进行交互。这种抽象还进一步让多种共识算法和多个许可链协同工作成为可能。网络层的抽象将带来区块链的流式计算效应，也就是说像 Kafka 一样对数据流进行处理，而不是像 Hadoop 一样进行批处理。联盟将提升稳定性并根据不同的网络环境提供终极的部署选项。

最新的规范中定义了企业以太坊具有支持多种共识算法的能力，不同的共识算法通过配置可以实现在网络上的切换。共识算法将同时支持以太坊主网和侧链的操作。Istanbul BFT 是必须包含的共识算法，这样将使整个网络具有拜占庭容错机制，单个节点攻击或恶意的投票、出块、验证行为将不会影响整个网络的安全。

9.2.4 权限和隐私保护

隐私和权限管理领域的研究和开发工作是 Quorum 项目中包含的重要特性。这些特性也是模块化修改后所带来的效果。所以，这些特性将遵循客户端模块化和可插拔共识原则，具体的优先级取决于联盟成员的讨论结果。

企业以太坊将支持不同级别的隐私保护，隐私保护和权限许可也是相关的。C 级隐私保护是面向所有兼容应用的隐私保护级别，节点必须支持如下功能。

❑ 提供 P2P 启动节点列表。

❑ 支持 P2P 节点发现的打开和关闭。

- 支持网络节点加入的白名单和黑名单。
- 对于可信节点的许可操作。

交易数据由元数据和负载数据两部分组成,其中元数据是用于交易执行的标记数据;负载数据则是交易数据的实际内容。私有交易必须支持如下方式中的一种。

- 私有交易仅允许直接相关人接收和查看。
- 私有交易可以传递给所有人,但只允许直接相关人查看。

交易的负载数据和过程数据要求必须进行加密处理。网络中的中继传输节点不允许保存交易负载数据。隐私级别 B 在隐私级别 C 的基础上增加了如下要求。

- 以太坊节点提供集群管理策略。
- 权限管理可以与智能合约进行交互。
- 任何配置变更都不需要重新启动以太坊节点。

隐私级别 A 在隐私级别 B 的基础上增加了如下要求。

- 通过算法设计可以更新私有交易的参与节点。
- 通过算法设计可以在私有交易的参与节点之间达成共识协议。

整体而言,隐私级别 A 增加了整个网络的安全性和隐私保护级别,是企业以太坊最理想的隐私实现方案。

9.2.5 数据安全

可信计算吸引了越来越多的关注,相关的支持开始出现在去中心化应用程序运行的主流硬件中,以增强其安全特性。Intel 的 SGX 提供了内存电路封装加密芯片,该芯片只能运行签名和验证的代码,并且其他进程无法访问它。这些已经被表征为反沙箱,它们不相信正在运行的操作系统。芯片内部的时间证明算法(POET)是 Inted 的 Sawtooth Lake DLT 内的共识方法。微软在其加密指令集中提供了在 SGX 芯片中执行代码的指令。ARM 通过 Trust Zone 和 TEE(可信赖执行环境)提供了与 SGX 类似的功能。

区块链外部的数据推送(例如外汇牌价)对于基于智能合约的系统应用来说是至关重要的。当考虑重要场景时,通过区块链自动共享数据源是触发合约执行的一种方法,从而确保获取数据的来源可信。数据源还可以与传统系统的数据集成,例如基于已有系统中捕获的身份和标识进行报告。受信任的硬件和数据源之间存在着密切的关系,它们被吸收到一个区块链中。由于以太坊虚拟机的设计目标之一是保证确定性,因此不会将网络访问做成指令,而是使用简单的数据推送的方式。由于数据源本质是在区块链协议外部,所以企业以太坊项目不能立即提 x 供协议级实现。然而,在考虑以太坊智能合约的数据源时,其有最佳实践和相关设计案例可以参考。

为区块链设计一个数据源系统,需要考虑两个重要的东西:数据源和数据传输通道。在单个企业内,对于单一目的的应用程序,数据源和数据传输通道都可以像周期性任务一样简单,以传统数据作为输入并将其发布到区块链上的目标合约中。然而,在多个交易对手之间需要对数据源的输出达成共识，必要时应采取尽职调查的方式。

更广泛的分布式分类账本生态系统正在努力解决数据馈送的问题。从研究的角度来看，如康奈尔大学的计算机科学系正在研究使用认证数据提供的系统作为智能合约和现有网站之间的桥梁，这已经是普遍值得信赖的非块链应用。从商业的角度来看，诸如微软的CryptletFabric 更侧重于利用硬件作为数据库的基础。

虽然基于硬件的方法提供了卓越的安全功能，但硬件解决方案依赖于对供应商的信任且费用较高。安全硬件在服务器环境中普遍存在，通过集成 IoT 和网络基础架构变得越来越流行；然而无数解决方案由于未使用标准化的 API，从而使得硬件设计更具挑战性。企业需求取决于在认证环境下参与者的信任程度。因此，我们希望可以选择支持基于软件的封装，另外代码开源可以让社区参与审查代码从而降低成本。随着区块链技术在安全方面的发展，企业将能对其了解得更加深入以提供额外的产品。

企业以太坊一开始就将重点放在协议级别的实施上，随着时间的推移，预计联盟成员会围绕预言机数据建立有意义的设计模式而进行努力，比如重点研究如何打击恶意数据发布者。

许多去中心化应用程序可以从区块链之外的去中心化存储中受益。尽管可以在区块链中存储任意内容，但是对于文件存储，使用区块链不仅成本高而且不够高效。内容不可变并可寻址的链下存储系统更适合这种需求。这些系统试图使内容的创作与该内容的长期托管脱离关系。

有两个目标非常相似的项目在这一领域处于领先位置，并正处于快速发展阶段。第一个是由协议实验室的 Juan Benet 领导的 IPFS，第二个是由以太坊联盟资助的 Swarm。以太坊联盟长期以来一直与以太坊和 Whisper 一起被定位为 Web 3.0 愿景的中心支柱。

一些以太坊项目对 IPFS 的使用比 Swarm 更为成熟。Viktor Tron 在 IPFS 和 Swarm 摘要中指出这两个项目都包含了两个概念层次——分块文件系统层和激励层。两个系统的激励层都处于早期阶段，但都将使用以太坊构建。激励层的设计将是这些系统成功的关键。

9.3 治理框架

从治理方面来讲，方案将涵盖企业以太坊小组的治理、企业以太坊小组的管理和运营，以及核心成员在工作组的参与。企业以太坊联盟是一个位于美国的非盈利组织，联盟的法律团队正在探索治理方面的细则。无论是从合法性角度还是从执行层面，企业以太坊联盟都需要一个执行主席。此外，联盟将成立董事会或咨询委员会来监督执行主席的工作。

企业以太坊联盟管理范围包括法规、财务、知识产权、公关、成员协作等。主席（或者执行董事）将负责保证组织工作的整体推进。各个成员明确希望联盟主席能够在市场、沟通方面产生直接的、正面的影响。当然每天积极组织各项管理事物也是非常重要的。

然而，企业以太坊的核心是加入的成员以及成员的贡献。部分核心成员已经选择在一些领域成立如下工作组。

- 代码组：推进原型的开发，提供标准化提案等；编写企业以太坊的基本组件。
- 架构组：展望路线图、架构和技术方向。
- 行业组：联合行业资源来解决行业内的具体问题。

这些内容标志着企业以太坊平台的正式启动。联盟将坚持如下 4 个指导原则以达成企业以太坊社区的工作目标。

- 开发开源标准。
- 与工作人员一起搭建通用系统。
- 维护与以太坊公有链的兼容性。
- 在数据标准上不做重复工作。

对于 DLT 工业和区块链来说，治理是一个重大课题，其中包括协议层的共识算法和行业联盟/标准机构的运营（比如企业以太坊本身的运营）。另一个需要考虑的治理方面是共同管理智能合约系统的授权。这些系统既包括私有区块链，也包括公网上设置访问权限的智能合约。企业以太坊可以探索共享管理的合约接口和分类的开发，比如 uPort 身份系统就是一个很好的案例（https://github.com/ConsenSys/uport-proxy/blob/master/contracts/Owned.sol）。该合约为它的继承合约提供了一定程度的治理，可以以此作为制定标准的起点，使多个 DApp 开发人员能够为这些标准间交互的智能合约系统构建各种管理工具。共享管理标准从应用层智能合约开始，然后扩展到协议层，再延伸到在众多行业合作伙伴之间运营的私有链。

可以想象，在不久的将来，当一个新的联盟链共识算法被开发出来之后，在一些重要的性能指标上会有显著的改善；通过这些跨应用层和协议层的共享管理标准，将有一个明确的途径来制定和跟踪对共同管理系统的更新并转换到新的共识算法。这样，无论选择哪些供应商进行合约开发或后期部署管理，各方都可以一起可靠地管理共享基础设施。

企业以太坊需要协调各种企业需求，同时也需要用有效的方式来协调各种活动。当前对以太坊协议的改进流程是通过 Git 版本管理工具提交一个以太坊改进建议。如果一个用户需要提交一个以太坊协议的修改，则需要先拷贝一个 EIP（以太坊改进建议）代码仓库到本地，然后创建一个新的 EIP 文档，并描述清楚修改原因、修改详解、修改影响。接着提交 EIP 文档到自己的仓库，并根据 EIP 文档编写相关代码。最后，用户提交一个推送请求到主代码仓库中，等待反馈 EIP 文档和相关代码的审核结果。

在企业环境中，组织可以在多个层面用不同的身份参与社区，如以开发人员和管理人员的身份，但每个人处理 GitHub 的频率并不高。相反，使用区块链，同时利用现有的 Git 模型，能够更好地提供对现代企业以太坊管理机制的支持。一些企业将目前的 EIP 流程延伸到以太坊区块链中，这是很有必要的。首先，组织参与企业以太坊协议的变更将被记录为正式修改；其次，通过智能合约调整组织机构，涉及的过程可以被正式化和激励。因此，将治理架构转移到以太坊区块链，组织就有了明确的合约机制，可基于该机制执行企业以太坊的建议和活动。

区块链的管理工具项目正处于快速发展中。uPort 是自主身份平台，支持个人和组织的身份。它包含一个管理用户的密钥和凭据并据此来签署交易的移动应用程序，以及用于简单集成的开发人员库。uPort 发布了一个开发者版本并进行了初步测试，其打算支持联盟的身份。BoardRoom 是在组织层面、委员会层面和项目层面支持制定提案并对其投票的应用。Balanc3 目前正在积极开发能够报告金融资产转移和金融交易的数据平台。

9.4 本章小结

本章介绍了以太坊技术的企业应用。相对于公链以太坊而言，企业以太坊更偏向于私有链和联盟链的应用场景，满足企业或小范围集团内部的流程协作和数据共享需要。无论是技术框架还是治理框架，两者都各有特色，且相互补充。企业以太坊联盟的成立扩大了以太坊技术生态的布局，标准化了进程，驱使了行业的规范化发展。这些工作在区块链的早期发展阶段非常必要，也势必会为后续的大规模应用奠定坚实基础。

第 10 章

跨　　链

互联网目前已经成为人们工作生活不可或缺的基础设施，小到居家日常买卖衣物饮食，大到国家应急信息发布，全都离不开互联网。互联网扮演了一个在联通世界中让信息随时在线自由传播的幕后英雄，互联网的价值在于互联互通，随时在线传送信息。

区块链被视为价值交换的互联网，区块链的去信任、去中心化必须构建在全球互联的网络之上，不同的价值区块链在这样的大网络中可以自由交换和转移价值资产。但是当前区块链面临着诸多问题，包括共识安全性不够、交易处理效率低、缺乏大规模实际应用等，这些问题中也包含区块链之间的互通性问题，当前已经有大量的公链出现，各个公链的技术并不能直接兼容，这极大地限制了区块链的应用空间。不论对于公有链还是私有链来说，跨链技术就是实现价值互联网的关键，它有助于将不同的区块链连接起来使之成为一个链互联网络，这也是区块链向外拓展和对接其他新生技术和生态的最佳途径。

随着跨链技术的不断发展和成熟，越来越多的领域都可以享受跨链带来的便利。目前跨链技术的主要应用集中在资产操作和金融应用相关的业务方面，可以预见的应用有如下这些。

- ❏ 资产转移：用户数字资产可以在多条异构链之间无缝转移。
- ❏ 资产兑换：用户在不同链上的资产可以直接根据汇率相互兑换。
- ❏ 跨链事务协作：例如链 A 执行业务，链 B 存储用户身份信息和资产，若链 A 上的合约要对某个用户执行资产转移，则需要获取链 B 的该用户身份证明；若链 A 上的合约需要进行资产抵押，则需要获取链 B 的该用户资产证明。
- ❏ 扩展已有链的功能：对于不支持跨链操作的区块链提供跨链服务。

10.1 跨链技术方案

目前主流的跨链技术可以粗略分为 3 大类，具体如下。

1）见证人模式（Notary schemes）：见证人模式是在应用层上实现跨链操作。一组由第三方服务提供的见证人，这些见证人支持多重签名投票，并且是 X 链上的注册账户，它们分别独自对 Y 链进行监听，当监听到跨链操作的事件和状态时，根据设置的规则决定不同的操作并签名，当 2/3 见证人都决定相同的操作时，则 X 链上执行该操作。

2）侧链/链中继模式（Sidechains/relays）：该模式是在协议层实现跨链操作。子链客户端直接读取主链的状态，停供对 SPV（Simple Payment Verificaiton）的支持。

3）哈希锁定模式（hash-locking）（协议层级别）：该模式也是在协议层实现跨链操作。需要在跨链的两条链上设定相互操作的触发器，通常是待披露明文的随机数的 Hash 值。

10.1.1 见证人模式

假设用户 A 在 X 链上拥有数字资产 T1，用户 B 在 Y 链上拥有数字资产 T2，都想兑换部分数字资产到对方的链上，但是他俩互不认识也互不信任，此时，如果有一个用户 A 和用户 B 都共同信任的第三方充当见证人，那么通过该见证人就可以实现各自资产的兑换，这就是见证人模式。见证人模式引入了两条链之外的第三方中介，因此完全不用关注所跨的链的结构等细节，对于所跨的链来说中介只是普通用户的角色。

该模式很像目前中心化的中介服务，那么如何防止该中心化的第三方中介作弊和作恶呢？这就是跨链操作中的共识问题。有 2 种解决办法：1）可以选择多个独立的见证人，各自记录可信交易列表，相同的部分作为可信交易；2）采用多重签名交易。

Ripple 的 InterLedger 之前采用的是第一种方案：InterLedger 选择一组见证人，这组见证人之间采用拜占庭容错结构，独立监听跨链交易的请求，独立签名，正确的签名数量超过 2/3 时进行资产转移和释放。有跨链需求的用户在见证人这个中介机构的帮助下，让资金在各条链的各个账本之间无缝流动。

liquid 链采用多重签名的见证人方案，用户在比特币链上发送 BTC 到预置的多重签名的比特币地址，liquid 链定时检查该地址，多重签名账户分别对该转账进行确认，通过后在 liquid 链上发行 L-BTC。反向转账也是一样，用户销毁 L-BTC，然后在比特币链上获得 BTC。

联盟链中见证人集合最好是共识节点集合，以保证达到最高安全性。

10.1.2 侧链技术

业内对侧链的定义是：可以验证其他区块链的链上数据的链（sidechain is a blockchain that validates data from other blockchains）。实际就是在主链之外构建另外一条独立运行的链，在这条链上可以校验和监控主链上的交易，一定程度上可以将主链的部分工作移到侧链上执行，降低主链的计算负担，从而提高主链性能。

目前主链和侧链之间的数据交互格式通常为 SPV 协议（Simplified Payment Verification），主链支持 SPV 协议，并提供 SPV 证明，侧链从主链获取并使用该 SPV 证明来验证主链中发生的交易，如果验证通过，那么侧链上的业务合约就可以执行相应的业务，例如，在支持抵押业务的侧链上进行资产抵押时，侧链通过 SPV 验证你在主链上的资产余额，如果满足条件，则完成对你的资产抵押。

侧链可以支持智能合约，将实现各种业务的侧链锚定到比特币上，可以极大地丰富比特币的应用，例如股票、期货、衍生品等，另一方面，由于用户参与的业务分布到了各个侧链中，由此用户的隐私保护也得到增强。

业内第一个实现侧链技术的是 ConsenSys 公司的 BTCRelay。BTC Relay 是将以太坊网络与比特币网络通过以太坊的智能合约这种安全的去中心化方式连接起来，实际上就是将比特币的区块头信息存储到智能合约中，支持用户在以太坊上直接验证比特币的交易。

BTC Relay 的工作流程如图 10-1 所示，具体说明如下。

1）中继者持续同步比特币区块头数据到其所部署的以太坊智能合约中。

2）持有比特币的用户 A 想购买用户 B 的以太币。

3）用户 B 将以太币先支付到 BTC Relay 的智能合约上，并通知用户 A。

4）用户 A 将对应数量的比特币发送给用户 B，并提交该比特币的交易 Hash 给 BTC Relay。

5）BTC Relay 验证该交易 Hash，验证完成后用户 A 需要支付一定的费用给中继者们。BTC Relay 将被验证的交易关联到相应的智能合约中，即释放锁定的以太币给用户 A。

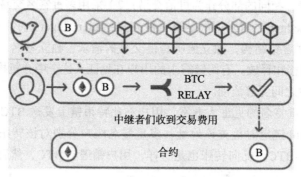

图 10-1　BTCRelay 工作原理示意

10.1.3　链中继技术

链中继技术与侧链类似，也是使用交易验证的方式，主要区别是侧链分为主链和侧链，而中继的链之间是平等关系，没有主侧之分。链中继一般用于同构区块链之间的跨链操作，例如，都支持智能合约的区块链，这样做可便于部署相同的链中继业务合约。

跨链中继合约需要实现的业务逻辑大致如下：

```
function sendCrossChain(destChain, to, value) {
    if (balances[msg.sender] < value) throw;
    createEvent(destChain, {
        name: SEND,
        to: to,
        value: value
    });
    balances[msg.sender] -= value;
    crossChainBalances[destChain] += value
}
function onReceiveEvent(senderChain, params) {
    if (params.name == SEND) {
        if (crossChainBalances[senderChain] < params.value) throw;
        balances[params.to] += params.value;
        crossChainBalances[senderChain] -= params.value
    }...
}
```

这个智能合约同时部署在两条链上，用于支持代币的跨链转账。其中，sendCrossChain 函数功能是发送 token 到 destChain 链上，token 接收者是 to，转账数量是 token，函数检查发送者是否具有足够的 token 用于转账，如果余额不够则将无法执行下面的流程。反之，触发一个事件，通知外界要执行 token 转账操作，其中 name 字段表示这个事件的类型，事件的接收者为 destChain，然后扣除发送者相应数量的 token，将该 token 锁定到 crossChainBalances 中；destChain 监听到该事件后会调用执行 onReceiveEvent 函数，为接收者账户铸造相应数量的 token。

10.1.4　Hash 锁定

Hash 锁定的跨链方案类似于闪电网络的 Hash 时间锁合约，因其可以保证跨链操作的原子性，并且无须第三方参与，由此在跨链中具有广泛的应用。Hash 锁定的实现过程如图 10-2 所示。

由图 10-2 可知，Hash 锁定流程如下。

1）链 A 上的用户生成一个随机数 S，对其计算 Hash 值 H=hash(S)，并保存 S 值。

2）链 A 用户在链 A 上锁定一定数量的代币，并设定超时时间为 $2T$：协议规定如果在超时时间内链 A 收到 hash(S)，即表示链 B 用户收到了 S，则转账给链 B 用户；如果超时未收到 hash(S)，或者收到了错误的 Hash 值，则将代币退还给链 A 用户。

3）链 B 用户收到 H=hash(S) 和超时时间后，在链 B 上锁定对应足够数量的代币，也设定超时时间为 T，规则同链 A。

4）链 B 用户锁定代币后，通知链 A 用户。

5）链 A 收到通知后，在超时时间 T 内向链 B 展示随机数 S。

6）链 B 用户验证 hash(S) 是否等于之前收到的 H；如果相等，即表示是对应的链 A 用户发送过来的，则将锁定的代币转账给链 A 用户。

7）然后链 B 用户向链 A 展示 H。

8）链 A 用户验证 H 是否等于本随机数 S 的 Hash 值 hash(S)；如果相等，即表示是对应的链 B 用户发送过来的，则将锁定的代币转账给链 B 用户。

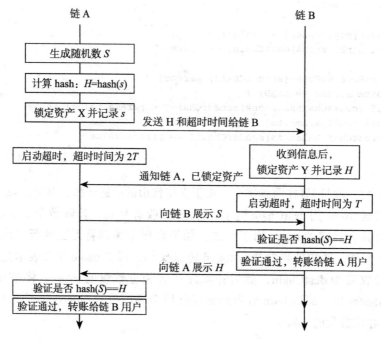

图 10-2　Hash 锁定的过程

10.2　跨链项目

随着区块链技术的发展，链与链之间的互联操作越来越受到重视，跨链的项目也越来越多，目前有不少成功的跨链平台。下面将按照跨链技术的分类，分别介绍当前比较看好的跨链项目。

10.2.1　Interledger

Interledger 采用见证人模式，是 Ripple 公司开发的一个第三方的加密托管系统，该系统可以在不同区块链之间自由地转移代币。Interledger 为不同的区块链提供资金托管，将它们"连接"起来，而区块链系统本身无需信任 Interledger，因为该协议通过密码学保证资金的安全，并且只有参与的区块链系统才能看到跨链交易，从而保证参与方的隐私不被泄漏。

Interledger 选定一组见证人，见证人之间采用拜占庭容错协议，保证有 $2n+1$ 的容错率，每个见证人独立监听转账事件，并在签名后进行资产操作，因为采用拜占庭容错，因此只有在参与方对交易达成共识时，转账才最终成功，单个见证人无法控制转账操作。

10.2.2　Cosmos

Cosmos 采用链中继技术，不仅提供跨链资产转移功能，还支持链交互操作。中继网络也是一个区块链网络，采用 Tendermint 共识，该共识类似于 PoS 共识，并解决了 PoS 中的"无利害关系"问题，其验证人需要提交押金，如果作恶将受到惩罚。Tendermint 定义了一个统一状态同步协议，称为 ABCI 协议（Application BlockChain Interface）。任何兼容 ABCI 协议的区块链系统都可以连接到该 Tendermint 网络上进行数据和状态同步。

如图 10-3 和图 10-4 所示，Cosmos 网络的核心是 Cosmos Hub，Cosmos Hub 实现 ABCI 协议，基于 Tendermint 的区块链网络收发消息，可以保证拜占庭容错。Cosmos Hub 支持 ABCI 通信协议，接入的区块链系统运行在一个称为 Zone 的空间内，例如图 10-4 中的 Ethermint、ChainMint 链，各个 Zone 之间不能直接通信，必须通过 Cosmos Hub 才能通信。

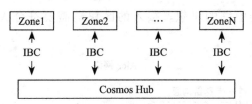

图 10-3　CosmosHub 和 Zone 的关系

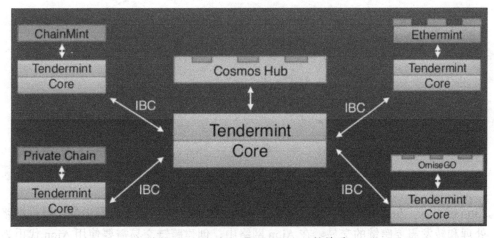

图 10-4　Cosmos 和 Tendermint 的关系

Hub 和 Zone 之间的通信协议是 IBC 协议，IBC 协议将 Zone 和 Cosmos Hub 之前的交互分为二次提交，如图 10-5 所示，第一次提交事务为 IBCBlockCommitTx，它使当前链能够向任何观察者证明其最新的区块 Hash。第二次提交事务是 IBCPacketTx，用于当前链证明给定的数据包确实是由发送链通过 Merkle-Proof 发送到最新的块 Hash。

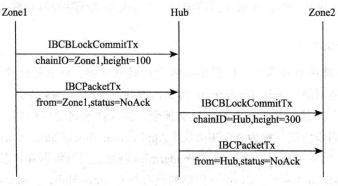

图 10-5　IBC 协议

10.2.3　Aion 链

Aion 采用的也是链中继的思想。接入的区块链需要符合 Aion 接口标准协议，如图 10-6 所示。

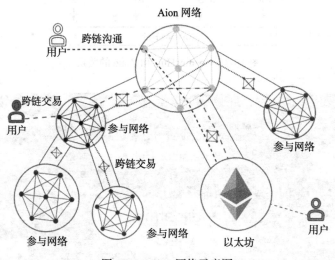

图 10-6　Aion 网络示意图

Aion 链引入了桥梁和连接网络的概念实现跨链交易，类似于万维网中的交换机和路由器，处理和转发需要跨链的交易。在 Aion 网络中，创建跨链交易需要使用 Aion 代币为通信支付交易费用，从而激励每个交叉点积极参与。

从源链到目标链，跨链交易的消息设计都类似于 HTTP 数据报文，跨链消息带有路由信息，因此可以路由到多个连接网络。

跨链交易格式包括三个部分，如图 10-7 所示。
- 常规事务数据，支持由创建者和源网络自行决定扩展为何种数据。
- 链路间交易的元数据，包含路由信息和费用。
- Merkle 证明，仅在发件人经过 bridge 时使用。

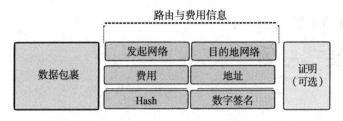

图 10-7 Aion 跨链交易功能模块

10.3 本章小结

本章主要介绍了跨链技术涉及的见证人模式（Notary schemes）、侧链模式、链中继模式（Sidechains）（relays）、Hash 锁定模式（hash-locking）四大技术方案，以及与这四种方案对应的实际项目。本章还分析了经典的跨链项目 Interledger、Cosmos 及 Aion 链，可以窥见它们各自期望解决的问题和技术特点。

第 11 章

展　望

虽然以太坊作为区块链 2.0 时代的技术代表，并且已进入其四大技术里程碑中的第三阶段，但是到目前为止，以太坊底层技术仍然在不断演进中，本身还有很多问题有待解决，包括交易处理性能、系统的可扩展性及隐私保护等。随着以太坊生态的发展，部署的 DApp 越来越多，这些问题也就更加凸显出来，例如交易拥堵问题，其他区块链项目在对标以太坊时，经常用以太坊的性能问题作为对比的指标。好在以太坊社区也在积极寻找解决方案，在以太坊的第 3 个大版本 metropolis 中，将通过新的共识算法 Casper 协议来提高交易吞吐量，并期待引入性能更好的零知识证明算法来解决隐私保护的问题，以及通过分片技术来扩展以太坊的存储和交易吞吐量。除了以太坊底层技术架构的不断升级，以太坊社区和基金会也提出了一些链下二层扩展的解决方案，例如 Plasma、雷电网络等。本章将介绍未来以太坊技术中会引入的几种新技术和解决方案。

11.1　以太坊性能提升

以太坊性能提升是指以当前以太坊的技术架构为基础，通过各种相对独立的技术方案来提升以太坊的扩展性、吞吐量。这些技术方案的解决思路各不相同，但它们是互补和互相兼容的。首先来看一下以太坊在性能提升方面面临哪些问题，并从这些挑战中来看各种技术方案是如何解决这些问题的。

11.1.1　以太坊的"瓶颈"

在分析以太坊的"瓶颈"时，提到得最多的是以太坊的交易吞吐量问题。的确，支持智能合约的以太坊，极大地丰富了区块链的应用场景，也带来了大量的交易需求。但是目前，以太坊每秒可以处理的交易大约为 15 笔，相比传统的 Visa 信用卡，其每秒可以处理的交易大约为 45,000 笔。对于一些流行的以太坊 DApp（例如，加密猫、早期火爆的 ERC20 通证发行等），同时在线参与的用户数越来越多，但是缓慢的交易速率极大地影响了用户的参与体验，不得不通过提高 Gas 价格来提高交易被打包的速率，从而增加用户和 DApp 开发公司的成本，进而影响参与的积极性。

以太坊之所以"缓慢"，是因为在以太坊区块链上进行的每一笔交易（智能合约的执行也属于交易）都必须由区块链网络中的每个节点进行处理。这不仅是以太坊，甚至是传统区块链技术的"瓶颈"所在。这是以太坊设计思想的一部分：牺牲交易吞吐量来保证交易数据的权威性。

业内一些号称解决区块链性能的公链项目，大部分是通过共识算法来控制矿工节点数量，提高区块链网络组网稳定性，提升单个矿工节点性能等方法来解决一部分性能问题，并没有从根本上解决区块链技术的"瓶颈"问题。那么如何在不增加单个节点性能的情况下提高整体吞吐量呢？业内正在探索的比较可行的方案有两种：分片和 Plasma。下面分别介绍这两种解决方案。

11.1.2 分片

分片是指将数量不等的节点划分为不同的"片区"，各个片区并行处理不同的交易，独立运行，这样就可以成倍地增加区块链的交易吞吐量。这种分片方案称为第 1 层扩展方案，因为它是在以太坊本身的基础协议中实现的。如图 11-1 所示，分片将区块链网络中的每个"片区"块变为一个子区块链，子区块链中可以容纳若干 Collation（也可以称为校验块），每个 Collation 具有 CollationHeader（区块头）和 Collator（矿工）。相应地，Collation 包含用户的交易数据，目前的设计方案中，子区块链包含的 Collation 数量默认为 100 个。这些 Collation 的 CollationHeader 最终组成一个主链上的区块的交易；因为每个 Collation 的所有交易数据都由同一个特定矿工打包生成，打包后的区块头 CollationHeader 记录到主链区块交易中。这样，每个区块的交易容量就相当于扩大了 100 倍，而且这种设计可以无限扩展，按照官方以太坊分片的规划，整个扩展计划目前也被大致分为四个阶段，由于分片技术还在不断设计和改进中，本节所介绍的仅仅是第一阶段的相关内容，第二、三、四阶段分别如下。

- 阶段 2（双向锚定）：以太坊开发团队还在设计中。
- 阶段 3（方案 a）：将 CollationHeader 作为 uncle 加入区块中，而不是以交易的形式。
- 阶段 3（方案 b）：将 CollationHeader 组成一个数组，数组中的第 i 个元素必须为分片 i 的 CollationHeader（或者为空）和区块头 extras 字段，并包括这个数组的 Hash（软分叉）。
- 阶段 4（强耦合）：如果区块指向的 Collation 无效或不可用，那么区块也将变为无效。此外，增加数据的可用性证明。

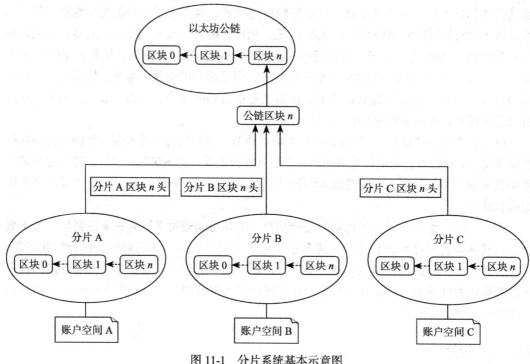

图 11-1 分片系统基本示意图

首先，分片系统是一种双层区块链的设计。第一层是主链，即当前正在运行的以太坊公链，无须任何修改，不过分片系统需要在主链上部署一种被称为校验器管理合约（Validator Manager Contract，VMC）的合约，用来支持运行分片系统。这个合约中会存在 $O(c)$ 个分片（默认配置为 100），每个分片具有独立的账户空间，交易需要自己指定应该被发布到哪个分片中，并且目前第一阶段不支持分片间的通信。

分片系统运行在一个符合最长链规则的 PoS（权益证明）系统中，注意，在最新的设计中，该系统称为"信标链"（beacon chain）。分片数据保存在主链上的 VMC 中。所有分片共享一个通用验证器池，即任何通过 VMC 注册的验证器，理论上都可以被授权在任意时间和任意分片上创建区块。每个分片都会有一个 $O(c)$ 数量的区块，这样系统的整体容量就扩展为 $O(c^2)$。

验证器管理合约的主要功能具体如下。

- 添加验证器：在添加验证器时同时存入一定数量的以太币作为验证者的保证金，同时该保证金的数量也作为该验证器被选中为签名者时的权重，如果验证者存在恶意行为，那么其保证金将会被没收。验证器中存储验证代码，添加时只需要传入验证器的合约地址给 VMC 即可。
- 选择验证器：选择一个区块（Block）Hash 作为种子，基于预设的算法从验证器集合中选择一个签名者地址（验证器地址），并将其作为指定周期内指定分片的验证人。

这种方式使得验证器无法提前预测它们何时会成为验证者以及成为哪个分片的验证人。

- 移除验证器：传入需要移除的验证器索引，并执行验证器的 withdraw 函数，若执行成功则移除该验证器，并退还其保证金。
- 验证有效性：一个 CollationHeader 的有效性，并记录到主链上。

在一个给定的分片上，选中一个验证器来创建区块时，该验证器在接下来的几个周期内都有权限创建 Collation。

如果交易发送者提供了该交易执行之前所有相关的状态数据（历史交易和状态根），并能够输出交易执行后的所有更新的状态数据，那么该验证器可以在只需要知道状态树根节点的情况下创建 Collation。这种机制称为无状态的状态转换。Collation 中使用的就是这种机制，优势就是不需要等待全网同步所有状态数据，只需要获取与本交易相关的状态数据就可以执行交易了。

传统的有状态客户端执行状态转换的函数形式为：

```
stf(state, tx) -> state'
```

在无状态客户端模型中，由于节点不保存状态，因此状态转换函数应变为如下的形式：

```
apply_block(state_obj,witness,block)->state_obj',reads,writes
```

相比传统的状态转换函数，Collation 中的交易还需要额外增加一些数据，包括一个验证器可以访问的状态列表 state_obj，包含了本次交易需要的所有状态列表和其他状态数据（Gas、receipts、bloom filter 等）。见证人 witness 是一组状态数据的列表，它是由交易的状态列表中所指定的状态组成的。注意，这个见证人不会加入需要签名的交易数据中，但是会和 Collation 一起发布。

执行 Collation 的交易树上的所有交易过程就是 Collation 的状态转换过程，所有 Collation 的交易费都奖励给矿工。每个分片并行执行，第 i 个分片客户端只需要验证自己的交易即可。

无状态的状态转换函数输出一个更新后的 state_obj，其包含了状态转换后的状态数据及其他普通的区块数据。Reads 和 Writes 表示根据见证人列表中包含的状态数据生成的新的状态数据，这些数据最终被打包进区块。

11.1.3 Plasma

Plasma 是一种链下交易技术，同时它也需要依靠以太坊底层来实现它的安全性。不同于雷电网络，Plasma 是从一个新的方向实现了链下状态通道，它允许创建附加在以太坊主链上无限层级的的子链。这些子链也可以产生它们自己的子链，子链的子链也可以继续产生它们的子链。最终，我们可以在子链上执行许多复杂的操作，运行支持大量用户同时在线的整个应用程序，并且只需要与以太坊主链进行少量的交互即可。

下面我们来看一个使用 Plasma 的例子，以便于更好地理解 Plasma 如何运行的。

假设你正在以太坊中创建一个下棋的游戏，该游戏是一个智能合约，玩家每走一步都需要在智能合约上进行记录，这不仅需要支付昂贵的交易费用，并且玩家必须等待每个交易成功后才能进行下一步操作，用户体验非常差。此时使用一般的状态通道，例如雷电网络，解决该问题的方法是在两个玩家之间建立一条状态通道，游戏的每一步都记录在链下，在最后决定输赢的时候将结果更新到智能合约中，这种方法也能提供快速状态的更新，但不足之处是在以太坊智能合约中只记录了游戏结果，无法记录状态更新的整个过程。如果使用 Plasma 则可以有效地解决该问题。

首先，我们在以太坊主链上创建一个智能合约，作为 Plasma 子链的"根节点"。Plasma 根节点定义了其子链的"状态转换规则"，比如"对方没有下之前不能重复下多次"等，Plasma 根节点还记录了子链状态的 Hash 值，可以作为让用户在以太坊主链和子链之间转移资产的"桥梁"。

定义了 Plasma 根节点之后就可以创建子链了。子链可以拥有它们自己的共识算法，比如 POA、POS 等。子链区块生产者与主链的矿工类似，完成接收交易、打包区块并收取交易费用的工作。子链可以是一条联盟链或私有链，由一家公司维护即可。

子链运行起来后，子链的矿工将定期向"Plasma 根节点"合约做出声明，例如，"声明子链中最新的区块头是 X"。这些声明会被记录在 Plasma 根节点中的链上，作为子链执行状态转换的证据。

现在我们可以在子链中创建基于智能合约的游戏了。这里有一个前提：Plasma 允许在以太坊主链上创建的数字资产和子链上的资产进行互换，以保证价值互通。然后，我们在子链上部署包含所有游戏逻辑和规则的实际游戏应用的智能合约。

当用户想参与游戏时，他们只需要和子链进行交互，而无须直接与主链交互。因为子链可以采用出块更快、费用更低甚至免费交易的机制，所以交易上链会很快并且成本很低。如果涉及资金，用户可以将以太币兑换为子链游戏中的代币，并随时可以将代币兑换为以太坊上的以太币，其中汇率可以由市场决定。

Plasma 将更多复杂的逻辑从主链移到子链上，极大地扩展了应用场景。但这样做其安全性如何呢？发生在子链上的交易实际上是否真的是无法篡改的？毕竟子链可能是一条私有链，其矿工可能掌握在同一个实体手中。这不就成为中心化的系统了吗？用户在子链上的资金又该如何保证安全？

实际上，Plasma 为用户提供了一个基本保证：即使在单个实体控制了子链所有矿工的情况下，你也随时可以将数字资产退回到主链上。

下面大致介绍一下 Plasma 如何处理子链矿工作恶的问题。

如果子链矿工为了盗取用户资金，创建虚假区块，用户该如何保护他们的资金？虽然子链矿工可以创建任意不符合规则的区块，但是在 Plasma 框架下，子链必须向"根节点"发送一个包含此区块证据的声明。用户应用程序能够根据该声明判断矿工是否作恶，但是必须在矿工转移资产之前将自己的资产退回到主链上。

如图 11-2 所示，用户发现矿工作恶后，可以向根节点合约发布一个包含正确的子链数据的欺诈证明，证明该矿工有欺诈行为，即当前块（错误块）不是根据前一个块的状态产生的。如果这个欺诈行为被证实，那么子链就会回滚到前一个区块的状态，并且没收矿工的保证金。

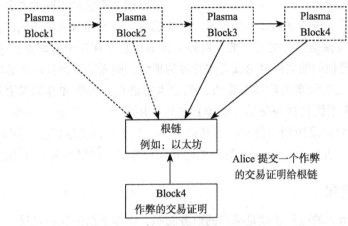

图 11-2　分片系统防止欺诈示意图

为了防止子链矿工不对外提供子链的信息，在实现 Plasma 协议时可以限制要求加入的子链必须对用户公开相关的区块数据，否则用户可以选择不使用相关的子链。

除了上面介绍的子链矿工将欺诈交易打包进区块的情况，还有一种子链矿工作恶的情况：矿工故意不对某些交易进行打包，阻止某些用户在子链上的操作。如果发生这种情况，则用户只需要将资产退回到以太坊主链上即可。

如果拥有大量用户的子链发生矿工作恶，那么势必会产生大量的资金退回操作，即发生"挤兑"现象。为了防止出现在资金退回交易挑战期交易拥堵导致资金退回失败的问题，Plasma 支持延长挑战期，这样做可以有效防止出现交易失败的情况。

最后值得注意的是，这里只是一个关于 Plasma 的粗略介绍，文中可能还遗漏了许多细节。Plasma 本身就处于非常早的阶段，如果你想了解更多关于 Plasma 的现状，可以关注官方网站 http://plasma.io/。

11.2　零知识证明

11.2.1　什么是零知识证明？

简单来说，零知识证明就是你可以向某人证明你拥有某个数据或可以完成某个计算，而不需要向他们展示该数据或让他们自己完成这个计算。它所实现的效果是在证明一个声明真实性时，你可以无须揭示除了其真实性以外的任何信息。例如，Alice 向 Bob 转账 b 个以太币，正常情况下，矿工需要知道 Alice 的账户余额才能验证 Alice 是否可以转这笔账，如果使用零知识证明，Alice 则不需要展示她的真实余额，只需要证明她有大于 b 的余额即可。这样在交易记录上就会无法跟踪到 Alice 的账户余额变化。

Zcash 是首个实现零知识证明技术的公共区块链。在普通的公有链上，任何人都可以看到两个地址之间的价值传输，而在 Zcash 链上，可以创建不能被跟踪的匿名交易：Zcash 上加密的交易隐藏了发送者和接收者的地址以及交易值。与其他区块链不同的是，Zcash 用户可以加密并完全隐藏他们的交易。唯一对外公开的信息是在某个时间点发生了某事，这意味着如果你不知道他们的实际身份或真实世界的地址，则无法看到货币从哪里流入或流出。

虽然零知识证明带来的收益非常大，但它也有缺点：计算和存储需要耗费大量资源。Zcash 团队正在不断优化这些交易以求得到实际可用的大小，比如减少到 1,500 字节左右，计算时间从五六分钟缩短到一分钟。当然除了 Zcash 之外，其他新的零知识证明算法也在不断提出，例如，基于 Bulletproofs 算法的隐私保护方案，这里不再展开描述。

11.2.2 应用场景

零知识证明最大的应用领域是账户的财务隐私，例如下面的这些场景。

- 公司商业机密的保护。对于通过区块链系统管理供应链信息等商业机密的公司，但公司又必须有上下游公司对接部分的信息，为了不让竞争对手获取相关采购量、报价等信息，存储在链上的信息必须做到隐私保护。商品的买卖双方之间可能还有一些中间商公司参与，而买卖双方不希望对方得知各自的中间商。
- 个人财产信息保护。个人的一些支付可能包含一些隐私并不想被别人知道，比如破产、离婚等。
- 金融行业数据保护。银行、对冲基金和其他类型的交易金融工具（证券、债券及其他衍生工具）的金融实体，如果其他人通过交易推测他们的意图，那么会使此交易者处于劣势，从而影响交易。

11.2.3 以太坊支持零知识证明

随着零知识证明算法的不断发展，越来越多的区块链项目都将引入该算法来提高用户的隐私保护。以太坊也不例外，在其规划的大版本路线图中，也将支持零知识证明规划为开发目标之一。然而，目前在不更改以太坊现有系统架构的情况下，可以通过使用 Zrelay 的 SPV（简单支付验证）系统来连接这两个区块链系统，以达到以太坊支持零知识证明的目的。Zrelay 以太坊上的智能合约可以验证在 Zcash 区块链上的交易，当以太坊的 DApp 需要进行匿名交易时，Zrelay 桥接将交易放在 Zcash 上执行，智能合约确认交易的有效性后即可实现资产的转移，而不会在智能合约中留下转移记录。

当然，如果以太坊需要支持更强大的零知识证明，那么需要将零知识证明的算法 zkSNARKs 集成到以太坊客户端之中。按照计划，以太坊的大都会版本 Metropolis 中将引入抽象账户的概念，届时，支持零知识证明将更加方便，资产转移将更加隐秘。

11.3 Casper

首先来回顾一下权益证明（PoS）的运行过程，具体如下。

1) 矿工必须锁定一些数量的代币作为保证金，锁定的数量越多，轮到出块的概率越大。

2) 矿工获得出块权限时，打包区块然后广播，并获得一定的奖励。同时，当他们收到其他矿工广播来的区块时，通过使用保证金下赌注的方式对其进行合法性验证。

3) 如果该区块最后成功上链，矿工就将得到一个与他们的赌注成比例的奖励。

但是 PoS 中有一个所谓的"无利害关系"（Nothing at Stake）问题：恶意矿工可以在分叉的两条链上同时锁定保证金，无论哪一个分叉作为最长链都能获得奖励。Casper 解决该问题的办法是一旦发现恶意矿工试图做"无利害关系"的操作，他们将立即受到惩罚，并没收保证金。Casper 不仅会对这种恶意行为进行惩罚，而且对于粗心或者懒惰导致的错误投票也会进行惩罚。

以太坊中的 Casper 由两个项目组成：Casper FFG（the Friendly Finality Gadget）和 Casper CBC（the Friendly GHOST: Correct-by-Construction）。

简单地说，Casper FFG 是一种混合 PoW/PoS 的共识机制，它在工作量证明（如以太坊的 Ethash PoW 链）的基础上，实施了权益证明。Casper FFG 采用传统的 Ethash PoW 算法增加区块，每 50 个区块增加一个 PoS "检查点"，并通过网络验证人来最终确认区块的有效性，一旦确认后将不可能被修改。

在 Casper CBC 中引入了一个全新的理念：投注共识。投注共识可以简单地描述为：为验证人提供与协议对赌的机会，对赌的内容是哪个最新的区块（处于不同的分叉）会被最终确定。验证人对最新的区块处于哪个分叉进行投注，如果最终包含该区块的分叉成为主链，那么验证人将获得一定数量的奖励（奖励是协议铸出来的，因而是"与协议"对赌），如果投注的分叉没有成为主链，那么协议会对验证人收取一定数量的罚款（罚款会被销毁）。

为了防止验证人在不同的分叉中进行不同的投注，协议规定：如果有两次投注序号一样，或者存在使得 Casper 合约无法处理的投注，那么将没收验证者的保证金。这样，恶意验证者如果恶意攻击网络的话，不仅得不到交易费，还面临着保证金被没收的风险。

因此，验证人只会愿意投注区块最有可能被处理的那个分叉，而最可能被处理的分叉本身就是根据人们对哪个区块投注最多推导出来的。每一个验证人都具有根据他们所预期的其他人的投注情况进行投注的动机，最终这个过程将会走向收敛：绝大部分人都会一致地投注同一个分叉。

11.4 本章小结

本章分析了以太坊面临的性能问题和隐私问题,并介绍了以太坊社区提出的几种解决方案,包括分片技术、Plasma、零知识证明等最新技术的基本概念。这些技术还在不断完善和发展之中,到真正成熟可能还需要一两年的时间,并且以太坊基金会已提出以太坊 2.0 的技术框架将这些方案整合到一起,相信到时候以太坊会成为真正意义上的可以支撑百万甚至亿级交易并发的公有链,并完成从区块链 2.0 到区块链 3.0 技术的迭代。

推荐阅读

推荐阅读

区块链与通证

从必备常识、生态系统、经济系统设计、监管政策与法律风险等5个维度对通证（Token）进行全方位解读，孟岩等多位行业专家力荐。

Token经济设计模式

1个设计模式画布、1套设计方法论、10大设计模式，全面掌握Token经济设计的方法与精髓。

元道等20余位来自币圈、链圈、企业界、学术界、投资界、媒体圈的资深专家高度评价并推荐。

区块链社区运营与生态建设

本书既是一本写给区块链项目方的社区运营和生态建设实战参考书，又是一本指引传统互联网运营人快速向区块链运营人转型的行动指南。

区块链国际监管与合规应对

本书是区块链领域的法律风险防范与控制的指导手册，立足于国际视野，为区块链行业的从业者、投资人和监管机构提供合规指引和政策建议，是目前区块链+法律监管领域重要的著作。